布林线BOLL

波段操作精解

北京知名私募基金投资主管　凌　波◎著

北京联合出版公司
Beijing United Publishing Co.,Ltd.

图书在版编目（CIP）数据

布林线 BOLL：波段操作精解 / 凌波著 . —北京：北京联合出版公司，2022.9
ISBN 978-7-5596-6409-9

Ⅰ.①布⋯ Ⅱ.①凌⋯ Ⅲ.①股票交易－基本知识 Ⅳ.① F830.91

中国版本图书馆 CIP 数据核字（2022）第 136052 号

布林线 BOLL：波段操作精解

项目策划：斯坦威图书
作　者：凌　波
出 品 人：赵红仕
总 策 划：李佳铌
策划编辑：刘予盈
责任编辑：徐　樟
封面设计：杜　帅
内文排版：

北京联合出版公司出版
（北京市西城区德外大街 83 号楼 9 层　100088）
大厂回族自治县德诚印务有限公司　新华书店经销
字数 235 千字　710 毫米 × 1000 毫米　1/16　14 印张
2022 年 9 月第 1 版　2022 年 9 月第 1 次印刷
ISBN 978-7-5596-6409-9
定价：59.00 元

前　言

2021 年以来，沪深两市成交额突破万亿已成常态。7 月 21 日至 9 月 23 日，连续 45 个交易日突破 1 万亿元，刷新了 2015 年创下的最长历史纪录。10 月 22 日至今（12 月 24 日），又是连续 46 个交易日突破 1 万亿元。而在这期间，市场涨幅却并不明显，这说明不是由于持续进场的中长线资金导致的放量，而是一些高换手率的短线资金贡献了其中的大部分交易量。

有市场观点认为，量化交易贡献了超过 50% 的交易量，而有券商的研报认为，量化策略目前在 A 股市场的成交占比在 20% 左右。最近两年，量化私募发展得非常迅速，百亿量化私募目前已经接近 30 家。

散户交易者面对的市场环境已经在悄然发生变化，交易对手在资金、信息、硬件和软件等方面的优势在不断加大。但是，量化交易或者策略交易并不是机构交易者所独有的，散户交易者同样可以利用这些交易工具，消除交易情绪的影响，提升自己的交易水平和业绩，真正做到与时俱进。

我们在本书中主要详细介绍了以布林线为代表的一些带状指标的使用方法。布林线指标的应用已经有了将近 40 年的历史，它被多数交易软件所采用，更是受到无数国内外专业交易者的喜爱。交易者可以从布林线指标开始入手学习技术分析，建立自己的交易策略。

本书内容十分丰富，涉及了有关带状指标和技术分析的大量主题，包括布林线指标的构造与使用方法，如何利用布林线识别价格形态，带状指标的演变与应用，布林线的衍生指标及用法，布林线与其他指标的配合使用，市场多空研判，基于布林线的交易系统以及带状指标的综合运用，等等。

由于研究水平有限，本书难免存在不足之处，还请交易者朋友多多指正。与交易相关的问题和建议都可以发邮件到邮箱 lingbostock@163.com 进行交流，还可以在我的微博（凌波的交易室，weibo.com/lingbostock）发私信或留言。作为实战交易者，我非常欢迎与广大交易者共同交流，互相促进！

目 录 CONTENTS

第1章

BOLL 指标

技术分析和完备的交易系统是在交易过程中尽量减少情绪影响的有效方式。

——约翰·布林格

我们发现了一个有趣的现象，收缩是趋势生成的位置，而扩张是趋势终结的位置。

——约翰·布林格

1.1　BOLL 指标构造

BOLL 指标的英文全称是"Bollinger Bands"，中文名称为布林线（带）或保利加通道，该指标由约翰·布林格（John Bollinger）在 20 世纪 80 年代发明，并以他的名字命名。布林线不仅满足了交易者对自适应通道线的需求，而且还可以用来观察价格波动率的变化。它是一个很方便的技术分析工具，它同时具有趋势指标、动能指标、波动性指标的功能。

我们在进行技术分析时经常会听到通道线、轨道线和包络线这些词语，而这类指标可以统称为带状指标。布林线是投资者最喜欢的带状指标之一，它不仅可以作为新手的入门指标，而且也是很多专业交易者深入研究的一个指标。

布林线可以用于分析所有交易品种，包括股票、期货和外汇市场。它也可以用于多种周期，例如短期的日线图、小时图，长期的周线图、月线图。

布林线回答了技术分析中的一个基本问题：如何定义价格的相对高位与低位？根据它的定义，处于上轨线附近的价格为相对高位，处于下轨线附近的价格为相对低位。布林线指标的形态和宽度为交易者建立交易系统提供了重要依据。将布林线（及其衍生指标）与其他指标配合使用，例如 VOL（成交量）、MACD（指数平滑异同移动平均线）、KDJ（随机指标）、ADX（平均趋向指标）、II（Intraday Intensity，日内强度指标）等，能够进一步提高交易信号的成功率。

图 1-1 显示的是个股平安银行的日线图。可以看出，BOLL 主要作为主图指标使用，它由三条指标线构成，自上而下分别为上轨线（Upper Band，UB）、中轨线（Middle Band，MB）和下轨线（Lower Band，LB）。加载 BOLL 指标的方法很简单，例如在通达信股票软件中，在指标窗口中点击右键，然后通过"主图指标—选择主图指标"在指标列表中找到 BOLL 指标并点击"确定"。

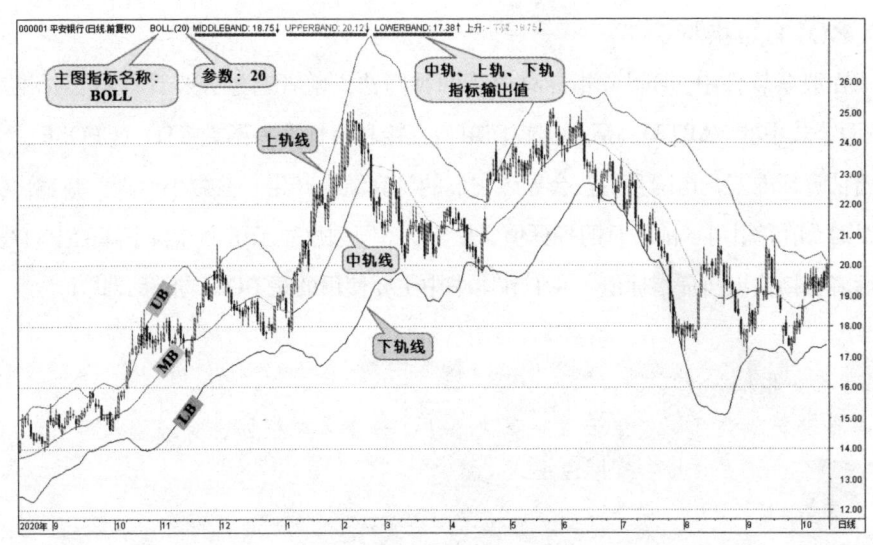

图 1-1　平安银行（000001）BOLL 指标

我们在介绍 MACD 和 KDJ 指标时，已经对指标应用基础有过详细介绍，包括指标的分类（趋势指标、区间振荡指标），指标的形态（交叉、背离和钝化），指标的数值（高位、中位、低位、多空分界线）等。在本书中我们将主要针对 BOLL 和带状指标的使用方法进行介绍。

BOLL的计算公式

中轨线 =N 日移动平均线

上轨线 = 中轨线 +2 倍标准差

下轨线 = 中轨线 −2 倍标准差

布林线指标的计算过程并不复杂，其中的中轨线为 N 日移动平均线，缺省参数为 20，也就是 20 日均线（MA20）；上轨线等于中轨线加上 2 倍的标准差，下轨线等于中轨线减去 2 倍的标准差。标准差的计算周期与移动平均线相同，缺省参数为 20。我们也可以将宽度倍数设置成参数，缺省值为 2。

BOLL的指标公式

在股票软件中，BOLL指标有以下两种写法，前者通过分步计算得出标准差（下面公式中的VART3），后者比较简单，直接利用标准差函数STD（CLOSE，N）得出估算标准差，这两种写法会导致它们的计算结果产生一些微小差别。在输出指标线时，前者引用了前一日的指标值，并且以不同颜色显示了上升与下降的中轨线，而后者直接输出当日指标值。我们在本书中主要使用的是BOLL指标公式1。

```
{BOLL 指标公式1}
{ 此为范例公式，仅用于说明算法语法，投资者需根据自身经验和需求经
过调整、测试之后再实际应用 }
{ 参数: N 20}
MIDDLE:=MA(C,N);
VART1:=POW((C-MIDDLE),2);
VART2:=MA(VART1,N);
VART3:=SQRT(VART2);
UPPER:=MIDDLE+2*VART3;
LOWER:=MIDDLE-2*VART3;
MIDDLEBAND:REF(MIDDLE,1),COLORBLUE;
UPPERBAND:REF(UPPER,1),COLORFF00FF;
LOWERBAND:REF(LOWER,1),COLORFF0000;
上升: IF(MIDDLEBAND>REF(MIDDLEBAND,1),
MIDDLEBAND,DRAWNULL),COLORRED,LINETHICK1;
下降: IF(MIDDLEBAND<REF(MIDDLEBAND,1),
MIDDLEBAND,DRAWNULL),COLORGREEN,LINETHICK1;

{BOLL 指标公式2}
{ 此为范例公式，仅用于说明算法语法，投资者需根据自身经验和需求经
过调整、测试之后再实际应用 }
{ 参数: N 20}
MB:MA(CLOSE,N);
UB:BOLL+2*STD(CLOSE,N);
LB:BOLL-2*STD(CLOSE,N);
```

为了比较 BOLL 两个指标公式得出的结果，我们将以上两个公式加载到个股平安银行上，并列出了连续几个交易日的指标值，如表 1-1 所示。

表 1-1　平安银行（000001）BOLL 指标的计算数值比较

时间	收盘	指标公式 1			指标公式 2		
		中轨线	上轨线	下轨线	中轨线	上轨线	下轨线
2021/10/20	19.24	18.75	20.12	17.38	18.75	20.32	17.19
2021/10/21	20.00	18.78	20.25	17.32	18.78	20.42	17.15
2021/10/22	20.04	18.81	20.36	17.26	18.81	20.51	17.11
2021/10/25	20.12	18.86	20.51	17.22	18.86	20.66	17.07
2021/10/26	20.05	18.94	20.65	17.23	18.94	20.80	17.07
2021/10/27	19.92	19.04	20.75	17.32	19.04	20.89	17.18
2021/10/28	19.72	19.14	20.81	17.47	19.14	20.90	17.37
2021/10/29	19.50	19.25	20.82	17.67	19.25	20.80	17.69

为了便于比较，我们在指标公式 1 下面列出的是当日计算数值，而不是指标输出值，它在指标图上通常会引用前一日的数值。例如，10 月 20 日的三个指标值（18.75、20.12、17.38），在指标图上会显示为 10 月 21 日的指标值。

从列表中可以看出，两个公式得出的中轨线数值完全相同，这是因为使用了相同的简单移动平均函数（MA）。它们在计算标准差时使用了不同的算法，这导致标准差的计算结果出现了细微差异，因此上轨线和下轨线的数值也不相同。投资者在使用同一个指标时，需要注意在不同软件或不同公式版本之间的细微差别。

有投资者可能会问，为什么要使用标准差来构造布林线指标呢？

这要从带状指标的历史说起，有些投资者可能使用过均线通道，通过将一条均线向上或向下移动一定距离就可以形成均线通道。这是早期使用的固定宽度的带状指标，它的宽度不会随着价格的变化而相应自动调整，随着时间的推移需要手动设置通道宽度。

在 20 世纪 80 年代，活跃于期权市场的约翰·布林格想到了使用标准差来衡量价格的波动性，并发明了布林线指标。标准差会随着价格波动的加剧而增大，并随着价格波动的平缓而减小。布林线的宽度（上轨与下轨之间的距离）会随着价格波动而自动调整，由此就形成了首个具有自适应性的带状指标（我们将会在第三章详细介绍带状指标的发展历程）。

1.2 布林格的交易理念

约翰·布林格是当今美国最重要的证券分析专家之一，是布林格投资管理公司的总裁和创始人。

布林格作为注册财务分析师（CFA）和注册市场技术分析师（CMT），多年在美国电视财经新闻网和 CNBC（美国消费者新闻与商业频道）担任市场分析评论员，受到专业投资者的推崇。他热衷于技术分析，开发出一系列广为采用的投资工具和分析技术。他在 20 世纪 80 年代发明的布林线已被当今流行的绝大部分交易软件所采用。

布林格的著作《布林线》（*Bollinger on Bollinger Bands*）于 2001 年由麦格劳－希尔公司出版，并被翻译成 8 种语言。作为见解独到的投资专家，他一直是世界投资博览会和交易者博览会的演说家，也是《华尔街日报》《股票与商品技术分析》《纽约时报》《洛杉矶时报》以及《今日美国》的特约撰稿人。

自律和耐心

很多成功的交易者都将自律作为一项必备素质，布林格同样强调遵守交易纪律和保持耐心的重要性，他提到，"我养成了良好的日常交易纪律，能够专注、自律地应对复杂情况。我每天都这样做，我认为最重要的事情就是，必须每天坚守自己的交易计划。"这是成功交易者与他们的模仿者之间的最大区别。

他还指出，一些人不能执行交易计划的一个主要原因是缺乏耐心。即使一位交易者有了很好的交易思路或交易策略，如果他总是不能等到符合既定条件的时机就提前出手，那么他的策略就不能发挥效用。我们在自己身边也会经常见到这种由于缺乏耐心而错失更多利润的例子。很多交易者在市场中用真金白银取得了一些宝贵的经验和教训，但他们并没有将它们转化成实际的交易能力。虽然有数年的实际操作经验，但是他们却与刚入门的新手没有明显差别。相比改进交易方法，更重要的是重塑交易习惯或交易纪律。

基本面与技术面相结合

在谈到自己的优势时，布林格说："我的另一项优势在于，现在我采用了技术面和基本面方面的大量知识，我一次又一次地发现这对我的交易决策非常有益。"布林格读过很多经典交易书籍，他从大师的交易中学习他们的理念和方法。如今，其中很多技术都已被人们遗忘，但一些交易思想仍然非常有价值。

很多人认为基本面和技术面分析是两个对立的市场分析派别，两个阵营之间很难互相理解。技术面分析派认为市场是对的，基本面分析派认为自己的分析是对的。而布林格认为，这种界限无疑会成为寻找好机会时的一种障碍。归根结底，我们是要过滤出最佳的交易机会，为此我们应该考虑所有分析类型。

除了基本面和技术面分析之外，如今还有行为和量化分析。在这四个维度的分析基础之上，布林格提出了理性分析（Rational Analysis）的概念。他认为，在进行市场分析时，你不应该只坚持一种分析方法，而应该理性地融合所有有益的方法。在做出交易决策时，我们可以先利用基本面量化分析筛选出符合条件的少数几只股票，然后再利用技术分析确定交易信号，在这个过程中还可以考虑到群体心理和市场情绪。

交易系统有优势

市场中有句名言：计划你的交易，交易你的计划。这个计划就是你的交易系统，它是盘后冷静状态下的你，它能帮助你做出最合理的交易决策。在布林格的早期交易中，他的一位导师曾经告诉他，你必须开发一套好的系统，并坚持执行。真正成功的交易者不仅知道这一点，而且能够做到执行上的一致性。很少有人能做到这一点，因此"我认为自己的最大优势在于，31 年来我一直在坚持自己的交易系统"。

夸张点说，交易系统的优势我们已经重复过一万遍，可是，再怎么强调这一点都不过分。如果你不能先建立起一套在理论上能赚钱的系统，那么可以说你是在凭运气做交易，这样取得的盈利不可复制。新手通常都会有所谓的新手运气，但是，一旦交易的次数足够多，运气的成分就会越来越低，而实力的成分会越来越高。系统能让你不再想当然地去做交易，丢掉幻想，放弃幻觉。

在谈到对交易者的建议时，布林格指出要"保持简单。掌握几种分析工具并建立一套适合你的交易系统。不要经常转换交易系统，这样你就不能从自己的错误中吸取经验。严守纪律，了解你的优势和劣势，建立一套能够发挥你的优势的交易模式。还要学习资金管理"。

重视成交量指标

我们已经知道，很多指标都是由价格或成交量计算得来，例如最常用的均价线和均量线。很多指标可以通过成交量加权平均的方式计算得出。使用成交量指标的好处在于，成交量所表示的信息并不一定与价格有着直接关联。那些由价格计算出来的指标都会与价格有直接关系。这样就很难使用所谓的"同源"指标过滤出最佳交易信号。这个问题在科学上被称为"多重共线性"。

"如果你利用一个动量指标来改进另一个动量指标的交易信号，这在实际上将是无效的，只会造成更多的困扰。因此，你应该使用几个在很大程度上彼此独立的指标，由此来看，成交量是一个绝佳的选择。"成交量指标为技术分析加入了一个强有力的分析维度，它能起到事半功倍的效果，这种说法虽然老套，但在这里的确是事实。

交易心理的影响

交易情绪是交易的最大敌人。"技术分析和完备的交易系统是在交易过程中尽量减少情绪影响的有效方式。"如同所有其他技能一样，交易者同样需要通过学习和训练来掌握技术分析。你掌握的知识和经验越多，你越有可能取得成功。

很多交易者的亏损主要源自冲动交易和过度交易。只有依靠清晰、明确的交易系统，以及培养好的交易习惯和交易纪律，才能帮助我们有效克服盘中的随意交易行为。布林格认为"心理是交易中的关键因素"，"交易就是一场与自己的心理游戏"。

收缩表明极低的波动率，扩张表明极高的波动率。

——约翰·布林格

1.3　标准差

标准差（Standard Deviation，SD），是离均差平方的算术平均数（方差）的算术平方根，用 σ 表示。标准差也被称为标准偏差，或者实验标准差。标准差能反映一个数据集的离散程度。平均数相同的两组数据，标准差未必相同。

我们可以用标准差来衡量同一只股票在不同时期以及在同一时期的不同股票的波动水平。标准差越大，说明当前价格偏离正常水平的程度越高；标准差越小，说明当前价格偏离正常水平的程度越低。对于 BOLL 指标来说，它的带宽相当于四倍的标准差，标准差越大，BOLL 指标越宽；而标准差越小，BOLL 指标则越窄。

总体标准差公式：

$$\sigma = \sqrt{\frac{\sum\limits_{i=1}^{N}(x_i-\bar{x})^2}{N}}$$

样本标准差公式：

$$S = \sqrt{\frac{\sum\limits_{i=1}^{N}(x_i-\bar{x})^2}{N-1}}$$

在 BOLL 指标的计算中，有的使用总体标准差，有的使用样本标准差，这就会造成不同软件之间的数值差异。另外，个别 K 线数据的差异，精确到小数点后的位数，以及舍入规则也会影响到指标数值。

我们在使用 BOLL 指标时，不需要亲自计算指标数值，股票软件自带的指标公式可以自动计算出不同股票的指标数值。为了说明 BOLL 指标的计算过程，我们以个股平安银行为例，按照前面指标公式 1 中的计算步骤列出了计算结果，如表 1-2 所示。

表 1-2　平安银行（000001）BOLL 指标计算数值

时间	收盘	中轨线 MA20	差值 收盘 −MA20	差值 平方	差值 平方的 20 周期 平均值	标准差	上轨线	下轨线	输出值		
									中轨线	上轨线	下轨线
2021/02/23	21.75	—	—	—	—	—	—	—	—	—	—
2021/02/24	21.98	—	—	—	—	—	—	—	—	—	—
2021/02/25	21.91	—	—	—	—	—	—	—	—	—	—
2021/02/26	21.2	—	—	—	—	—	—	—	—	—	—
2021/03/01	21.27	—	—	—	—	—	—	—	—	—	—
2021/03/02	21.47	—	—	—	—	—	—	—	—	—	—
2021/03/03	22.83	—	—	—	—	—	—	—	—	—	—
2021/03/04	22.74	—	—	—	—	—	—	—	—	—	—
2021/03/05	22.16	—	—	—	—	—	—	—	—	—	—
2021/03/08	21.42	—	—	—	—	—	—	—	—	—	—
2021/03/09	20.67	—	—	—	—	—	—	—	—	—	—
2021/03/10	20.22	—	—	—	—	—	—	—	—	—	—
2021/03/11	21.09	—	—	—	—	—	—	—	—	—	—
2021/03/12	21.3	—	—	—	—	—	—	—	—	—	—
2021/03/15	21.42	—	—	—	—	—	—	—	—	—	—
2021/03/16	21.48	—	—	—	—	—	—	—	—	—	—
2021/03/17	21.02	—	—	—	—	—	—	—	—	—	—
2021/03/18	21.55	—	—	—	—	—	—	—	—	—	—

时间	收盘	中轨线 MA20	差值 收盘 −MA20	差值 平方	差值 平方的 20周期 平均值	标准差	上轨线	下轨线	输出值		
									中轨线	上轨线	下轨线
2021/03/19	20.29	—	—	—	—	—	—	—	—	—	—
2021/03/22	21.37	21.46	−0.09	0.01	—	—	—	—	—	—	—
2021/03/23	21.05	21.42	−0.37	0.14	—	—	—	—	21.46	—	—
2021/03/24	20.35	21.34	−0.99	0.98	—	—	—	—	21.42	—	—
2021/03/25	20.57	21.27	−0.7	0.49	—	—	—	—	21.34	—	—
2021/03/26	20.96	21.26	−0.3	0.09	—	—	—	—	21.27	—	—
2021/03/29	21.31	21.26	0.05	0	—	—	—	—	21.26	—	—
2021/03/30	21.75	21.28	0.47	0.22	—	—	—	—	21.26	—	—
2021/03/31	21.83	21.23	0.6	0.36	—	—	—	—	21.28	—	—
2021/04/01	21.6	21.17	0.43	0.18	—	—	—	—	21.23	—	—
2021/04/02	21.32	21.13	0.19	0.04	—	—	—	—	21.17	—	—
2021/04/06	21.5	21.13	0.37	0.14	—	—	—	—	21.13	—	—
2021/04/07	21.46	21.17	0.29	0.08	—	—	—	—	21.13	—	—
2021/04/08	21.38	21.23	0.15	0.02	—	—	—	—	21.17	—	—
2021/04/09	21.12	21.23	−0.11	0.01	—	—	—	—	21.23	—	—
2021/04/12	20.52	21.19	−0.67	0.45	—	—	—	—	21.23	—	—
2021/04/13	20.6	21.15	−0.55	0.3	—	—	—	—	21.19	—	—
2021/04/14	20.49	21.1	−0.61	0.37	—	—	—	—	21.15	—	—
2021/04/15	20.18	21.06	−0.88	0.77	—	—	—	—	21.1	—	—
2021/04/16	20.08	20.99	−0.91	0.82	—	—	—	—	21.06	—	—
2021/04/19	20.97	21.02	−0.05	0	0.28	0.52	22.07	19.97	20.99	—	—
2021/04/20	21.51	21.03	0.48	0.23	0.29	0.54	22.1	19.96	21.02	22.07	19.97
2021/04/21	22.83	21.12	1.71	2.94	0.43	0.65	22.42	19.81	21.03	22.1	19.96
2021/04/22	22.8	21.24	1.56	2.44	0.5	0.71	22.65	19.83	21.12	22.42	19.81
2021/04/23	23.11	21.37	1.74	3.04	0.63	0.79	22.95	19.78	21.24	22.65	19.83
2021/04/26	22.76	21.46	1.3	1.7	0.71	0.84	23.14	19.77	21.37	22.95	19.78
2021/04/27	22.76	21.53	1.23	1.52	0.78	0.88	23.3	19.76	21.46	23.14	19.77
2021/04/28	23.17	21.6	1.57	2.47	0.89	0.95	23.49	19.71	21.53	23.3	19.76

时间	收盘	中轨线 MA20	差值 收盘 −MA20	差值 平方	差值 平方的 20 周期 平均值	标准差	上轨线	下轨线	输出值		
									中轨线	上轨线	下轨线
2021/04/29	23.41	21.68	1.73	3	1.03	1.01	23.7	19.65	21.6	23.49	19.71
2021/04/30	23.11	21.75	1.36	1.84	1.11	1.05	23.86	19.65	21.68	23.7	19.65
2021/05/06	23.32	21.85	1.47	2.15	1.21	1.1	24.06	19.65	21.75	23.86	19.65
2021/05/07	23.87	21.97	1.9	3.6	1.39	1.18	24.33	19.62	21.85	24.06	19.65
2021/05/10	23.68	22.08	1.6	2.55	1.51	1.23	24.54	19.62	21.97	24.33	19.62
2021/05/11	23.35	22.18	1.17	1.36	1.58	1.26	24.69	19.67	22.08	24.54	19.62
2021/05/12	23.37	22.29	1.08	1.16	1.64	1.28	24.85	19.74	22.18	24.69	19.67
2021/05/13	22.89	22.41	0.48	0.23	1.62	1.27	24.96	19.86	22.29	24.85	19.74
2021/05/14	23.32	22.55	0.77	0.59	1.64	1.28	25.11	19.99	22.41	24.96	19.86
2021/05/17	23.6	22.7	0.9	0.8	1.66	1.29	25.28	20.13	22.55	25.11	19.99
2021/05/18	23.9	22.89	1.01	1.02	1.67	1.29	25.48	20.3	22.7	25.28	20.13
2021/05/19	23.6	23.07	0.53	0.28	1.65	1.28	25.63	20.5	22.89	25.48	20.3
2021/05/20	23.82	23.21	0.61	0.37	1.66	1.29	25.79	20.63	23.07	25.63	20.5

对照列表中的数值不仅可以了解指标的计算过程，还可以对 BOLL 指标的构造有更深入的理解。我们在与投资者的交流中了解到，有些投资者在学习一些指标时会尽可能地手工计算一遍，这是一个很好的习惯。

列表中的平均值，例如 MA20 和差值平方的 20 周期平均值（VART2），需要等到第 20 个周期才会出现第一个指标值。三条指标线在输出时用的是前一根 K 线的数值，在指标公式中用到了 REF 函数，例如 REF（MIDDLE，1），表示引用前 1 日的中轨线数值，上轨线和下轨线也是同理。

在表 1-2 中，按照从左到右的顺序可以最终得到 BOLL 指标的输出值。先由前 20 个收盘价计算出 20 日均线，即 MA20（中轨线），从 3 月 22 日开始得出该项数值（21.46）。然后计算收盘价与 MA20 的差值，再计算出该差值的平方（VART1）。我们要等到出现第 20 个差值的平方之后才能计算其 20 周期的平均值（VART2），从 4 月 19 日开始得出该项数值（0.28）。

将得出的结果进行开方运算就可以得出标准差（VART3）。4 月 19 日得到的第一个标准差数值为 0.52（$\sqrt{0.28}$），两倍的标准差就是 1.04。根据 BOLL 计算公式，上轨线由 MA20 数值 21.02 加上 2 倍的标准差，得出指标数值为 22.07，下轨线由 MA20 减去 2 倍的标准差，得出指标数值为 19.97（0.01 的误差是因为计算精度）。BOLL 指标的三条指标线的输出值为前一日的指标值。因此，4 月 20 日的中轨、上轨和下轨的输出值分别为 21.02、22.07、19.97。

按照以上的计算过程，股票软件中的指标公式可以自动计算出每一个交易日的 BOLL 指标数值，然后将这些数值绘制到 K 线图上，如图 1-2 所示。

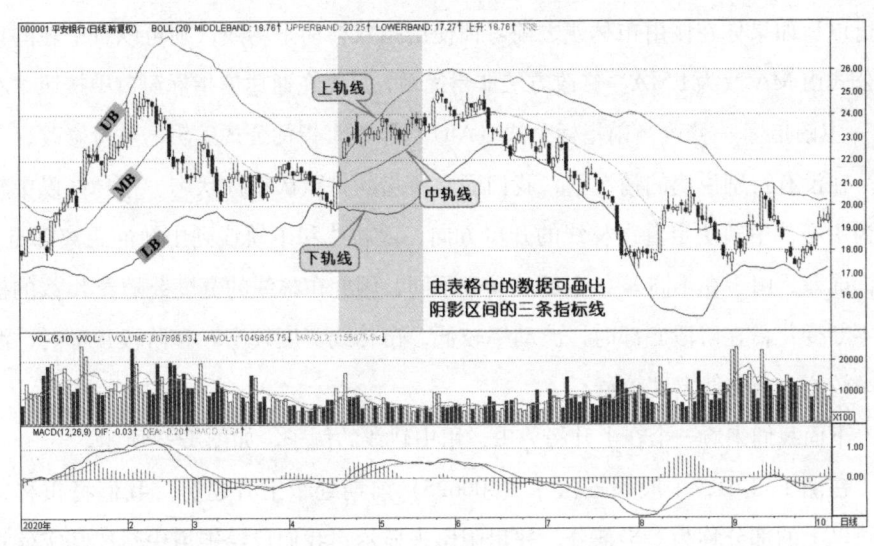

图 1-2　平安银行（000001）BOLL 的三条指标线

将表格中 2021 年 4 月 20 日至 5 月 20 日的数据绘制到 K 线图上就得到了图中阴影区间的三条指标线。通过指标图，我们可以直观地观察：（1）中轨线的方向，即趋势方向；（2）上轨线与下轨线之间的距离变化，也就是标准差的变化，即价格的波动水平；（3）价格的相对高位与低位（超买与超卖），靠近上轨的位置为高位，靠近下轨的位置为低位；（4）价格形态，M 头和 W 底等。我们将会在后面的章节中详细介绍 BOLL 指标的这些用法，它们可以通过量化形成交易系统。

1.4　中轨线的运用

布林线的中轨线采用的是移动平均线，缺省参数为 20，即 MA20。中轨线的用法与均线相同，在上升趋势中，中轨线对价格起到支撑作用；在下降趋势中，中轨线对价格起到压力作用。

中轨线应该能够反映中期趋势方向，所以经常采用月线 MA20，也有投资者会采用 21 日均线——MA21，因为 21 是斐波那契数列（Fibonacci Sequence）中的数字，两者的数值相差不大。

中轨线是否可以采用其他类型的均线呢？比如 EMA（指数移动平均线）？当然可以！如果你在使用布林线之前习惯使用指数移动平均线，则可以将中轨的计算公式由 MA 改为 EMA。修改方法非常简单，只需在通达信指标窗口中按照"右键—主图指标—修改当前指标公式（Alt+S）"进入指标公式编辑器进行修改。

在没有特别说明的情况下，我们通常所指的是默认指标状态。布林线以中轨线为中心，中轨决定着布林线的开口方向，上轨线和下轨线到中轨的距离都是 2 倍标准差。由于在不同 K 线上的波动率不同，因此布林线的宽度会随着 K 线的推移不断变化，在阶段底部时，波动率较低，布林线宽度较窄；在阶段顶部时，波动率较高，布林线宽度较宽。

下面我们来看一个在上升趋势中运用中轨线的例子，如图 1-3 所示。

在图 1-3 中，个股长安汽车（000625）前期处于上升趋势。我们将布林线中轨以上的部分称为上半部分，并用阴影来显示。我们已经知道中轨线其实就是 MA20 均线。上升趋势通常起始于 K 线站稳均线之上，然后均线方向由向下转为向上，我们在图中用向上箭头标出了 MA20 转为向上的位置。

随后该股沿着布林线上半部分向上运行，这期间有 4 次回落到中轨附近，其中前 3 次均获得支撑并创出新高。通常，中轨拐头向上之后，当价格首次回踩均线时是一个好的买入时机。在第 3 次回踩均线之后，成交量明显放大，价格突破上轨并沿着上轨向上移动。从量价配合和价格与 BOLL 指标的位置关系来看，很可能处于冲顶阶段。

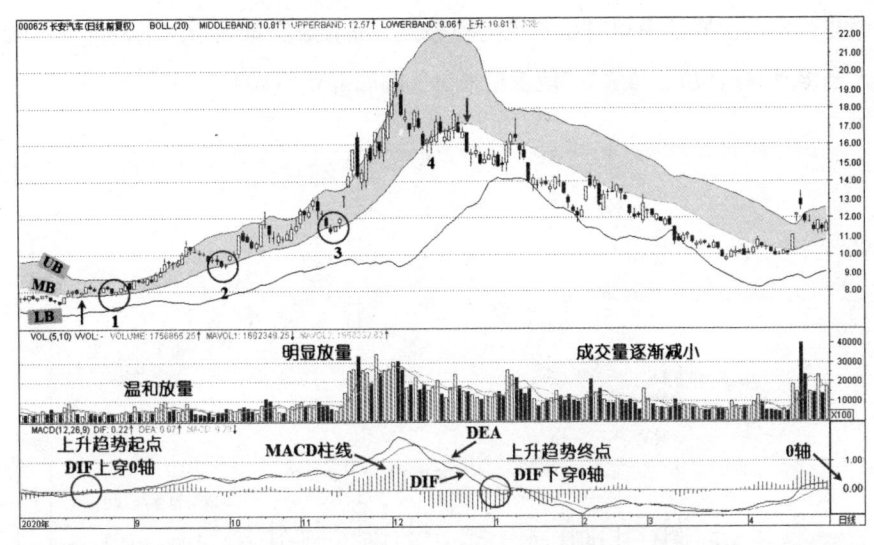

图1-3 长安汽车（000625）上升趋势中轨线的运用

当价格第4次回落到中轨之后，该股未能再次创出新高，而是沿着中轨短暂调整之后，最终确认跌破中轨。通常上升趋势终止于K线跌破均线，然后均线方向由向上转为向下，我们在图中用向下箭头标出了MA20转为向下的位置。

此后，该股开始呈现下降趋势，价格主要运行在布林线中轨之下的下半部分，成交量逐渐减小。熟悉MACD指标的投资者应该知道，我们可以利用DIF线（MACD指标中的差离值）穿越0轴来判断多头与空头市场，在副图2中利用DIF线可以验证这一波上升趋势的起始和终止位置。

我们再来看一个在下降趋势中运用中轨线的例子，如图1-4所示。

在图1-4中，个股新宙邦（300037）前期处于上升趋势，价格多次回落到中轨并获得支撑。运行到高位之后，一根放量长阴线构成看跌吞没形态，并收盘在中轨之下。不久之后，中轨线方向由向上转为向下，我们在图中用向下箭头标出了MA20转为向下的位置，这时很可能是中期下降趋势的起始位置。

我们将布林线的下半部分用阴影显示，随后该股沿着下半部分向下运行，这期间有4次反弹到中轨附近，其中前3次均受到压力作用而再次下跌并创出新低。

通常当价格首次回抽中轨时是多头离场机会。随着成交量逐渐减小，价格不断下跌。当缩量到极致时，距离"地量见地价"的底部就不远了。

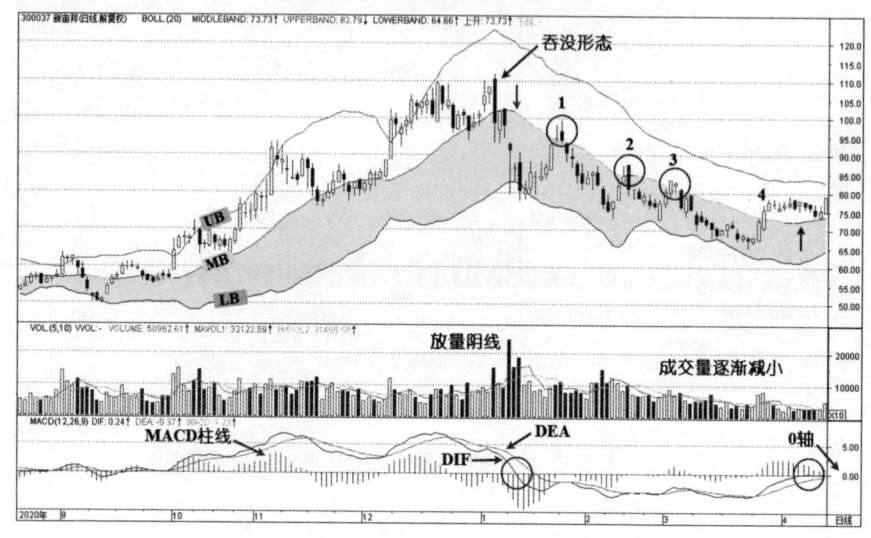

图1-4 新宙邦（300037）下降趋势中轨线的运用

当价格第4次反弹到中轨时，该股未能再次下跌并创出新低，而是沿着中轨小幅调整，下跌节奏被打破，新的趋势在酝酿之中。通常下降趋势终止于K线向上突破均线，然后均线方向由向下转为向上，我们在图中用向上箭头标出了MA20转为向上的位置。

我们同样可以利用MACD指标来验证这波下降趋势，在这期间，DIF线跌破0轴，并一直运行在0轴下方的空头市场。当中轨向上拐头时，DIF线也几乎同时向上突破0轴，开始进入多头市场。

均线反映了市场在一定周期内的平均成本，并能反映市场趋势。在上涨时，它对价格起到支撑作用；在下跌时，它对价格起到压力作用。布林线的标准差（带宽）反映了市场在一定周期内的波动率及其周期性。关于均线的使用方法，我们在《量价时空：波段操作精解》中有更详细的介绍，其中的格兰威尔均线八大法则值得投资者重点研究。

当波动率非常低时，预示着波动率会升高。当波动率非常高时，预示着波动率会降低。

——约翰·布林格

1.5　上轨线的运用

布林线的上轨线等于中轨线加上 2 倍的标准差。标准差的倍数应该随着中轨线的周期做相应调整，例如在 20 日均线时用 2 倍标准差，在 50 日均线时用 2.1 倍标准差，在 10 日均线时用 1.9 倍标准差。

随着上升趋势的持续，价格波动越来越剧烈，标准差逐渐增大，上轨线会越来越向上远离中轨线。在强劲的上升趋势中，价格会沿着上轨向上移动。上轨附近的价格属于布林线定义的相对高位，但突破上轨并不一定代表卖出信号。

上轨线具有带状指标上边界线的一个共同属性——压力作用。价格运行到上轨线附近时，容易受到中轨的吸引而回落。但是，不能忽视动能和趋势惯性的作用，在强劲上升趋势的持续阶段，有足够的量能支撑着价格在相对高位行进。

当价格达到冲顶阶段时，如果上涨动能无以为继则会出现顶背离现象（涨过头），趋势反转的概率增大。布林线能够很好地帮助我们识别 M 头形态，在阶段高位，即使价格创出新高，但如果不能触及上轨，我们也认为这是一个相对较低的波峰，这时经常出现 M 头反转形态。

下面我们来看一个运用上轨线的例子，如图 1-5 所示。

布林线收口达到极限宽度之后，首次突破的边界方向很可能是趋势方向，如果突破上轨则很可能开始上升趋势，如果突破下轨则很可能开始下降趋势。但这并不是万无一失的，有时会出现所谓的"骗线"行为，比如在开始上升趋势之前，先快速向下突破下轨，再回升到上轨并沿着上轨运行。

在图 1-5 中，左侧的上涨过程可以分为两个上涨波段。位置 1 与位置 4 是相似位置，它们都是收口之后首次向上突破上轨，这是上涨波段的起始位置，触及上轨并不代表卖出信号。

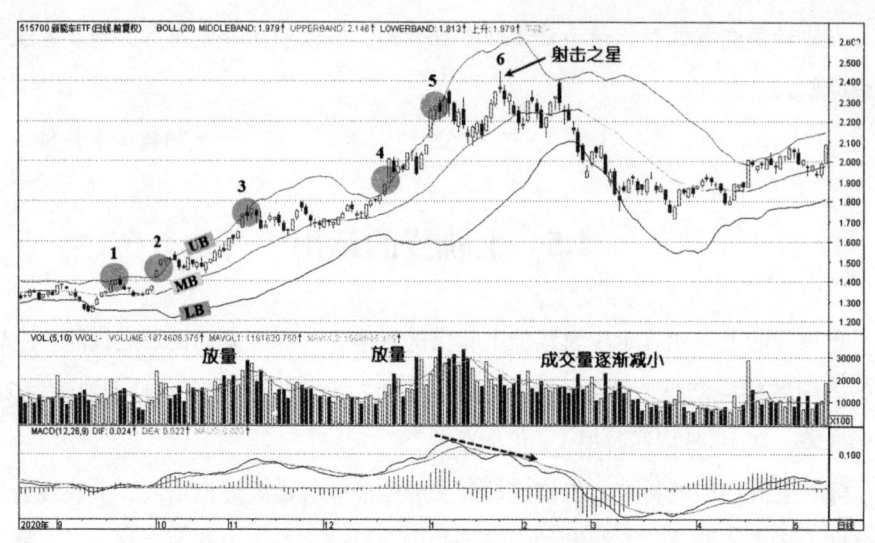

图1-5 新能车ETF（515700）上轨线的运用

市场经常会出现一波三折的走势，约翰·布林格称这种形态为"Three Pushes to a High"（三次拉升到达一个高位，三浪见顶），也就是说，一个上涨波段通常包括三个推动浪。位置1~3分别对应三个波峰，同时对应MACD指标的三组红柱，位置3之后形成了阶段顶部。

第二个上涨波段同样由三个推动浪组成，前两个波峰（位置4、5）突破了上轨，第三个波峰（位置6）未能触及上轨。虽然位置6创出新高，但它未能触及上轨，这从布林线的角度来看仍然是相对位置5更低的位置，这说明上涨动能有所减弱，没有继续确认高点，形成顶背离现象，视为卖出信号。我们通过MACD指标的DIF线的波峰可以画出一条向下的趋势线，这也验证了顶背离。

位置5和位置6是布林线的一种重要形态，可以把它看作一个M头形态，也可以看作一个头肩顶形态的左肩和头部，关于这些形态，我们在后面的章节中还会详细介绍。另外，单纯从位置6的K线来看，它是一个射击之星顶部反转形态，也预示着价格即将见顶。有经验的投资者会利用上轨附近放出巨量的看跌K线形态进行"高抛"。

我们再来看一个运用上轨线的例子，如图 1-6 所示。

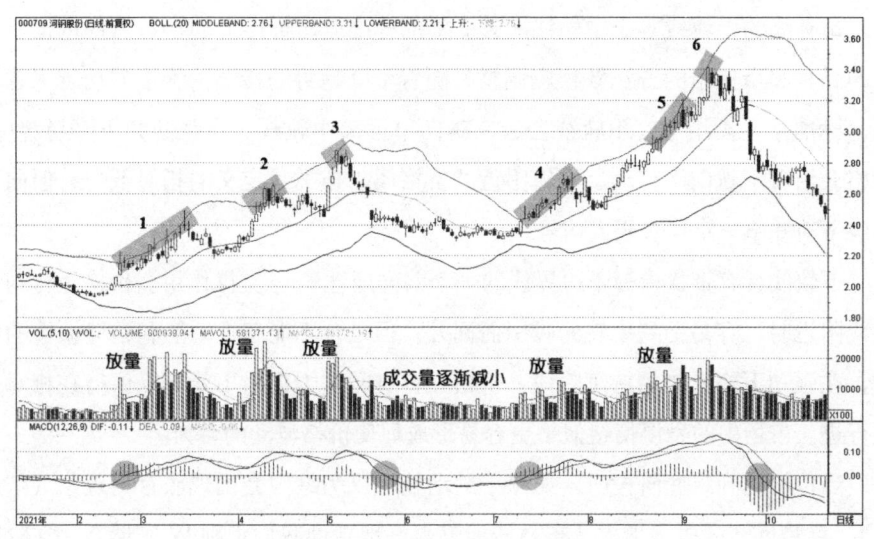

图 1-6　河钢股份（000709）上轨线的运用

在图 1-6 中，个股河钢股份先后产生两个上涨波段。在利用布林线确定买点时，一个值得注意的位置是，布林线经过收口过程之后，中轨开始向上拐头，价格首次向上突破上轨的位置，即在图中标出的位置 1 和位置 4。在可能的上涨波段起始位置，价格触及上轨时不应视为卖出信号，而是突破买入信号。

从成交量上来看，明显放量的 K 线基本上也是价格突破上轨的 K 线，持续放量时，价格会沿着上轨向上行进。该股经过一波三折的上涨之后达到高位，注意在更强劲的上升趋势中，可能出现更多小级别的向上推动浪，这就是"背离之后有背离"的情况。

我们通过 MACD 指标也能验证这两个上涨波段。在遇到复杂形态时，将 BOLL 指标配合其他指标一起使用能够起到更好的效果。在下降趋势中价格很少触及到上轨，只有在复杂形态的三浪反弹中可能运行到上轨附近。在振荡区间，在压力作用下，上轨线更适合作为"高抛"的参照物。

1.6　下轨线的运用

布林线的下轨线等于中轨线减去 2 倍的标准差。标准差的倍数可以依据所分析的品种和所使用的方法做相应调整。随着下降趋势的持续，价格波动越来越剧烈，标准差逐渐增大，下轨线会越来越向下远离中轨线。在强劲的下降趋势中，价格会沿着下轨向下移动。下轨附近的价格属于布林线定义的相对低位，但向下突破下轨并不一定代表买入信号。

下轨线具有带状指标下边界线的一个共同属性——支撑作用。价格运行到下轨线附近时，容易受到中轨的吸引而回升。但是，不能忽视动能和趋势惯性的作用，在强劲下降趋势的持续阶段，价格在自身的重力作用下就可以保持在相对低位行进。市场中的恐惧情绪似乎更容易形成促使价格波动的合力。

当价格达到筑底阶段时，如果下跌动能无以为继则会出现底背离现象（跌过头），趋势反转的概率增大。布林线能够很好地帮助我们识别 W 底形态，在阶段低位，即使价格创出新低，但如果不能触及下轨，我们也认为这是一个相对更高的波谷，这时经常出现 W 底反转形态。

下面我们来看一个运用下轨线的例子，如图 1-7 所示。

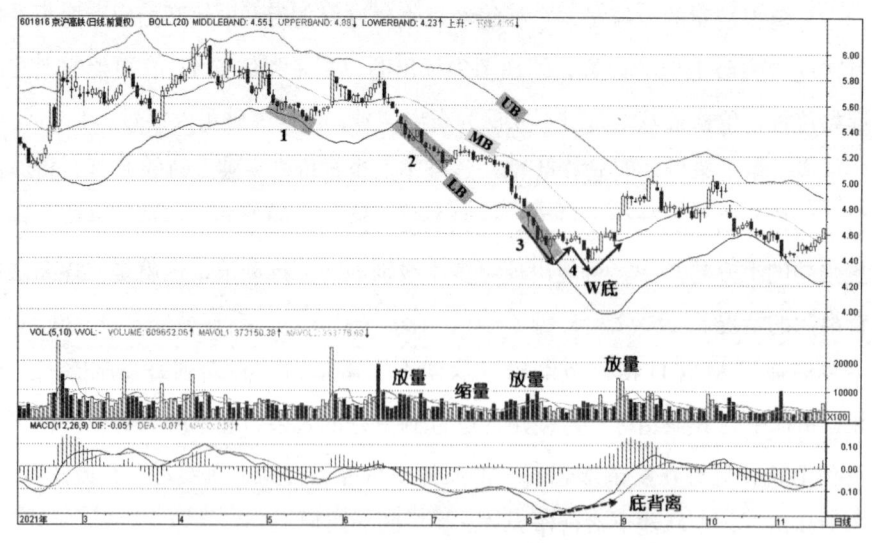

图 1-7　京沪高铁（601816）下轨线的运用

在下降趋势开始前，布林线往往也会经历一次收口过程，当收口达到极限低值之后，首次突破的边界方向很可能是趋势方向，如果突破下轨则很可能开始下降趋势。但这不是万无一失的，有时会出现所谓的"骗线"行为，比如在开始下跌趋势之前，先快速向上突破上轨，再回落到下轨并沿着下轨运行。

在图1-7中，个股京沪高铁整体处于下降趋势。经过一波反弹之后，在位置1处回落到下轨附近，并且中轨开始拐头向下，转为中期下降趋势。在位置2处，该股首次向下突破下轨，这是下跌波段的起始位置，这时触及下轨并不代表买入信号。在双向交易品种中，这时可以做空。

一个连续的下跌波段也倾向于形成三个下跌推动浪，套用约翰·布林格的话来说就是"Three Pulls to a Low"（三次回撤到达一个低位，三浪见底）。位置2~4分别对应三个波谷，前两个波谷对应MACD指标的两组绿柱，而位置4只是红柱收敛并没有形成绿柱，这是一个需要特别注意的位置。

在下降趋势中，价跌量增和价涨量减是正常的量价配合形态，也就是放量下跌和缩量上涨。位置2和位置3处，价格沿着布林线下轨向下移动，并且是放量下跌，这是C浪杀跌的标志。

在位置4处，虽然价格创出新低，但它未能触及下轨，新低没有得到布林线的确认。从布林线的角度来看，这仍然是相对位置3更高的位置，这说明下跌动能有所减弱，形成底背离现象，视为买入信号。我们通过MACD指标的DIF线的波谷也可以相应画出一条向上的趋势线，这也验证了底背离。

位置3和位置4是依据布林线识别出来的一种重要形态，可以把它看作一个W底，有时是一个头肩底形态的左肩和头部，关于这种形态，我们在后面的章节中还会详细介绍。

在W底之后，该股放量突破中轨展开一波反弹。需要提醒投资者注意的是，在大级别的下降趋势中，止跌之后可能有三种走势——反转、反弹、横盘，它们的强度依次降低。这时的下轨正在向下移动，波谷不断降低，这并不是做多有利区间。能做空的品种，做空恰逢其时，不能做空的品种，空仓是最佳策略。顺势交易是首要原则，在主要下降趋势中寻找做多机会的成功率会明显降低。

我们再来看一个运用下轨线的例子，如图1-8所示。

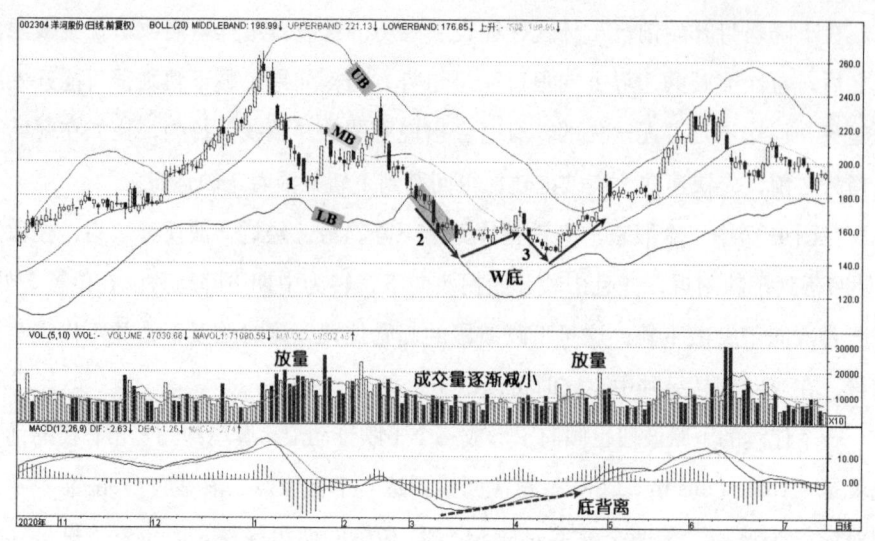

图 1-8　洋河股份（002304）下轨线的运用

在图 1-8 中，个股洋河股份在前期大幅上涨，在位置 1 处回落到下轨附近，不久之后中轨开始向下拐头。经过一波反弹之后，在位置 2 处，跌破前一个波谷，并沿着下轨向下移动。反弹到中轨附近之后，在位置 3 处创出新低，但并没有触及下轨，新低没有得到布林线确认，这是一个相对更高的低点。当价格再次回到中轨时，形成 W 底形态。

我们连接 DIF 线的两个波谷可以画出一条向上的趋势线，这也验证了底背离。此后，当价格放量向上突破上轨，DIF 线向上突破 0 轴时可以看作买入信号。

在遇到复杂形态时，我们可以将 BOLL 指标配合其他指标进行综合判断。在上升趋势中，价格很少能够触及到下轨，只有在复杂形态的三浪下跌中可能运行到下轨附近，通常发生在波浪理论中的第 2 或第 4 调整浪。在振荡趋势中，在支撑作用下，下轨线更适合作为"低吸"的参照物。在下降趋势中，价格会多次触及下轨，这时并不是右侧交易的买入时机，这时的波谷在不断降低。在极弱市状态下，即使止跌，也很可能不会马上反转，而是继续在底部区间振荡。

股市最惹人发笑的事情是：在同时买进和卖出的人当中，每一个人都会自认为比对方更聪明。

——菲利普·费雪

1.7　BOLL 指标的使用经验

（1）上升趋势起始位置的布林线形态特征为，布林线收口达到一段时期内的极限低值，价格站上中轨，随即放量向上突破上轨，并带动中轨开始拐头向上，布林线开始向上开口。

（2）下降趋势起始位置的布林线形态特征为，布林线收口达到一段时期内的极限低值，价格跌破中轨，随即放量向下突破下轨，并带动中轨开始拐头向下，布林线开始向下开口。

（3）上升趋势初期向上突破上轨时，下轨向下移动，形成向上开口的喇叭口形状。

（4）下降趋势初期向下突破下轨时，上轨向上移动，形成向下开口的喇叭口形状。

（5）上升趋势终止位置的布林线形态特征为，布林线开口达到一段时期内的极限高值，价格从上轨以上回落到中轨以下，并带动中轨开始拐头向下。

（6）下降趋势终止位置的布林线形态特征为，布林线开口达到一段时期内的极限高值，价格从下轨以下回升到中轨以上，并带动中轨开始拐头向上。

（7）在上升趋势末端经常出现 M 顶形态，第一个波峰突破上轨，而第二个波峰通常很少触及上轨，形成顶背离形态。

（8）在下降趋势末端经常出现 W 底形态，第一个波谷跌破下轨，而第二个波谷通常很少触及下轨，形成底背离形态。

（9）在上升趋势中，价格通常会突破上轨；在下降趋势中，价格通常会跌破下轨。但这并不一定代表卖出或买入信号。

（10）布林线的收口与开口交替出现，这体现了波动率的一种循坏，低波动率会引发高波动率，高波动率会引发低波动率。

（11）布林线配合成交量等其他指标可以提高判断的成功率。布林线的衍生指标 BB（布林极限）和 WIDTH（极限宽指标）可以用于建立交易系统。

第 2 章

BOLL 指标与价格形态

有一些价格走势不完全是随机的，这就是说有可能通过一定的方式来预测。

——詹姆斯·西蒙斯

在布林线识别的 W 底形态中，价格的新低并不是相对于布林线的新低。

——约翰·布林格

2.1　形态识别

价格形态是技术分析的主要研究对象之一。我们经常在市场中听说，投机像山岳一样古老，阳光下没有新鲜事。用这句话来形容价格形态和与之对应的市场心理是再贴切不过了。在上涨和下跌过程中，众多的市场参与者经常会产生特定的群体心理，这种心理过程会表现在价格走势上，这就会形成一些特定的价格形态。可以这样说，只要是公开交易的品种，并且有足够多的买家和卖家参与交易，就会始终存在这些价格形态。这是因为人性从来没有改变，人们在面对价格波动时的贪婪和恐惧心理永远不会改变。

市场趋势分为上升、下降和横盘趋势。在上升和下降趋势中都会产生中继形态，比如三角形、旗形、矩形等；也会产生反转形态，比如双重顶（底）、三重顶（底）、头肩顶（底）等。我们在《量价时空：波段操作精解》一书中已经在量价关系的基础上详细介绍过这些形态。

既然价格有固定形态，那么指标是否也有固定形态呢？当然如此。例如我们曾讲过 MACD 指标的顶（底）背离形态，KDJ 指标的四撞顶（底）形态，均线的多头（空头）排列，以及我们将要讲到的 BOLL 指标的收口与开口形态，等等。

除此之外，价格形态与指标形态之间的相互验证，以及价格与指标相互配合构成的形态（例如以价格与均线确定的所谓的"老鸭头"形态、"出水芙蓉"形态），这些都是很好用的技术方法，并且可以用于建立交易系统。

从本节开始，我们将结合 BOLL 指标介绍几种最常见的反转形态，包括 W 底、M 头、头肩底、头肩顶、顶背离和底背离等。还将介绍 BOLL 指标最具特征的收口与开口形态，价格沿上轨或下轨运行形态。

2.2　W底与底背离

抄底与逃顶是我们在股市中经常听到的两个词语。对于波段交易者来说，底部与顶部的转折区域是我们的研究重点之一。我们在以前的书中介绍过，按照底（顶）部形成的波谷峰数量，可以将其划分为单底（顶）、双重底（顶）、三重底（顶）形态。

由于底（顶）部通常不是一蹴而就的，它需要反复确认，因此双重底（顶）和三重底（顶）是更常见的形态，尤其是双重底和三重顶。投资者在持有股票时可能有这样一种感觉，那就是股票涨起来似乎很慢，而跌下去似乎总是很快。这种投资体验和研究数据显示的结果是一致的，慢涨快跌是价格波动的一个特征。

在上涨时需要不断积累成交量，吸引跟风盘进场，这要消耗更多的资金和时间；而在下跌时，主力资金只要大量抛出筹码，这就会触发多米诺骨牌效应，形成下跌推动浪。推倒一堆积木要比搭建它时容易得多，股市也是同样道理。

如果将市场底部看成一个U字形，左侧的下跌阶段通常相对更加陡峭，下跌通道宽度更窄；而右侧上涨阶段相对更加平缓，上涨通道宽度更宽。市场顶部的情况则正好相反。

市场在底部经常走出双重底形态，它的形状看起来像一个英文字母W，所以又被称为W底。W底由两个波谷构成，通常第一个波谷的下跌势头更猛，由更多阴线构成，第二个波谷是对第一个波谷支撑力道的测试。第二个波谷的位置可能与第一个波谷持平，也可能高于或低于第一个波谷，如图2-1所示。

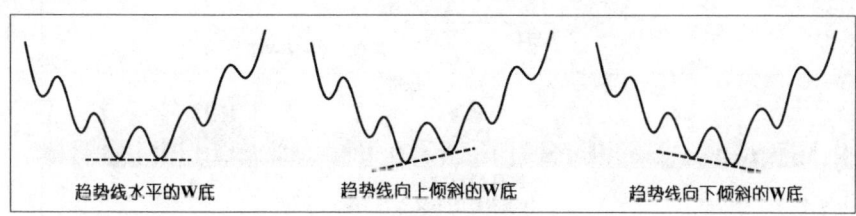

趋势线水平的W底　　　趋势线向上倾斜的W底　　　趋势线向下倾斜的W底

图 2-1　不同倾斜方向的 W 底

当 W 底的两个波谷低点位置大致相当时，连接两个波谷的趋势线呈水平状态。这说明市场参与者形成了一致的低位价格预期，当价格再次回到前一个波谷水平时，入市资金不断进场抄底，而前期已经在场内的投资者也不再愿意在低位抛出，市场形成合力将价格推高，最终突破前一个波峰形成 W 底。

当 W 底的第二个波谷更高时，连接两个波谷的趋势线呈向上倾斜状态。这说明市场更强势一些，波谷抬高可能由于在前一个波谷的反弹幅度较大，也可能由于回落到第一个波谷之前就形成了抢筹局面，没有给那些希望以更低价位抄底的人以进场机会。对筹码的需求大于供给，这可能导致后面的行情继续保持强势。

当 W 底的第二个波谷更低时，连接两个波谷的趋势线呈向下倾斜状态。这说明市场更弱势一些，波谷降低可能由于在前一个波谷的反弹幅度较小，也可能由于市场在进行所谓的"骗线"，要在跌破第一个波谷时将不坚定的多头清洗出场。有一种说法是，市场会朝着打掉更多止损的方向运行，而前低之下一定距离正是止损单的密集区。

我们来看一个趋势线呈水平状态的 W 底的例子，如图 2-2 所示。

在图 2-2 中，个股丽珠集团（000513）前期处于下降趋势。布林线中轨向下移动，价格多次短暂反弹突破中轨后继续下跌并创出新低。在波谷 1 处，该股放

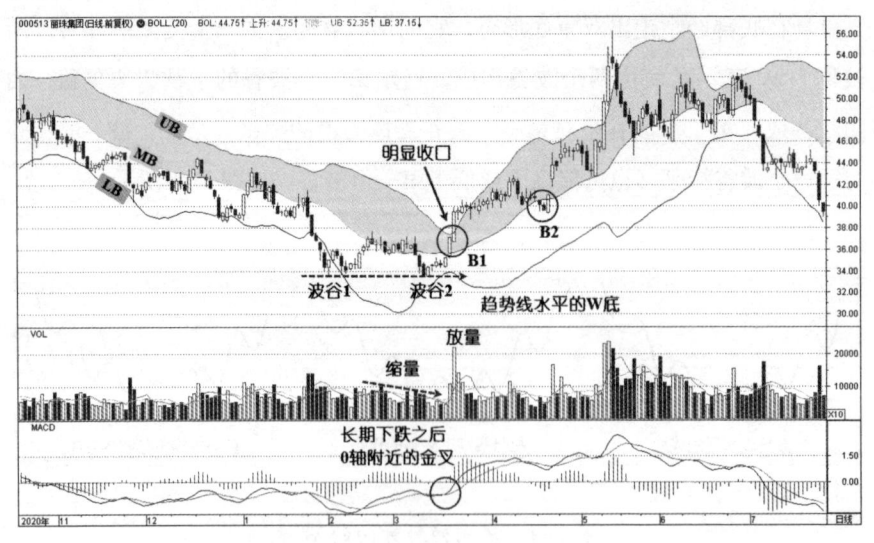

图 2-2　丽珠集团（000513）W 底形态

量跌破下轨，做空动能进一步得到释放。随后该股开始反弹并站上中轨。但是，该股并没有就此形成向上突破，而是再次回落，相比前一波下跌呈缩量状态。在前低附近，缩量至地量，该股止跌回升，并放量向上突破中轨，形成波谷2。两个波谷的低点价位相差无几，穿越低点的趋势线呈水平状态。

在波谷2的右侧，站稳中轨的K线确认W底形成，产生买点B1（通常用B表示买点，用S表示卖点）。形成W底的同时，BOLL指标呈现出一个典型的买入形态——BOLL发生明显收口现象，不久之后价格向上突破上轨，中轨开始向上拐头。突破上轨可以看作对买点B1的确认。

此后，该股缓慢上涨，并在B2位置回踩中轨，产生第二个买点。买入之后，该股再次放量上涨，多次突破上轨。

从图中可以看出，在W底左侧，该股主要沿着布林线下半部分向下移动；在W底右侧，该股主要沿着布林线上半部分向上移动。从MACD指标来看，在价格形成第一个波谷时，DIF与DEA形成金叉。第二个波谷时，在0轴附近再次形成金叉，这确认了站上中轨的B1买点。

我们再来看一个趋势线向上倾斜的W底的例子，如图2-3所示。

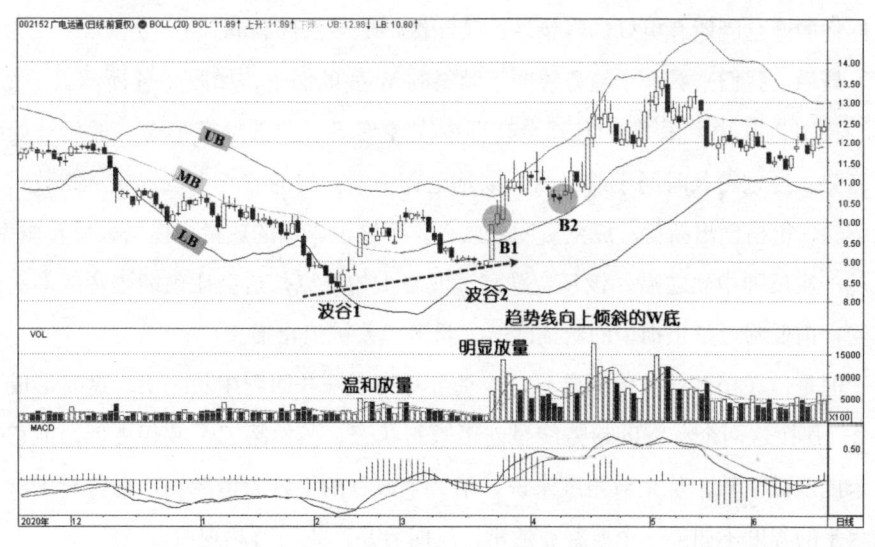

图2-3　广电运通（002152）W底形态

在图 2-3 中，个股广电运通前期沿着布林线下轨向下运行。布林线的两次收缩与扩张对应着两波下跌，在此期间价格均向下突破了下轨，说明下跌势头猛烈。

经过较长时间下跌之后，该股开始反弹并温和放量，形成第一个波谷。该股站稳中轨后开始回落，缩量下跌回到中轨之下。随后该股在前低上方止跌，并明显放量再次站上中轨，形成第二个波谷。连接这两个波谷的趋势线呈向上倾斜状态。

从 MACD 指标来看，前期 DIF 线长期运行在 0 轴之下，处于空头市场。在价格形成第一个波谷时，DIF 与 DEA 形成金叉。第二个波谷时，在 0 轴附近再次形成金叉，这确认了站上中轨的 B1 买点。第二个买点 B2 发生在首次突破上轨之后回踩中轨的位置，DIF 与 DEA 形成"回踩不破"形态，这里可以作为加仓点。此后该股再次放量上攻，沿着布林线上轨向上运行。

在买入之后，我们可以使用跟踪止损，将初始止损设置在第二个波谷下方一定距离，并随着价格上涨不断向上调整止损位。合理的止损很重要，过于严格的止损会被正常的调整振荡出局，过于宽松的止损会让你失去大部分已经到手的利润。在开仓之初，适宜使用相对宽松的止损，然后随着行情的发展逐渐调紧止损。这样你的开仓既能有更好的容错性，又能保护更多头部利润。

最后，我们来看一个趋势线向下倾斜的 W 底的例子，如图 2-4 所示。

在图 2-4 中，消费 ETF 基金在图中左侧形成了顶部反转形态，然后开始下降趋势。经过较长时间下跌之后，该基金在图中标出的波谷 1 位置放量跌破布林线下轨，价格创出新低，成交量明显放大。下跌浪末端的放量可以增大反转概率。经过一次反弹中轨之后，该基金跌破了波谷 1 的低点，这会让前期进场的多头很难受，前低附近是止损单的密集区，大量多单要被迫止损。

但是，在稍微跌破前低之后，该基金开始上涨并回到中轨之上，这时形成波谷 2，连接这两个波谷的趋势线呈向下倾斜状态。虽然第二个波谷更低，但它仍然未能跌破下轨，从相对角度来说，第二个波谷的下跌力道减弱，它偏离正常波动水平的程度不如第一个波谷。通常，这时容易产生底背离现象。

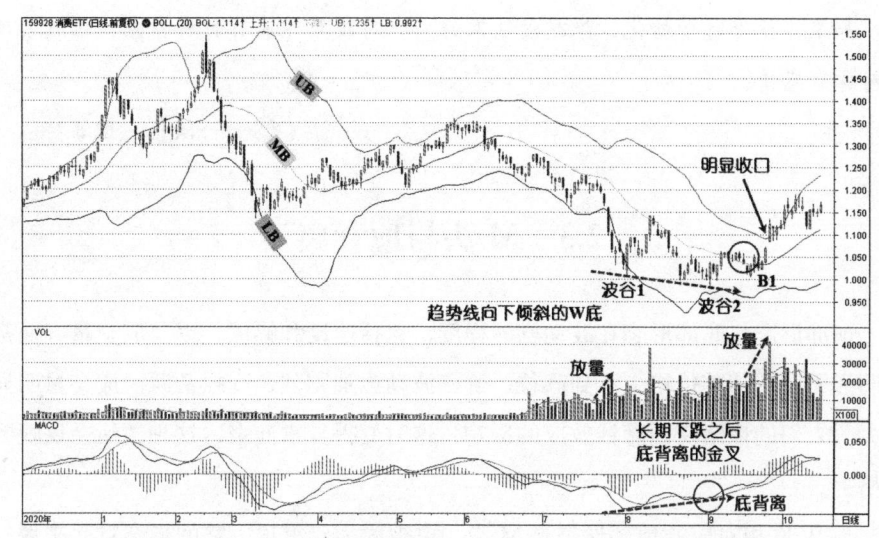

图 2-4　消费 ETF（159928）W 底与底背离

我们可以通过 MACD、KDJ、RSI（相对强弱指标）等指标来验证底背离。以 MACD 指标为例，DIF 线也相应形成了两个波谷，连接这两个波谷的趋势线方向向上，这与价格的趋势线方向相背离，说明已经跌过头，反转的概率在增大。这是一种典型的底部形态，当 W 底向下倾斜时，经常会发生底背离。

当 W 底的第二个波谷较低时，通过第二个波谷中的 K 线的下影线长度可以看出市场恢复上涨趋势的意愿和力度。如果形成了较长的下影线，说明低位有较强支撑，市场形成 W 底的概率较大。如果形成了长实体的阴线，说明卖压仍未得到充分释放，可能形成失败的 W 底。

向下倾斜的 W 底在回升时，如果在中轨附近发生回调会形成类似头肩底的形态，图 2-4 中的情况正是如此。买点 B1 的位置可以看作头肩底的右肩。随后，该基金很快放量突破上轨，布林线开始呈向上开口状态。

在操作中，我们经常会见到 W 底和头肩底的一些变形形态，它们虽然是不太流畅的非标准形态，但它们已经走出了底部形态的意味。投资者在熟练运用底部形态之后，会经常观察出这种图形。还有一点需要注意，在长期下跌趋势的中途出现 W 底时，可能只会形成短暂的反弹，而非反转，例如波浪理论中的 B 浪反弹或者 C 浪延长浪中的反弹。

如果你投资时情绪化，你就没法做好。你对股票可能有种种情感，但股票不会对你有感情。

——沃伦·巴菲特

2.3　M头与顶背离

顶部形态与底部形态在波动剧烈程度，包括速度和幅度，以及成交量方面都有明显不同。随着价格上涨到高位，价格波动愈加剧烈，交投活跃，成交量明显放大。人们的情绪受到赚钱效应的影响，这时变得异常亢奋，这种情绪会反映到价格上。

与W底相对应的顶部形态是M头，也被称为双重顶，它的形态看起来像一个英文字母M。M头由两个波峰构成，通常第一个波峰的成交量较大，由更多阳线构成，在BOLL指标中经常突破上轨，而第二个波峰是对前高压力的测试。第二个波峰的位置可能与第一个波峰持平，也可能高于或低于第一个波峰，如图2-5所示。

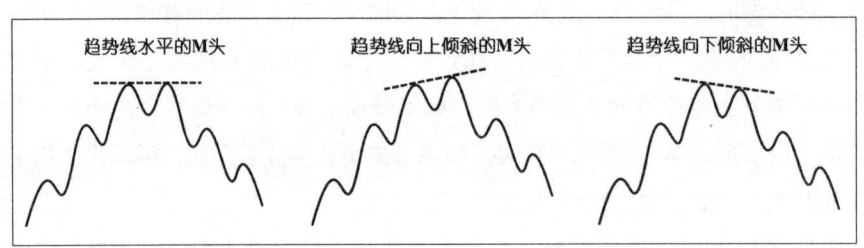

图 2-5　不同倾斜方向的 M 头

M头经常可以与左侧或右侧的一个波峰构成头肩顶形态。头肩顶也可以看作由两个M头组成。沿着M头的两个波峰顶点可以画出一条趋势线，穿过两个波峰之间的波谷低点画出趋势线的平行线即为M头的颈线。

我们来看一个趋势线接近水平状态的M头的例子，如图2-6所示。

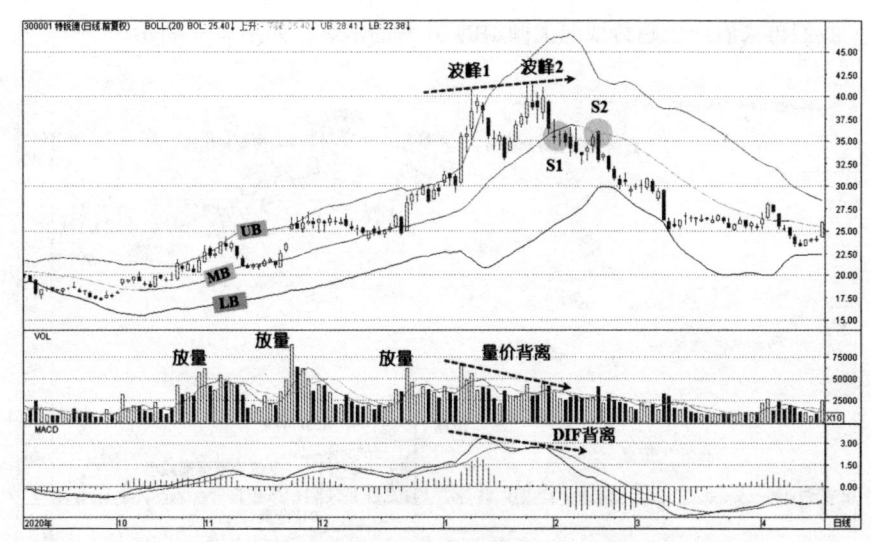

图 2-6 特锐德（300001）M 头形态

在图 2-6 中，个股特锐德（300001）前期处于上升趋势。布林线向上开口，中轨连续向上移动。经过三次明显放量过程，价格形成三波突破上轨的上涨。在波峰 1 处，该股放量突破上轨，布林线向上开口达到极限水平。随后该股回落到中轨附近，遇到支撑再次上涨，并形成波峰 2。但是，只有几根上影线短暂突破了前高，并没有形成有效突破。第二个波峰的成交量明显减少，出现量价背离现象，预示着趋势可能发生反转。

在第二个波峰的右侧，当价格确认跌破中轨时产生卖点 S1，随后当价格回抽中轨时产生卖点 S2。S2 是多头最后的出逃机会，也是最好的中线卖点。这时中轨刚开始向下拐头，很可能是下跌趋势的开始。卖出之后，该股跌到下轨附近，BOLL 指标开始向下开口。

从图中可以看出，在 M 头左侧，该股主要沿着布林线上半部分向上移动；在 M 头右侧，该股主要沿着布林线下半部分向下移动。从 MACD 指标来看，在价格形成第一个波峰之后，DIF 与 DEA 形成死叉。第二个波峰之后，在 0 轴附近再次形成死叉，DIF 线的趋势线方向向下，与价格形成了顶背离。多种方法相互验证，可以提高卖出的成功率。

我们再来看一个趋势线向上倾斜的M头的例子，如图2-7所示。

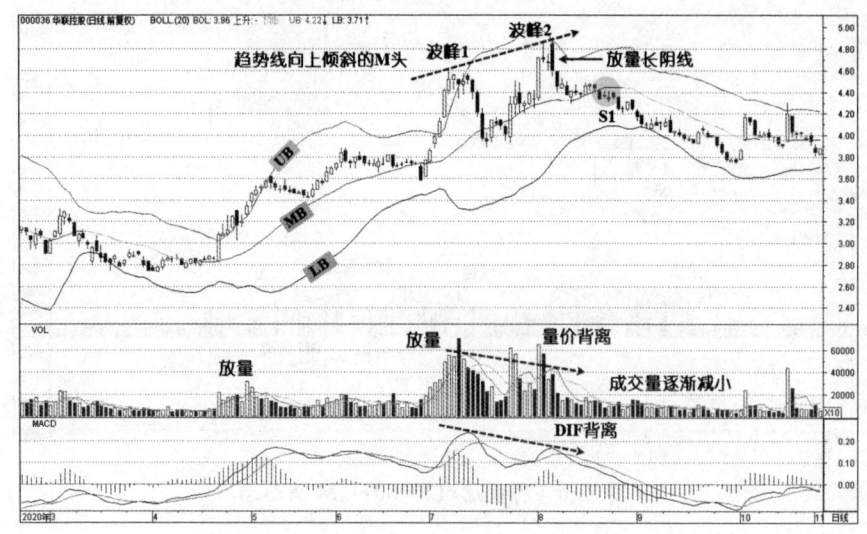

图2-7　华联控股（000036）M头形态

在图2-7中，可以明显看到两次明显放量过程，对应着两波向上突破布林线上轨的上涨。在波峰1位置，布林线向上开口达到极值水平，但价格仍然向上脱离了上轨，这说明价格已经严重偏离正常水平，市场达到最炽热阶段。这时的成交量和DIF线都处在历史高位，与布林线开口达到极限水平相互验证。

该股从第一个波峰回调到中轨时，获得支撑再次上攻并突破前高。可是股价并没有在前高之上停留太久，便回到前高之下，形成第二个波峰，构成M头形态。连接两个波峰顶点的趋势线方向向上。波峰2位置的小星线和长阴线都表明市场在前高遇到了较强的卖压。第二个波峰没能突破布林线上轨，这说明价格上涨的相对强度在减弱，我们已经知道这时可能发生顶背离现象。

从成交量来看，第二个波峰时没有持续放量，只是偶有放量。我们可以利用成交量均线来画出一条向下的趋势线，这与价格趋势线形成了顶背离，预示趋势可能发生反转。同样地，DIF线也与价格形成了顶背离。这些都表明上涨力道在减弱，这波上涨趋势难以为继。

当股价确认跌破布林线中轨时发出卖出信号 S1。卖出之后，该股并没有再次回测中轨，而是持续下跌。中轨持续向下移动，成交量逐渐减小，DIF 线进入 0 轴以下，这些都表明市场的热度已经消退，开始进入调整阶段。

我们再来看一个趋势线向上倾斜的 M 头的例子，如图 2-8 所示。

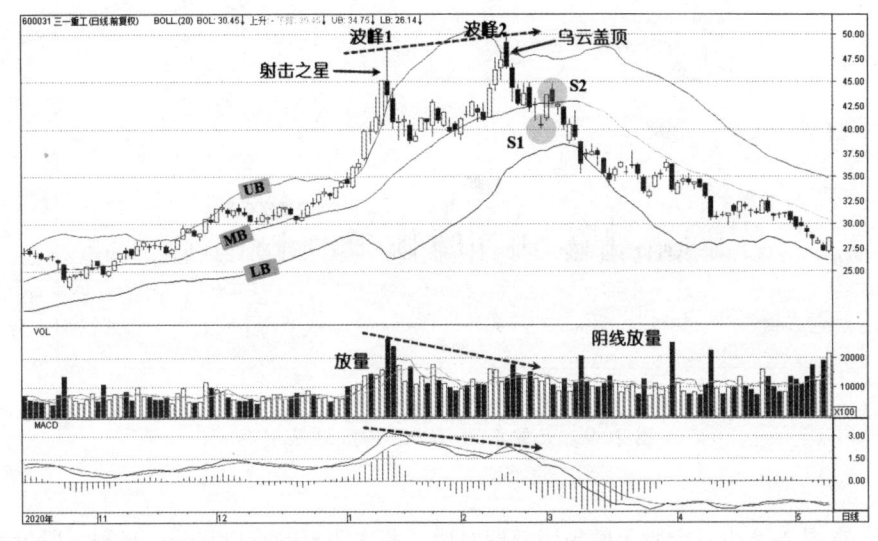

图 2-8　三一重工（600031）M 头形态

在图 2-8 中，个股三一重工前期处于上升趋势，布林线向上开口，价格沿着布林线上半部分向上移动。我们重点来看该股的顶部形态。在形成第一个波峰时，顶部是一根射击之星顶部反转 K 线形态，它与超出正常水平的巨大阴线成交量都表明上涨可能进入尾声。在形成第二个波峰时，同样出现了一个顶部反转 K 线形态——乌云盖顶。价格虽然创出新高，但形成了量价背离和 DIF 背离，乌云盖顶次日是短线高抛机会。

此后该股回落到中轨之下，陆续产生卖点 S1 和 S2，分别对应着跌破中轨卖点和回测中轨卖点。放量跌破下轨的那根阴线可以看作空头趋势的起点。卖出之后，该股呈现出一个明显的量价特征，那就是阴线时放量，这是下跌阶段的标志。

我们最后来看一个趋势线向下倾斜的 M 头的例子，如图 2-9 所示。

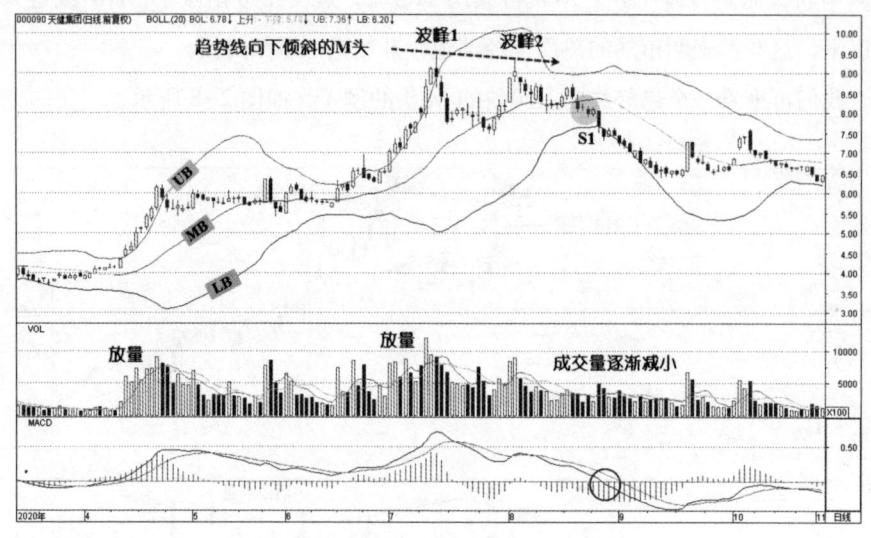

图 2-9　天健集团（000090）M 头形态

在图 2-9 中，个股天健集团前期经历了两次明显的收口与开口过程，股价两次沿着上轨向上移动。该股从第一个波峰回落到中轨之后，中轨对价格产生支撑作用，随后再次挑战前高，但未能成功并形成第二个波峰，这两个波峰构成了 M 头形态。连接两个波峰的顶点可以画出一条向下倾斜的趋势线。

随后，当股价再次回落到中轨时，布林线迅速收口，该股进入变盘阶段。通过顶部形态我们可以判断出它大概率会选择向下。对于股性活跃的股票来说，在经历了一段时间的波动率较大的上涨过程之后，通过收口形态完成调整过程，后面紧接着可能是波动率再次放大的下跌过程。

当布林线收口达到极限水平，并且价格跌破中轨时，产生卖出信号 S1。卖出之后不久，该股跌破下轨，开始下降趋势。同时 DIF 线向下穿越 0 轴（图中圆圈标出的位置），进入空头市场。

通常，M 头的第一个波峰会上穿布林线上轨，而第二个波峰则难以到达上轨。第二个波峰形成之后会产生两个卖点：一个是确认跌破中轨的位置；一个是回抽中轨的位置。向下突破 M 头形态下沿的第一波下跌浪通常会跌破下轨。以上是对标准 M 头形态的描述，在实际操作中，我们会见到不同倾斜程度的 M 头形态，这也反映了当时人们的心理和市场成本。

2.4　头肩底

股价经过较长时间下跌之后，在底部波谷两侧分别有一个较高的波谷时就形成了头肩底形态。大部分底部形态都属于某种 W 底的变形，头肩底形态可以看作由一个向下倾斜的 W 底（左肩和头部）和一个在布林线中轨附近形成的波谷（右肩）构成。

穿过头肩底的两个反弹波峰的顶点可以画出一条颈线。根据颈线的方向可以将头肩底分为水平、向上或向下倾斜的三种形态，如图 2-10 所示。

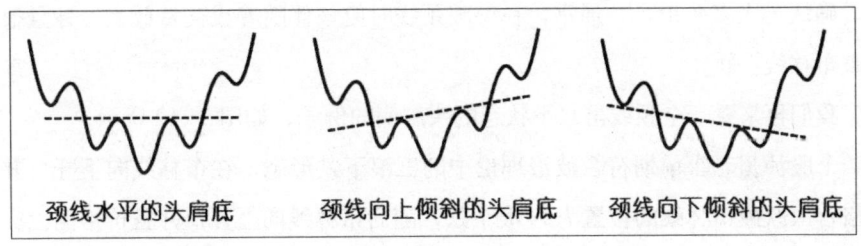

图 2-10　不同颈线方向的头肩底

我们先来看一个颈线向下倾斜的头肩底的例子，如图 2-11 所示。

在图 2-11 中，个股恒逸石化经过较长时间下跌之后，在底部形成了三个波谷。第一个波谷向下跌破布林线下轨，呈放量下跌状态。第二个波谷未能触及布林线下轨，但仍创出新低。第三个波谷触及布林线下轨，布林线处于收口过程，并在前低附近开始反弹回升。这三个波谷构成了一个头肩底形态，分别为左肩、头部和右肩。沿着头部两侧的波峰高点可以画出一条向右下方倾斜的颈线。

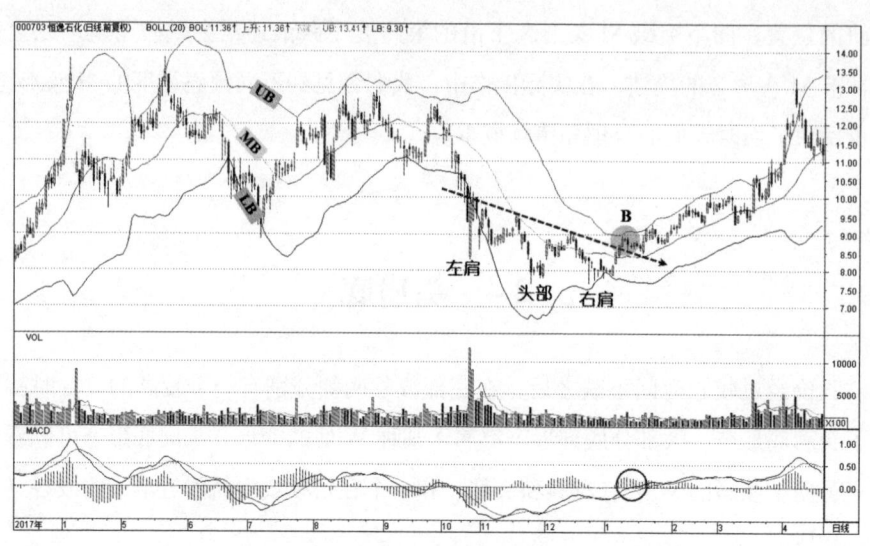

图 2-11　恒逸石化（000703）头肩底形态

当价格向上突破颈线时，产生买入信号 B。买入之后不久，DIF 向上突破 0 轴，确认进入多头市场。通常，在突破颈线时应该伴随着成交量放大，并且很快突破布林线上轨。

我们再来看一个颈线呈水平状态的头肩底的例子，如图 2-12 所示。

个股泸州老窖前期符合波浪理论中的三浪下跌形态，在布林线向下开口并且价格首次跌破布林线的位置为 A 浪下跌，随后布林线向上开口并且价格向上突破布林线的位置为 B 浪反弹，最后布林线再次向下开口并且价格跌破布林线的位置为 C 浪下跌，C 浪走出了延长浪。

我们经常会听说 C 浪杀跌，这是熊市中最令人绝望的一段行情。C 浪持续的时间和下跌幅度通常不会小于 A 浪。C 浪的下跌幅度通常是 A 浪的 1 倍、1.618 倍或 2.618 倍。这当然不是一个精确比例，它是根据黄金比例推测的最有可能的下跌终止区间。

在 C 浪末端形成的两个波谷分别为左肩和头部，左肩波谷的左侧下跌阶段呈明显放量状态。走出底部之前的最后一跌为右肩，这个位置确认站稳中轨，右肩波谷的左侧下跌阶段呈缩量状态。

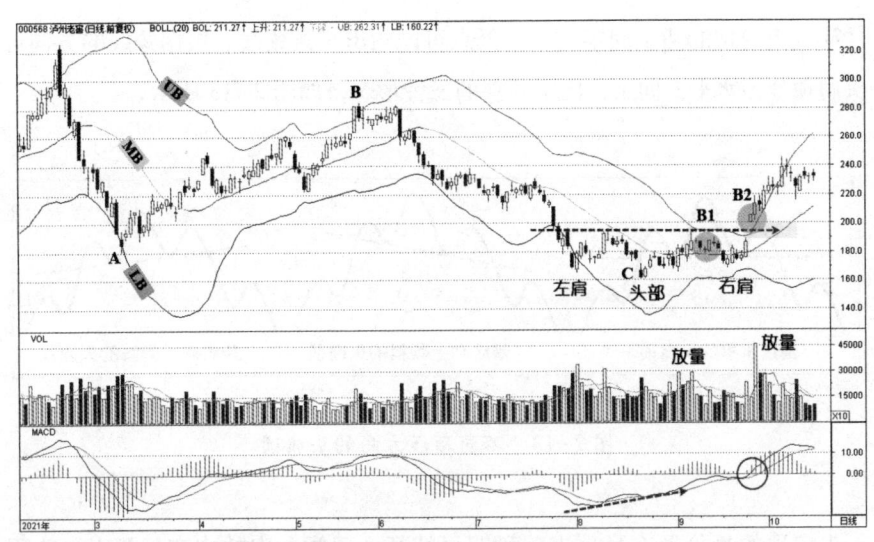

图 2-12　泸州老窖（000568）头肩底形态

这个头肩底的左肩和头部可以看作是一个 W 底形态，当价格站稳中轨时产生买入信号 B1。当价格向上突破颈线及上轨时产生买入信号 B2，注意向上突破时产生了一个跳空缺口，成交量明显放大，这说明多头开始形成合力推动价格上涨。与此同时，DIF 线向上突破 0 轴，进入多头市场。买入之后，该股开始沿着布林线上轨向上移动。

追随在某个时间点流行的趋势，可能会导致投资者走在一条舒适但方向错误的道路上。

——霍华德·马克斯

2.5　头肩顶

股价经过较长时间上涨之后，在顶部波峰两侧分别有一个较低的波峰时就形成了头肩顶形态。大部分顶部形态都属于某种 M 头的变形，头肩顶形态可以看作由一个向上倾斜的 M 头（左肩和头部）和一个在布林线中轨附近形成的波峰（右肩）构成。

穿过头肩顶的两个回落波谷的低点可以画出一条颈线。根据颈线的方向可以将头肩顶分为水平、向上、向下倾斜的三种形态，如图 2-13 所示。

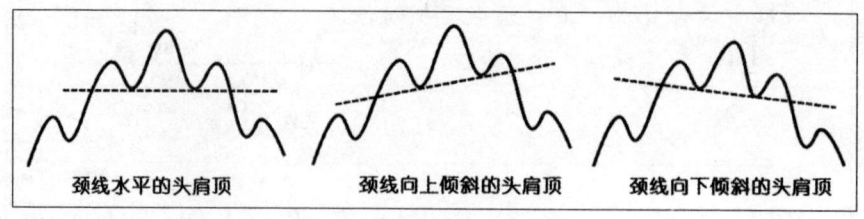

图 2-13　不同颈线方向的头肩顶

头肩顶的量价形态呈现出一种明显特征，通常左肩的成交量最大，头部与右肩的成交量萎缩，向下跌破颈线之后，成交量会再度放大。头部通常发生在利好消息正式公布时，市场中有句老话说，"谣言时买入，新闻时卖出"（Buy on Rumours，Sell on News）。头部虽然价格创出新高，但成交量往往不能同时创出新高，这就产生了量价背离现象，预示趋势即将发生反转。

我们来看一个颈线向上倾斜的头肩顶的例子，如图 2-14 所示。

在图 2-14 中，个股隆基股份经过长期上涨，在高位走出了三个连续的波峰，它们构成了一个头肩顶形态。其中的左肩突破了布林线上轨，成交量处在最高水平；头部价格创出新高，但均量线有所降低，价格未能触及布林线上轨，回调到中轨时走出了一根巨量阴线；右肩再次短暂创出新高，成交量进一步降低，布林线处于收口阶段，同样价格未能触及上轨。

沿着头部两侧的波谷低点可以画出一条向上倾斜的颈线。当价格向下突破颈线时产生卖出信号 S1，当价格回测颈线时产生卖出信号 S2。卖出之后，该股向下突破布林线下轨时，成交量再次放大。回测颈线是多头的最后离场位置，并且是空头的最佳进场位置。很多专业交易者都会选择在这种关键位置进场（离场）。

投资者需要耐心等待确认信号，在走出完整形态之后再动手。要知道，等待的时间也是有价值的，耐心会获得回报。在做空时，我们可以将止损设在回测颈线时的颈线上方一定距离。投资者可以根据适合自己的风险回报比来设定止损范围。

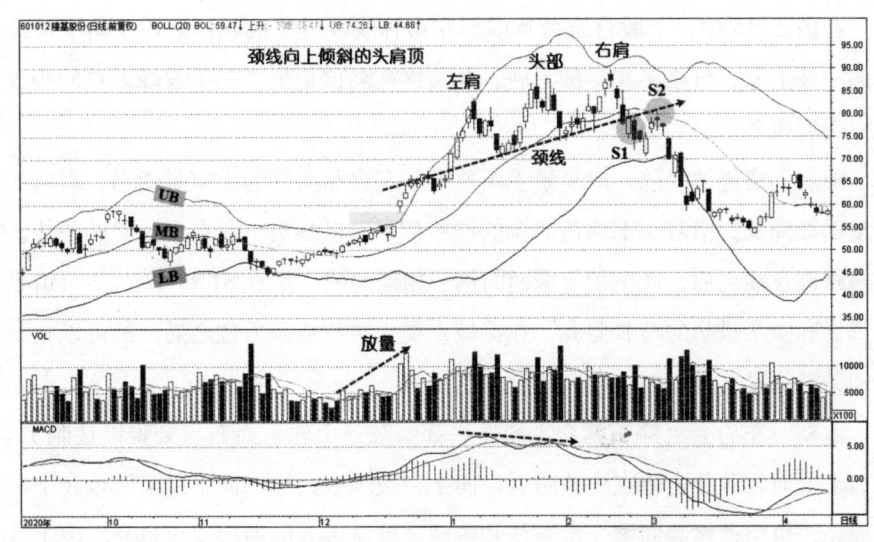

图 2-14 隆基股份（601012）头肩顶形态

我们再来看一个颈线向上倾斜的头肩顶的例子，如图 2-15 所示。

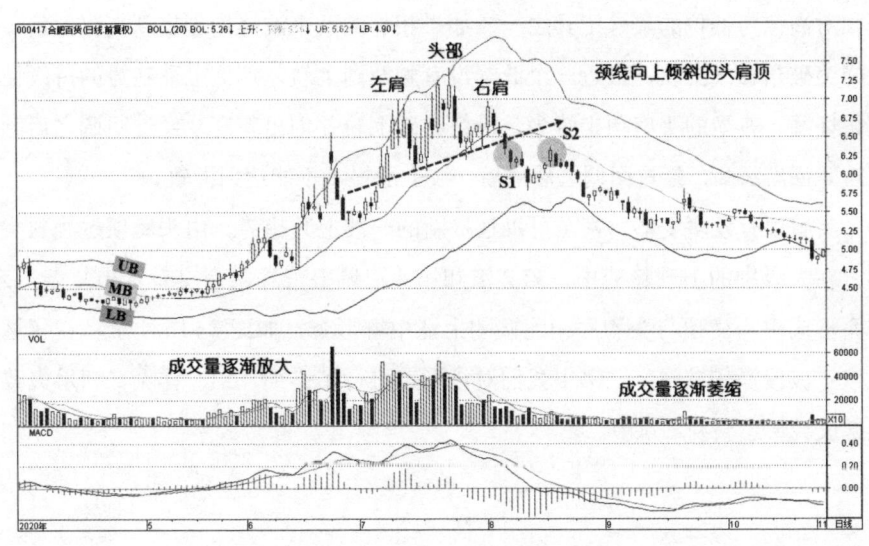

图 2-15 合肥百货（000417）头肩顶形态

在图 2-15 中，个股合肥百货前期在布林线经过一次收口之后走出了持续开口的一波上涨，价格多次突破上轨，并最终在高位走出了三个波峰，它们构成了一个头肩顶形态。

随着价格逐波上涨，成交量不断放大，左肩和头部的成交量相当，右肩的成交量明显降低。沿着头部两侧回调的波谷低点可以画出一条向上倾斜的颈线。在价格跌破颈线之后，产生了与前面的例子相似的两个卖点 S1 和 S2。S2 可谓是多头离场和空头进场的节骨眼儿，在突破重要支撑位或压力位之后，都可以找到类似的关键位置。

通常，左肩会上穿布林线上轨，头部会触及上轨，而右肩则难以达到上轨。右肩形成时，颈线应该在中轨附近，向下突破颈线的第一波下跌浪应该在下轨附近停止。价格通常会回测一次颈线和中轨，这是多头的最后卖出机会。由于受到颈线和中轨的压力作用，再次下跌时通常会跌破下轨。以上是对标准头肩顶形态的描述，在实际操作中，我们见到更多的是有一定倾斜程度的变形形态。这也反映了当时人们的心理和市场成本。

头肩顶的三个波峰与布林线的相对位置反映了上涨的相对力度。布林线是判断相对高位与低位的最佳工具之一。如果相邻的两个波峰均创出新高，但前一个波峰突破布林线上轨，最近一个波峰没有触及到上轨，那么上涨趋势的持续性就值得怀疑。典型的头肩顶走势为，价格突破上轨并创出新高，经过回调之后触及上轨并创出新高，经过回调之后最后一波上涨根本不能达到上轨。

头肩顶有较多变形，甚至可以连接新的一波上升趋势，由头肩顶过渡到头肩底。在大级别的上升趋势中，第 2 浪和第 4 浪调整浪经常会交替走出复杂形态，这会形成由头肩顶与头肩底相连接的上涨中继形态，如图 2-16 所示。在《量价时空：波段操作精解》一书中我们对该形态进行了详细介绍，详见"利用失败的顶部反转形态获利"章节。

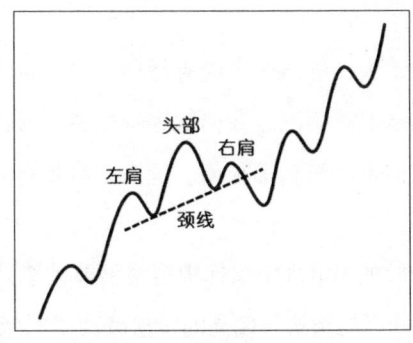

图 2-16 失败的头肩顶

2.6 收口与开口

收口与开口，或者说收缩与扩张，它们是布林线指标的特有形态。趋势在收口的地方生成，在开口的地方终结。在价格波动相对平缓的调整阶段，布林线的上轨线与下轨线呈收敛状态，也就是常说的收口；在价格波动相对剧烈的突破阶段，布林线的上轨线与下轨线呈发散状态，也就是常说的开口。布林线由衡量价格波动率的标准差计算得出，其宽度反映了价格的波动程度，收口与开口的交替出现反映了波动率的一种循环规律。

我们可以用极限宽指标 WIDTH 来衡量布林线的宽度。WIDTH 是由上轨与下轨的差距（4 倍标准差）除以中轨得到的比值。布林线越宽，该指标值越大；反之布林线越窄，该指标值则越小。WIDTH 数值可以用于不同个股之间的比较，也可以用于单一个股的不同历史行情之间的比较。

在本书中我们还将介绍两个 WIDTH 指标的衍生指标 WIDTH_LLV 和 WIDTH_HHV。WIDTH_LLV 用来衡量收口是否达到一定时期内的极限水平，WIDTH_HHV 用来衡量开口是否达到一定时期内的极限水平。通常我们把它们的周期设置为 20 或 30，我们在后面的内容中还会详细介绍这两个指标。

布林线指标的宽度表现出一种特征，当价格调整时，上轨与下轨之间的距离变窄，表示孕育着新的行情；当价格波动剧烈时，上轨与下轨之间的距离变宽，表示本轮行情即将结束。

市场中有一种观点认为，价格本身没有循环倾向，也不能被预测，但价格波动率则存在循环，而且能够被预测。我们认为价格遵循所谓非周期性循环，在一定程度上能够被预测，但不能被精准预测。价格走势具有分形特征，它不是以简单的形式展开循环。

我们可以从很多个股的 WIDTH 指标中观察到波动率的循环现象。偏低的价格波动率酝酿着波动率升高的契机，偏高的价格波动率酝酿着波动率降低的契机。

我们来看一个布林线收口与开口的例子，如图 2-17 所示。

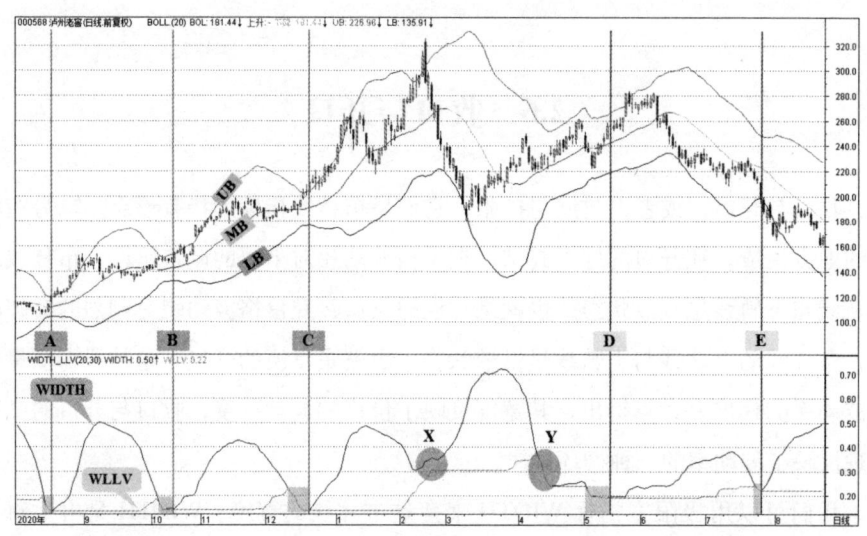

图 2-17　泸州老窖（000568）收口与 WIDTH_LLV 指标

在图 2-17 中的副图指标是布林线的衍生指标 WIDTH_LLV，这是极限宽指标 WIDTH 的变形，它包括两条指标线，WIDTH 线表示布林线的宽度，WLLV 线表示 WIDTH 指标最近 30 日的最低值。该指标可以用来衡量布林线的收口极限水平。

图中显示的个股泸州老窖前期经过三波上涨到达顶部，然后开始下跌。我们在副图中一共标出了 7 处布林线收口达到极限水平的位置。其中 A~E 这 5 个位置是需要重点关注的位置，因为它们的宽度不仅达到近 30 个交易日的最低水平

（两条指标线重合），而且指标值达到 0.2 附近或以下，通常达到这个范围之后，价格的波动率会趋向再次升高，也就是迎来新的一波趋势行情。

我们再来看 WIDTH 线的另外两个波谷位置 X 和 Y。X 处虽然收口，但并未达到最近 30 日的最低水平，绝对值也没有低于 0.2。这是因为价格进入顶部区间，波动率加大，价格的回调时间不足。X 位置之后，该股向上突破上轨，但这是一次假突破（形成了一个乌云盖顶反转形态），很快回落到下轨附近。Y 处收口达到了最近 30 日的最低水平，但绝对值没有低于 0.2。直到 D 处才低于 0.2，这时布林线收口达到极限水平，市场面临方向选择。

通过观察 WIDTH 和 WLLV 两条指标线的位置关系，我们可以看出波动率表现出一定的周期性或者节奏。对于波动流畅的个股，它们经常会在波动率达到最小或最大极限之后开始反向变化，就像"月盈则亏"一样。

收口形态反映的是价格波动减小程度，而偏低的波动率将孕育偏高的波动率。与收口相对应的形态是开口，它反映了价格波动增加程度。相对来说，收口是明确程度更高的形态，就如同价格底部形态的明确程度总是超过头部形态一样。

我们来看一个利用 WIDTH_HHV 指标判断布林线开口是否达到极限水平的例子，如图 2-18 所示。

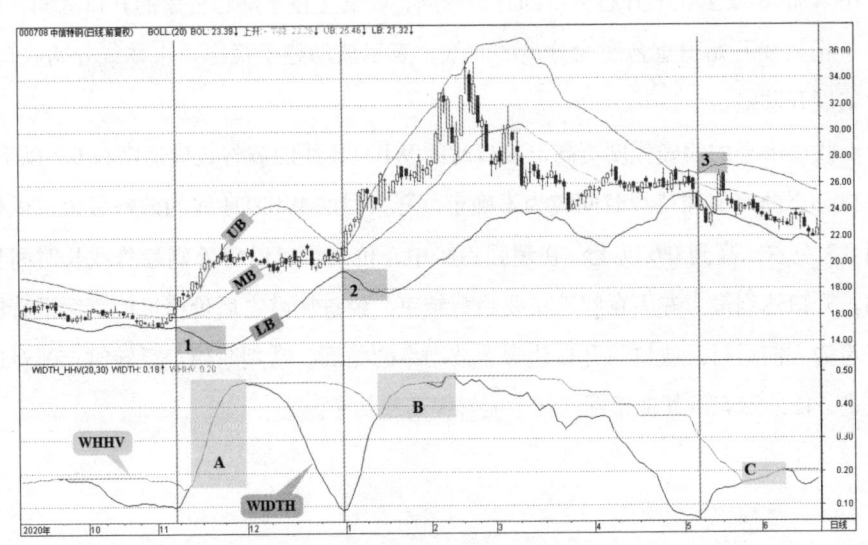

图 2-18　中信特钢（000708）开口与 WIDTH_HHV 指标

在图 2-18 中的副图指标是布林线的另一个衍生指标 WIDTH_HHV，这是极限宽指标 WIDTH 的一种变形，它包括两条指标线，一条是表示布林线宽度的 WIDTH 线，另一条是表示 WIDTH 指标最近 30 日的最高值的 WHHV 线。该指标可以用来衡量布林线的开口程度。

图中显示的个股中信特钢经历了 3 次明显的收口，我们在图中用竖线标出了 WIDTH 线的三个波谷位置，对应这 3 次收口。它们的指标值都在 0.1 以下，这也是收口信号的明确程度更高的原因之一。它有一个较为固定的极限区间，而开口形态则并非如此。

在 3 条竖线之后，我们用数字 1~3 标出了布林线开口的典型形态。在非常强劲的趋势中，价格波动率提高到一定程度之后，上升趋势中的布林线下轨将向下移动（与中轨和上轨方向相反），下降趋势中的布林线上轨将向上移动（与中轨和下轨方向相反）。观察到这种现象时就说明布林线已经发生开口，即形成了喇叭口形态。当这种开口形态结束时，可能出现调整或反转。

此后，随着布林线的宽度不断增加，WIDTH 线先后达到最近 30 个交易日的最高值，并与 WHHV 线重合，我们在图中用字母 A~C 标出了这三个重合区间。其中 A 和 B 发生在上升趋势中的开口区间，C 发生在下降趋势中的开口区间。当两条指标线开始由重合变为分离的时候，表示波动趋于稳定，布林线开始收口，价格展开调整。

收口形态的明确程度更高，收口时的 WIDTH 线的波谷数值通常在 0.2 以下。开口形态的峰值和持续时间较为不确定，开口时的 WIDTH 线的波峰数值可以低到 0.3 左右，高到 0.6 以上。在超强趋势中，价格可以沿着外侧趋势线长时间移动。开口达到最大并不意味着主要趋势结束，经过调整之后价格可能继续沿着原有趋势方向运行。收口与开口代表着波动率的循环。在判断趋势反转时，配合成交量，K 线形态等其他指标或技术能够提高成功率。

群众从来不关心事实本身是什么样子，而是关心能不能符合他自己的心理以及他的夸张程度。

——勒庞《乌合之众》

2.7 沿着上轨或下轨移动

一波行情大致可以分为三个阶段——底部、顶部和持续波段。其中作为转折区域的底部和顶部，我们在之前已经讨论过。顶底是头尾，趋势持续阶段是"鱼身"。我们经常在市场中听说，吃鱼吃中段，头尾留别人；那么在趋势中段，BOLL 指标会表现出哪些特征呢？

很多人在使用带状指标时都认为价格触及上轨或下轨时应该选择卖出或买进，这种对形态不加区分的做法显然是不合理的。我们可以把价格在布林线中的移动想象成一个以中轨为中心不断摆动的钟摆，只是它的摆动节奏不会呈现出一种明显的秩序，钟摆两侧的极限就是上轨和下轨。这样看来，钟摆摆动到一侧极限位置时大概会返回。但是，实际的价格走势并不是这样简单，因为它左右摆动的节奏有着复杂的秩序。在上升趋势中，这个钟摆会在左侧停留更长时间；在下降趋势中，它会在右侧停留更长时间。

我们结合个股双鹭药业来观察一下在上升趋势和下降趋势中价格沿着布林线外侧轨道线移动的情况，如图 2-19 所示。在下降趋势中，价格主要运行在中轨和下轨之间，通常会多次向下突破下轨。在上升趋势中，价格主要运行在中轨和上轨之间，通常会多次向上突破上轨。在强劲的趋势末端，有时甚至会连续多日刺透外侧轨道线。

最有意义的突破上轨或下轨的位置有两个：一个是底部或顶部反转之后的首次突破，这些位置是右侧交易的首个突破买点或卖点；另一个是布林线开口达到最大水平，价格脱离轨道线并形成反转 K 线形态的位置。我们在格兰威尔均线法则中讲过，这些是趋势末端远离均线的卖点或买点，即所谓的逃顶或抄底位置。

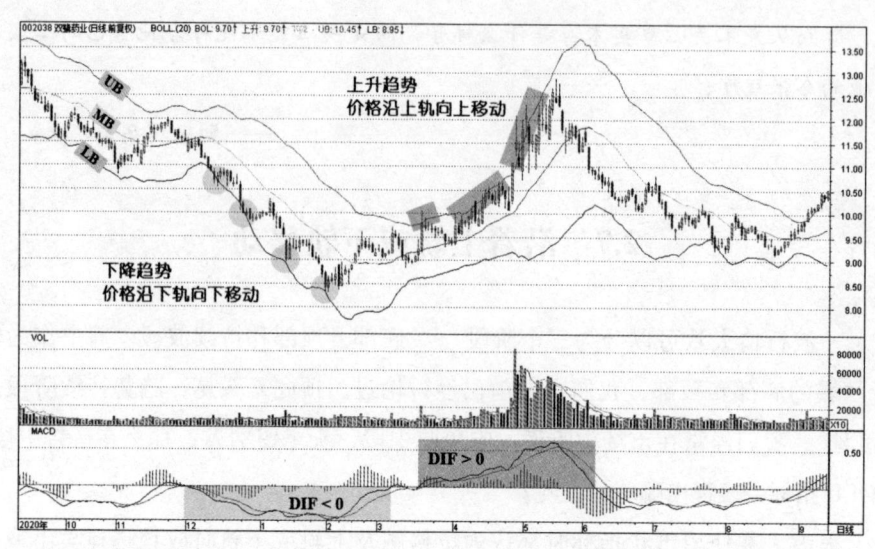

图 2-19 双鹭药业（002038）价格沿着上轨或下轨移动

当布林线的开口未到达历史极值水平之前，或者MACD指标的DIF线未达到高位之前，突破外侧轨道线通常可视为持续信号。换句话说，价格触及布林线上轨或下轨，这并不足以代表交易信号。

在市场中，我们经常会听说这样一句话，"趋势一旦形成，就不会轻易改变。"通常，一波连续的行情都会走出一波三折的走势。在上涨时，经常形成至少三个触及上轨的上升浪。同样地，在下跌时，经常形成至少三个触及下轨的下跌浪，如图2-20所示。

价格有时看上去参差不齐，有很多毛刺，如果你数不清它运行到波浪理论中的第几浪，你还可以借助一些指标来观察，比如经常用到的MACD、KDJ和RSI等。以MACD指标为例，在上涨中，它至少会产生三组红柱线（0轴之上的柱线）；而在下跌中，它至少会产生三组绿柱线（0轴之下的柱线）。相应地，DIF线也会在上涨时在0轴之上产生三个波峰，在下跌时在0轴之下产生三个波谷。

布林线的中轨对中期上升趋势具有较强的支撑作用，对中期下降趋势具有较强的压力作用。因此，在上涨时，价格大部分时间沿着布林线上轨向右上方移动；在下跌时，价格大部分时间沿着布林线的下轨向右下方移动。

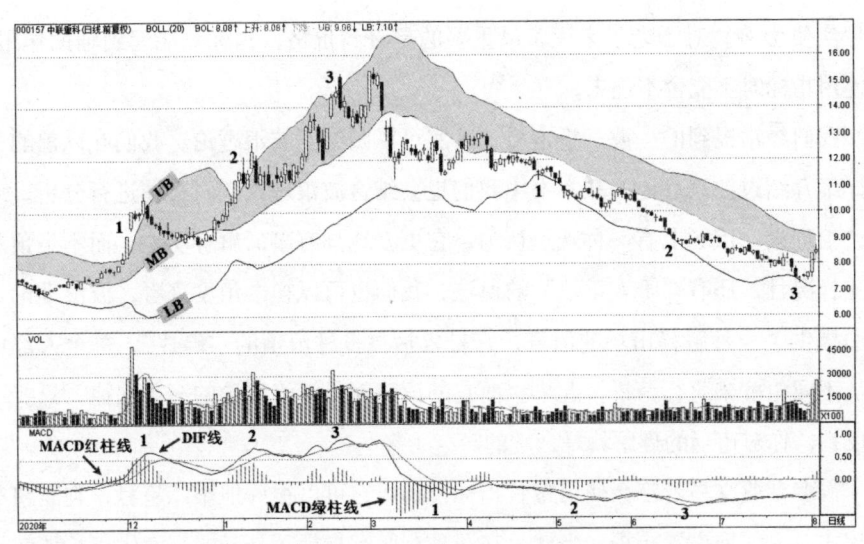

图 2-20　中联重科（000157）价格沿着上轨或下轨移动

一些专业交易软件上的 BOLL 指标会将以中轨划分的上下两个区间以不同颜色显示，通常上半部分以红色填充，下半部分以绿色填充，如图 2-21 所示。这样修饰一下会让指标看上去更好看，只是字面意义上的好看，对指标的使用不会

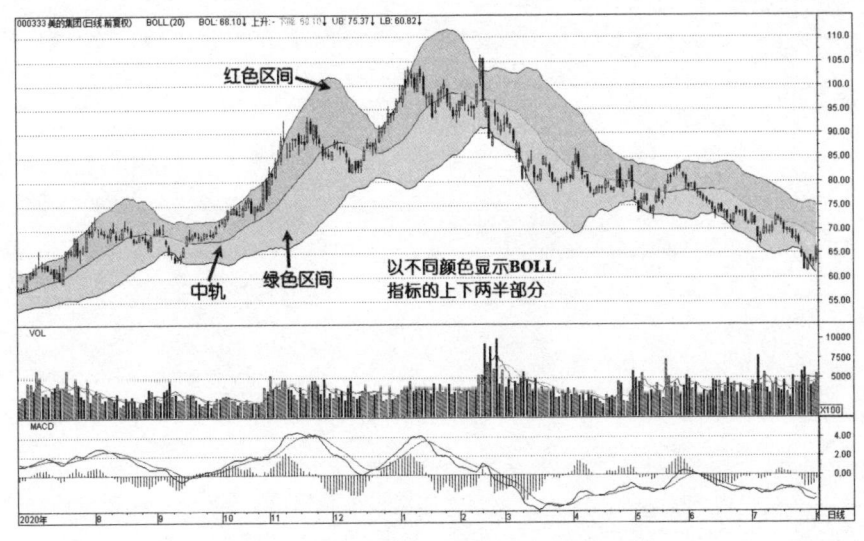

图 2-21　美的集团（000333）BOLL 指标

产生实质影响。对于老手来说，最重要的是看到价格，指标只能起到辅助作用，在使用指标时不能舍本逐末。

我们经常提到的一波三折走势，其实可以归结到波浪理论。我们在以前的书中详细介绍过波浪理论，在本书中我们也会结合波浪理论来对行情进行分析。对于波浪理论，市场上有一种观点认为，它更多地具有事后解释功能，而不是预测功能。况且，还有"千人千浪"的说法。我们也可以换个角度来看，波浪理论为我们提供了一种解释市场的语言，它是包括很多种浪型的"碎片"，每个人都可以从不同角度来将行情拼接起来。而它的语法就是波浪理论的三条铁律，只要不违反它，你对市场的理解就是合理的。

很多专业交易者都会使用带状指标，利用它可以很好地跟踪趋势，判断超买与超卖，方便地设置止损。当然，它还具有所有指标都具备的一大优点，那就是易于量化。很多人使用的方法和对行情的判断都比较模糊，这是在交易思维上需要改进的地方。因为模棱两可的方法和观点会导致你在执行时很难做到一致性。在复盘时，很容易倾向于看到有利的信号，而忽视那些不利的信号。因此，交易者应该发挥指标易于量化的优点，形成清晰、明确的交易系统，把应得的盈利和亏损都纳入系统，尽量客观地衡量它的绩效。

第3章

带状指标的演变与应用

我所信仰的上帝是那个同万物秩序当中规律性所
显示出来的上帝，而不相信那个与世人的行为有牵累
的上帝。

——爱因斯坦《我的自传》

布林线作为一种带状指标已经得到了广泛应用，在电脑的股票软件中，甚至手机上的理财 App 中都能看到这个指标。很多投资者和专业交易者都将布林线或者某种带状指标作为主要分析工具，并用它们来建立交易系统。可以这样说，带状指标是最常用的指标模式之一，它既可以用来判断趋势方向，也可以用来衡量价格偏离正常水平的程度，因此它包含了趋势指标和振荡指标的特性。

我们在市场中经常会听到一些有关带状指标的名词，除了布林线之外，还有包络线、通道线、轨道线等。它们的共同特征是，由两条或两条以上指标线组成，指示价格的趋势方向。从广义上来讲，这些名词指的都是同一类指标，但它们之间又有一些区别。

带状指标（Bands）是以一条中心趋势线为基础，构造两条边界指标线的指标形式。例如，以某条移动平均线为中心，再通过将其向上和向下平移一定距离构造出两条边界线，这样就形成了一个带状指标。通常，位于中心线之上的边界线称为上轨（上限），位于中心线之下的边界线称为下轨（下限）。带状指标的上轨与下轨不一定对称，但两者必须以中心线为基准。

包络线（Envelops），顾名思义它是围绕价格（K 线）的最高价与最低价构造的指标，它通常会包裹住 K 线的运行路径。例如，以最高价的移动平均线为上轨，以最低价的移动平均线为下轨，这样就形成了一个包络线。包络线的上轨与下轨可能彼此对称，但通常不对称，而且两者并不反映某个中心基准。

通道线或轨道线（Channels）是沿着价格的相邻波峰或波谷画出的两条平行线，使得通道线反映关键的阻力位和支撑位。通道线是两条平行线，就像列车轨道一样，所以又被称为轨道线。随着行情的发展，通道线的角度会发生变化（变轨），例如在强劲的拉升阶段，通道线的角度会变得更加陡峭。

我们在市场上听到这些名词，通常并没有加以严格区分，只要是由一组指标线（通常不相交）构成的指标都可以称为通道线，所以我们本书所讲的布林线也被称为布林通道（保利加通道）。看过《随机指标 KDJ：波段操作精解》的投资者可能还记得，我们在书中定义过一个"价格区间"——9 日高低价通道，它是构造 KDJ 指标的基础，这也属于一种通道线。

如果你想比大众拥有更好的投资表现，那么你的投资行为必须有别于大众。

——约翰·邓普顿

3.1 双线走势图

关于双线图的最早资料可以追溯到 20 世纪 60 年代，威尔弗里德·勒杜（Wilfrid LeDoux）使用的双线图。在约翰·布林格所著的《布林线》一书中，他将双线走势图（Twin–Line Chart）称为包络线交易系统的早期案例。

布林格在书中引用了 1985 年出版的《股市技术百科全书》（*The Encyclopedia of Stock Market Techniques*）中的一张勒杜的双线图，在图中标注的文字写道"在主要市场趋势结束时双线会自动反转"，有趣的是，用了加粗字体强调"把握市场波动趋势，赚取市场财富"。从图中标出的买卖信号来看，可以说这是早期的波段操作案例。

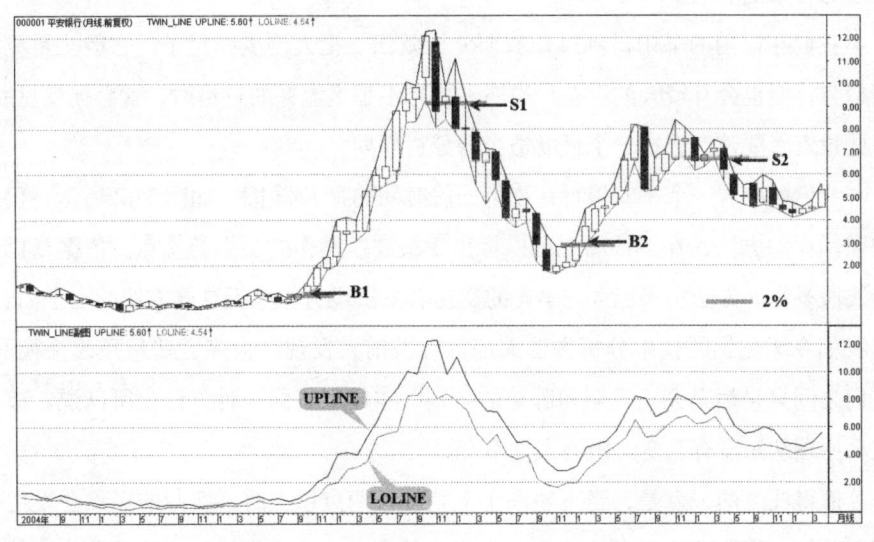

图 3-1 平安银行（000001）双线走势图

图 3-1 显示的是平安银行的月线图，我们根据勒杜的方法，在主图中将 K 线的高点与低点分别用曲线连接起来就形成了双线走势图。为了看得更清楚，我们在副图中显示的是删除了月 K 线，只保留了指标线的双线图。

双线走势图非常简单、清晰。主要的使用方法是，当下轨高于上轨波谷两点或以上则买进；当上轨低于下轨波峰两点或以上则卖出。我们用一个阴影矩形表示两点的距离。在判断买点时，阴影下沿压在上轨的波谷低点，下轨向上突破阴影上沿时就产生了图中的两个波段买点 B1 和 B2。在判断卖点时，阴影上沿压在下轨的峰谷高点，上轨向下突破阴影下沿时就产生了图中的两个波段卖点 S1 和 S2。

从 B1 到 S1，从 B2 到 S2，对应着两次波段操作，由于是趋势明显的行情，这时的月线图能抓住更大波段。虽然双线图是 60 年以前的方法，但它对当前的操作仍有借鉴意义。早先的方法更注重长期分析，现在随着计算机的普及，网络传输数据速度的加快，人们分析行情的周期变得越来越短。这是一把双刃剑，这所带来的并不一定都是好处，最明显的坏处之一就是容易使人变得短视，抓不住大趋势带来的利润。

我们在以前的书中讲到过，长期分析就像一把大刻度的尺子，它能丈量更大的趋势，但也会有较大的误差。当遇到趋势不那么流畅的行情时，就会捉襟见肘，因此投资者要注意选择一个尺度适当的分析周期。

我们再来看一个平安银行在更近一段时间的月 K 线图，如图 3-2 所示，仍然按照前面的方法，在双线图上可以标出 3 次波段操作的买点与卖点。依据指标进行波段操作的方法由来已久，早先的交易者虽然没有像今天这样方便的电子图表，但我们今天见到的技术分析方法大都已经被前人发现。很多方法只是改头换面，它们之间只是诸葛亮、孔明和卧龙的区别，本质上是同一种方法。所以说，市场波动原理从来没有改变，因为人性不变。

值得注意的一点是，当下轨高于上轨波谷两点以上时，实际的买点会发生在高于下轨一定距离的 K 线上，而不是在下轨之上，这会产生一定的误差。这种误差在卖点上表现得尤其明显，因为顶部的长阴线会造成更大误差，例如 S2 和 S3 处的阴线（如果以收盘价作为触发信号的话）。

图 3-2 平安银行（000001）双线走势图

为了避免这种误差，在实际运用双线图时，最好采用三重滤网思维来逐步地确定精细的买点与卖点。现在的股票软件很容易切换图表周期，投资者只需在大周期进入交易时间窗口之后，在更小周期上确定买卖点。

3.2 肯特纳通道

同样是在 20 世纪 60 年代，切斯特·W. 肯特纳（Chester W. Keltner）发明了肯特纳通道（Keltner Channel），其核心思想是均线理论。他在 1960 年所著的《如何在商品市场获利》（*How to Make Money in Commodities*）一书中提到了 10 日平均线法则。肯特纳首先计算出典型价格（typical price），即每日的最高价、最低价和收盘价之和再除以 3，然后计算出每日价格波动幅度（最高价与最低价的差值）的 10 日移动平均值，最后计算出买线（buying line）与卖线（selling line）。在下降趋势中，典型价格的 10 日移动平均值加上波动幅度的 10 日移动平均值为买线；在上升趋势中，典型价格的 10 日移动平均值减去波动幅度的 10 日移动平均值为卖线。

肯特纳通道最初的使用方法也比较简单，当价格向上突破买线时，平空并开多；当价格向下突破卖线时，平多并开空。这是应用在大宗商品市场的原则，在双向交易的市场中可以在下降趋势中做空。

通过以上描述可以看出，最初的肯特纳通道并不是连续的、封闭的通道线，他的买线相当于我们常说的上轨，它只在下降趋势中存在；他的卖线相当于我们常说的下轨，它只在上升趋势中存在，如图3-3所示。

肯特纳通道的计算公式：

典型价格 =（最高价 + 最低价 + 收盘价）/ 3；

中轨 = 典型价格的 10 周期移动平均值；

波动幅度 = 最高价 － 最低价；

买线（上轨）= 中轨 + 波动幅度的 10 周期移动平均值；

卖线（下轨）= 中轨 － 波动幅度的 10 周期移动平均值。

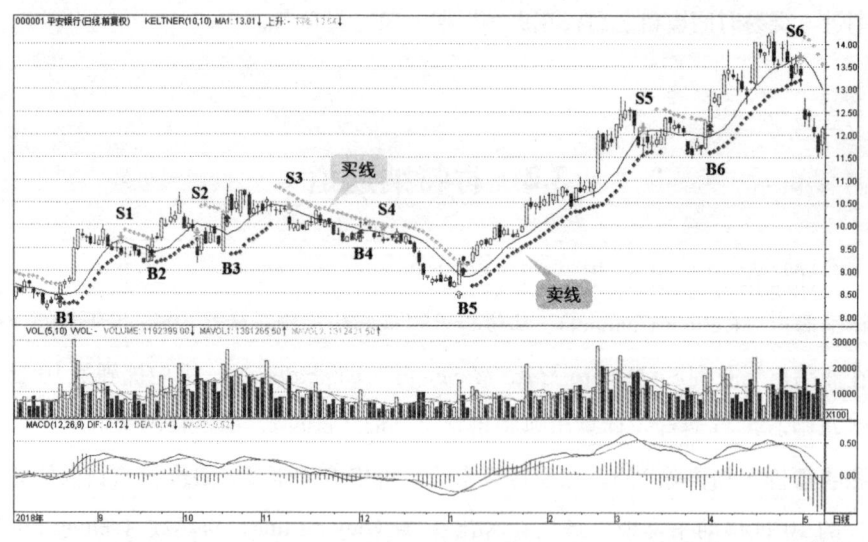

图 3-3　平安银行（000001）短期参数的肯特纳通道

我们根据肯特纳通道的原始公式建立了肯特纳交易系统，并且将计算典型价格和波动幅度的移动平均值的周期参数设置为（10，10）。肯特纳采用了典型价格，它更能反映真实的交易情况。投资者还可以根据自己的需要在计算典型价格时加入收盘价，或者采用成交量加权平均价。

在图3-3中，中轨为典型价格的10日移动平均值，以曲线来表示。中轨之上的圆圈线为买线，它由中轨加上波动幅度的10日移动平均值得到。中轨之下的圆圈线为卖线，它由中轨减去波动幅度的10日移动平均值得到。

由于使用了较短周期的参数，因此发出的交易信号比较频繁。我们在图中标出了6次波段操作的交易信号，字母B表示开多/平空，字母S表示平多/开空，字母后面的数字表示开仓与平仓的序号，例如B1表示第一个开多/平空位置，S1表示第一个平多/开空位置。

这是一个简单的范例系统，多头与空头信号发生在同一根K线上，仔细观察的话，以字母B标出的位置为例，能看到两个向上箭头标志，分别表示开多和平空。在实际交易中，并不需要这么频繁地进行多空转换，通常要在平空之后间隔一段时间才会开多，投资者可以思考一下其中的原因。

有经验的投资者一眼就可以看出，B4是被所谓的"骗线"动作导致的多余信号。我们图中使用的开仓条件是最高价大于等于上轨，B4当日最高价是10.12，上轨正好等于10.12，如果以大于上轨一定距离作为开仓条件则可以过滤掉稍微突破上轨的噪声信号，这是系统进阶时要考虑的关于过滤信号的问题。

我们再来看针对同一段行情，对参数进行调整，采用长周期参数时的情况，这次我们把肯特纳通道的参数设置为（40，40），如图3-4所示。

采用了较长周期的参数之后，交易信号明显减少，图3-4中只剩下了两组波段交易信号。投资者可以对照一下肯特纳通道的使用方法，当价格向上突破买线时开多/平空，当价格向下突破卖线时平多/开空，可见图中的交易信号完全符合我们的交易计划。

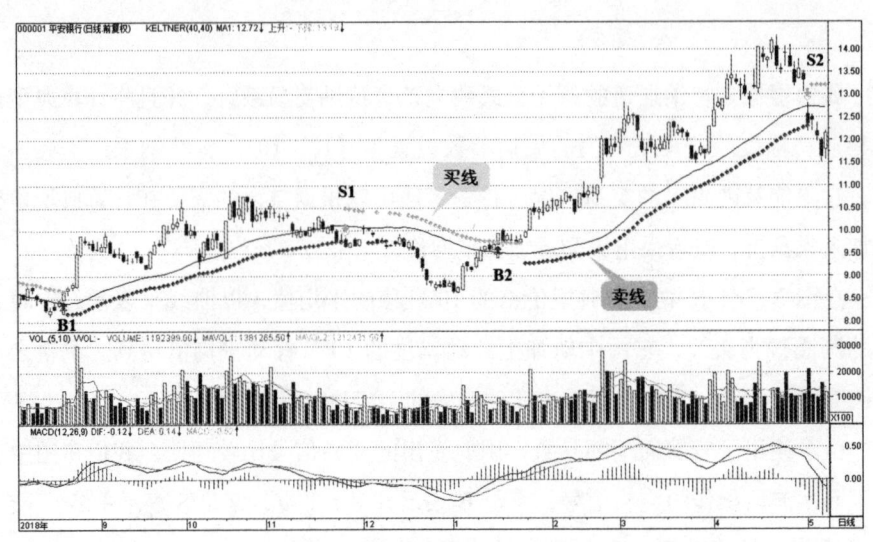

图 3-4　平安银行（000001）长期参数的肯特纳通道

仅从做多来看，适当的长期参数明显可以捕捉更大的波段利润，减少中途"下车"的次数，而且还可以降低交易费用。投资者在建立一个交易系统时需要考虑多个方面的因素，适当的周期选择无疑是其中很重要的一个因素。从图 3-4 和图 3-3 的对比中，投资者可以清楚地看出，按照固定系统操作时，中长线与短线波段操作的区别。

肯特纳根据每根 K 线的最高价与最低价的差值来计算移动平均值，以作为带状指标的宽度，这是一项创举，这为后来发展出更具调整能力的带状指标提供了可能。将价格波动考虑在内，这是创建所谓自适应系统的关键。

本节所讲的肯特纳通道已经可以作为交易系统的框架，我们在本章介绍带状指标演变过程中出现的这些指标，它们都可以作为搭建交易系统的基础。

肯特纳只是交替使用买线与卖线，如果我们让图表持续且同时输出这两条指标线，就形成了第一个带状指标的例子，我们加上开仓与平仓条件，把它命名为肯特纳通道交易系统 2.0，计算公式和指标公式如下页所示。

肯特纳通道交易系统 2.0 的计算公式

典型价格 =（最高价 + 最低价 + 收盘价）/ 3；

中轨 = 典型价格的 N 周期移动平均值；

波动幅度 = 最高价 − 最低价；

上轨 = 中轨 + 波动幅度的 N 周期移动平均值 × 倍数；

下轨 = 中轨 − 波动幅度的 N 周期移动平均值 × 倍数；

开多 / 平空条件：最高价 ≥ 上轨 + 一定距离；

平多 / 开空条件：最低价 ≤ 下轨 − 一定距离。

肯特纳通道交易系统 2.0 的指标公式

```
{ 此为范例系统，仅用于说明算法语法，投资者需根据自身经验和需求经
过调整、测试之后再实际应用 }
{ 参数：AVGLEN 10，ATRLEN 10}
MA1:REF(MA((HIGH+LOW+CLOSE)/3,AVGLEN),1);
UPPERBAND:MA1+REF(MA(TR,ATRLEN),1);
LOWERBAND:MA1-REF(MA(TR,ATRLEN),1);
开多条件 :=HIGH>=UPPERBAND*(1+0.01);
平多条件 :=LOW<=LOWERBAND*(1-0.01);
开空条件 :=LOW<=LOWERBAND*(1-0.01);
平空条件 :=HIGH>=UPPERBAND*(1+0.01);
CON1:=NOT( 开多条件 =1 AND 平多条件 =1);
CON2:=NOT( 开空条件 =1 AND 平空条件 =1);
SELL( 平多条件 ,OPEN);
BUYSHORT( 平空条件 ,LOW);
BUY( 开多条件 AND CON1,OPEN);
SELLSHORT( 开空条件 AND CON2,HIGH);
AUTOFILTER;
```

我们将升级版的指标公式加载到个股平安银行（000001）上，如图3-5所示。

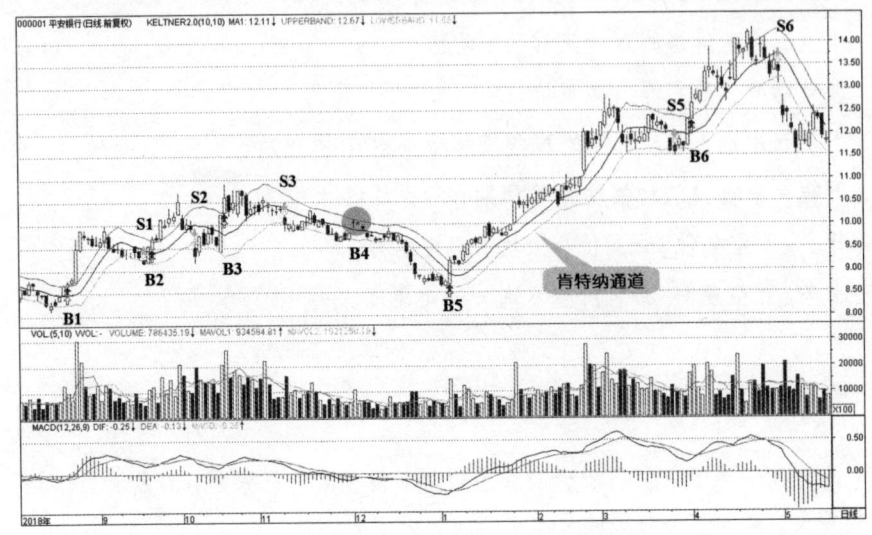

图3-5 平安银行（000001）肯特纳通道2.0（1）

在图3-5中，我们加载了肯特纳通道交易系统2.0，它比初始版稍有改进，这次我们持续且同时输出三条指标线——中轨、上轨和下轨，这就形成了首个带状指标。它以中轨为中心，上轨和下轨分别与中轨保持一定距离。

再来对比一下图3-5与图3-3中的交易信号，我们在买卖条件中加入了一个简单的过滤条件，即需要突破轨道线一定距离（1%），这个距离可以设置成一个可修改的参数。这样就过滤掉了B4位置的买入信号，减少了一次没有形成明显突破的买入。在建立交易系统时一条有用的经验就是，减少交易信号通常都会使整体绩效有所提高。

图3-6显示的是将肯特纳通道交易系统2.0设置为较长周期的参数（40，40）时的情况。通过与前面初始版本的交易信号进行对比，可以看出，由于加入了过滤条件，当突破幅度不足时，交易信号会延后1~2根K线，直到满足过滤条件为止。如同指标一样，交易系统的灵敏性与稳定性不能同时拥有，它们只能达到一个相对优势的平衡。

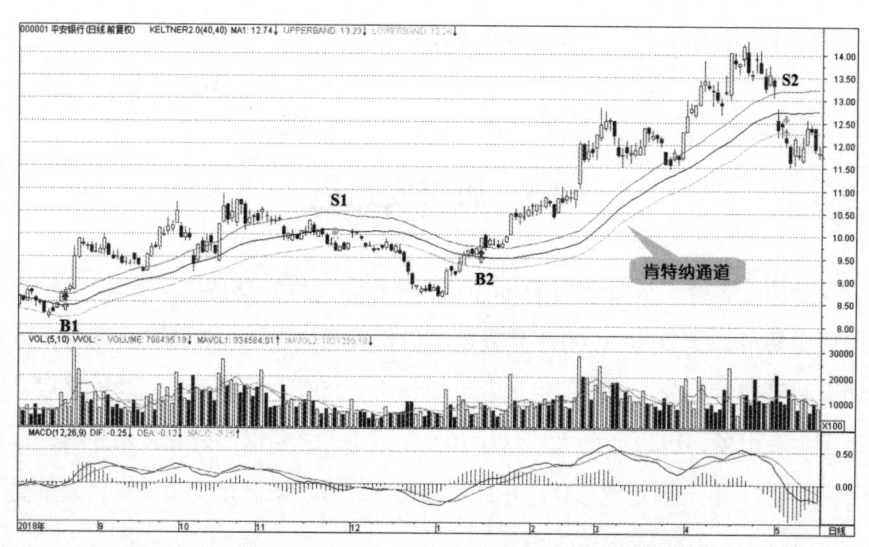

图 3-6 平安银行（000001）肯特纳通道 2.0（2）

交易系统的细节之处非常重要，关键的细节足以成就或者推翻一个系统。还有一点需要说明的是，在以上两个范例交易系统中，都没有对具体的进场与离场价格进行精确控制。

通过了解范例系统，投资者可以在此基础上发展出个性化的带状指标交易系统。其中的均线与波动幅度可以有多种组合，均线可以采用 MA、EMA、SMA（算术移动平均线）等，波动幅度还可以采用多种形式的 ATR（平均真实波幅）。通过加入进一步的开仓与平仓的限制条件和仓位控制策略，我们还可以对该系统进行进一步的升级。

群体只会干两种事——锦上添花或落井下石。

——勒庞《乌合之众》

3.3　唐奇安通道

理查德·唐奇安（Richard Donchian）被称为"趋势交易之父"，他是一位职业期货交易员，于 20 世纪 60 年代发明了唐奇安通道（Donchian Channel），以此来辅助观察期货走势。唐奇安也是看了勒菲弗的《股票大作手回忆录》之后开始沉迷于金融市场，1929 年的大崩盘让其损失不小，之后潜心研究技术分析。他在 1949 年创建了第一只管理基金，并且用纯技术的方法来制定交易策略。最重要的是，价格行为是他交易策略的基础。

唐奇安通道是一款简洁、漂亮的指标，它通过四周法则来让市场决定包络线的位置。它的使用方法也很简单：价格突破近四周高点则买进；价格跌破近四周低点则卖出。

提到四周法则不禁让人联想到海龟交易法则。海龟法则的交易信号也很简单，价格突破 20 日高点时做多，价格跌破 20 日低点时做空。而四周的时间正好是 20 个交易日，这并不是巧合，著名的海龟法则其实正是在唐奇安通道的基础上进行了改良。当然，海龟法则还包括了更详细的仓位管理策略。

在唐奇安发明高低价通道的时代，可能也有其他高手发明过这类指标，但只有唐奇安通道得到了广泛流传。即使你从来没有接触过该指标，作为一名技术派分析者，你也可能独自构造出这类指标。同样是在 20 世纪 60 年代，上映过一部非常有名的科幻电影——《2001 太空漫游》，其中有个镜头是讲猿人学会使用工具，从此开启了人类文明。带状指标对于趋势判断同样具有重要的意义，可以说，唐奇安通道开启了趋势指标时代。

唐奇安通道 1.0 的计算公式

上轨 = 近 20 周期最高价；

下轨 = 近 20 周期最低价。

唐奇安通道交易系统 1.0 的指标公式

```
{ 此为范例系统，仅用于说明算法语法，投资者需根据自身经验和需求经
过调整、测试之后再实际应用 }
{ 参数: N1 20 N2 20}
UPPERCHANNEL:REF(HHV(HIGH,N1),1);
LOWERCHANNEL:REF(LLV(LOW,N2),1);
平空开多 :=HIGH>=UPPERCHANNEL;
平多开空 :=LOW<=LOWERCHANNEL;
BUYSHORT_BUY( 平空开多 ,LOW);
SELL_SELLSHORT( 平多开空 ,HIGH);
AUTOFILTER;
```

我们将初始的唐奇安计算公式命名为 1.0 版本，并在此基础上加入开仓与平仓条件，写出了唐奇安通道交易系统 1.0 的指标公式。将以上公式加载到个股平安银行（000001）的日线图上，显示效果如图 3-7 所示。

图 3-7　平安银行（000001）唐奇安通道 1.0（1）

在图 3-7 中，我们将该指标的参数设置为初始值（20，20）。从图形上来看，高低价通道与均线通道的最大区别就在于，前者是阶梯状曲线，而后者是平滑曲线。唐奇安通道上轨代表近 20 日高点，下轨代表近 20 日低点。

投资者可以对照交易条件，检查一下图中的交易信号是否符合预期，当价格突破近 20 日（四周）最高价时发出买入信号，当价格跌破近 20 日（四周）最低价时发出卖出信号。我们在指标公式中把计算最高价与最低价的周期设置成了参数，这样我们就可以更方便地改变唐奇安通道的宽度。

周期越小，通道边界越贴近 K 线，通道宽度越窄，越容易触发交易信号；周期越大，通道边界越远离 K 线，通道宽度越宽，越不容易触发交易信号。

由近 N 期高低价构成的通道线都可以统称为唐奇安通道，因此我们在介绍 KDJ 指标时构造的近 9 日高低价通道，其实也属于一种唐奇安通道。KDJ 指标判断收盘价在通道线中的位置变化，由此判断超买与超卖。所以我们在其他带状指标中也可以用 KDJ 的方法判断超买与超卖。

我们再来看一个短周期的例子，如图 3-8 所示。

图 3-8　平安银行（000001）唐奇安通道 1.0（2）

在图 3-8 中，我们将唐奇安通道的参数设置为（10，10），由于采用了较短周期，通道宽度变窄，因此噪声信号明显增多。我们当然不能拿这样相对"粗糙"的系统用于实战，在实际应用中，还应该进行进一步打磨，使其达到适当的"锋利"程度。

该系统每根 K 线上的上轨线与下轨线的指标值都是使用的前一根 K 线的数据，为什么要这样做呢？答案很简单，因为如果近 N 期新高价包括当前 K 线，那么以突破近 N 期高点为买入条件，将永远不会得到满足，也就不会产生买入信号。

在上涨趋势中，不断上移的呈阶梯状的下轨线还有一个重要的作用，那就是可以把它当作跟踪止损线。你可以把它作为一个止损模块，放到任何一个交易系统里面。为了保护更多顶部利润，随着价格上涨，还可以将下轨线的周期调小，即通常所说的拧紧止损。这些都是有益的实战经验。我们在第七章介绍的动态止损通道与本节内容有着异曲同工之妙。

在初始版唐奇安通道交易系统的基础上，加入中轨线和简单的过滤条件，可以得到一个升级版的系统，我们将其命名为唐奇安通道交易系统 2.0，其计算公式和指标公式如下。

唐奇安通道交易系统 2.0 的计算公式

上轨 = 近 N 周期最高价；

下轨 = 近 N 周期最低价；

中轨 =（近 N 周期最高价 + 近 N 周期最低价）/2；

开多 / 平空条件：最高价≥上轨 + 一定距离；

平多 / 开空条件：最低价≤下轨 − 一定距离。

唐奇安通道交易系统 2.0 的指标公式

{ 此为范例系统，仅用于说明算法语法，投资者需根据自身经验和需求经过调整、测试之后再实际应用 }
{ 参数：N1 20 N2 10}

```
UPPERCHANNEL:REF(HHV(HIGH,N1),1);
LOWERCHANNEL:REF(LLV(LOW,N2),1);
MIDDELCHANNEL:(UPPERCHANNEL+LOWERCHANNEL)/2;
平空开多:=HIGH>=UPPERCHANNEL*(1+0.01);
平多开空:=LOW<=LOWERCHANNEL*(1-0.01);
BUYSHORT_BUY(平空开多,LOW);
SELL_SELLSHORT(平多开空,HIGH);
AUTOFILTER;
```

我们将升级版的指标公式加载到个股平安银行（000001）上，如图3-9所示。

图3-9 平安银行（000001）唐奇安通道2.0（1）

在图3-9中可以看到多了一条中轨线，它的计算方法是，将上轨与下轨求和，然后再除以2，也就是近N期最高价与近N期最低价的平均值。中轨线成了上轨线与下轨线的中心值，这样就构成了一个带状指标。

还有一个细节，我们将唐奇安通道的参数设置成了（20，10），这与前面两张图的参数都不相同。这样设置的目的是，使上轨更远离K线，更不容易触发买入信号，以过滤小级别的突破；使下轨更贴近 K 线，更容易触发卖出信号，以保护更多顶部利润。

在初始系统的基础上，只需要增加一些简单的过滤条件就可以显著提升系统绩效。这个阶段的过滤条件对系统绩效的提升是最明显的。通过在进场与离场位置加入一个容错空间（1%），我们可以将交易信号由 7 组（图 3-8）优化到 4 组。

仔细观察一下图中的信号，其实还有一些提升余地，例如在 S1 卖出位置，那根长下影线让系统多付了一次离场成本，当日价格只是短暂跌破下轨，不久之后又产生了买入信号 B2。如果以收盘价判断卖点，则可以避免这次中途换手，而且可以多出一些利润。

我们再来看该系统在趋势性更强的行情中的表现，如图 3-10 所示。

图 3-10　平安银行（000001）唐奇安通道 2.0（2）

可以看出，这是一段比较适应该系统的行情。在这期间一共产生了 4 组波段交易信号，该系统很好地跟踪了这波上升趋势。我们主张沿着趋势方向进行波段操作，因为只有这样才更有机会抓住大波段。要想让系统产生超额利润，必须保留大赢机会。

交易系统发出的信号是客观信号，它不会在盘中因为受到情绪的影响而临时改变策略。它不会在高位时恐高，也不会在低位时犹豫；它不会贪婪到手的利润，也不会对破位抱有幻想。更重要的是，它不会在没有机会时勉强出手。

在以上的系统案例中，我们只采用了最普通的过滤条件，还有更重量级的兵器没有用上，比如成交量、价格形态、其他类型的指标等。仅从唐奇安通道本身来看，中轨线和收盘价也可以加以利用，并成为过滤条件。同样需要说明的是，我们并没有对进场与离场价格进行精确控制，以上例子只是为了说明指标的用法和公式的算法。

交易系统就像渔网一样，它能否捕捉到鱼，要看是否有适合它的行情。如果你的系统的设计初衷是捕捉大行情，那么你的渔网的网眼就应该大一些；如果设计初衷是捕捉小波段行情，那么你的渔网的网眼就应该小一些。

但是，还要防止你的系统过度贴近某段历史行情，这样的话就是过度拟合，这相当于为一条鱼量身定做了一张渔网，它对后面行情的适应性会很差。在自然状态下，很难连续出现两条几乎一模一样的鱼。

3.4 估值包络线

杰拉尔丁·韦斯（Geraldine Weiss）出生于 1926 年，她于 1966 年创办了投资刊物《投资质量趋势》（*Investment Quality Trends*），普及了以股息率作为估值指标的理论，对投资领域产生了深远影响。

作为一名传奇的女性投资者，她被誉为"蓝筹股女王"，是当今女性投资者的榜样。她有一句投资名言："无论出于何种原因，基本面良好的公司在被不受投资界看好时，则是买入的最佳时机。"

投资通信专家、MarketWatch（市场观察）专栏作家马克·赫伯特（Mark Hulbert）在 1992 年 11 月的《福布斯》（*Forbes*）杂志中，曾对投资质量趋势策略赞赏有加，自 1986 年至 1992 年，韦斯的投资策略回报率达 155%，优于威尔希尔 5000 指数的表现（125%），而且波动率比威尔希尔 5000 指数低 20%。

韦斯十分注重股息在投资中的作用，她的主要投资观念为"股息效应"，她的作品包括与格雷戈里·韦斯（Gregory Weiss）合著的《股息奇迹：股息如何创造价值》（*The Dividends Connection: How Dividends Create Value in the Stock Market*），与珍妮特·洛尔（Janet Lowe）合著的《股息不说谎：在蓝筹股中寻找价值》（*Dividends Don't Lie: Finding Value in Blue Chip Stocks*）等。

在韦斯的《投资质量趋势》中，她介绍了一种估值包络线（Valuation Envelope）。这种方法在月线图上根据历史股息率的最高与最低水平来推测未来的估值水平。对于一只成长股，包络线的形状类似一个向右开口的喇叭口，随着时间的推移而不断扩大。这是技术分析与基本面分析的一种结合，韦斯是这一领域的先行者。

计算估值包络线在那个年代并不是一件容易的事，即便在如今看来也是如此，首先你需要获得准确的历史股息率数据，然后经过严格的估值计算，再将计算结果与 K 线一起绘制成图表。这在电脑尚未普及的 20 世纪 60 年代绝非易事，韦斯女士的投资策略的先进性和开创性可见一斑。

由于没有当时的计算公式，我们在这里没有给出估值包络线。股息率是股息与价格之间的比率，投资者可以通过股息率来判断个股是否有投资价值，如图3-11 所示。通常，具有良好成长性的股票，其股息率应该在 3% 以上，图中浦发银行最近三年的平均股息率高于 3%。

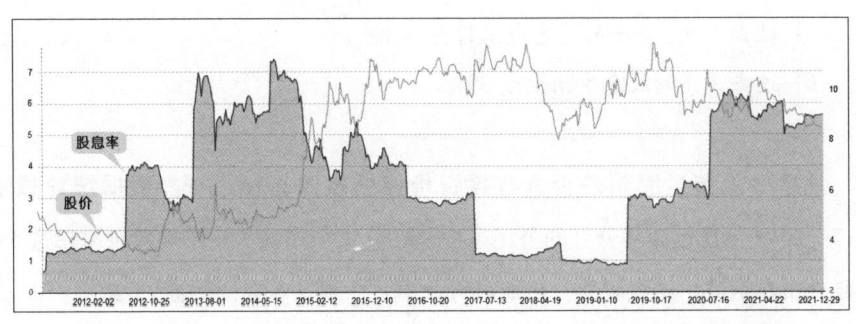

图 3-11　浦发银行（600000）股息率走势图

我们再简单介绍一下韦斯的投资质量趋势策略，投资者从中可以了解基本面选股的原则和经验。投资质量趋势策略的特色在于只选取大约 350 只蓝筹股作为投资分析的标的，包括以下 6 项简单的评估原则：

（1）过去 12 年内股息成长至少 5 倍；

（2）在标准普尔的质量评估中必须达到 A– 级或以上，代表平均水平以上的投资质量；

（3）在外流通股数至少为 500 万股，以确保有充分的市场流通性；

（4）至少有 80 家机构持有该股；

（5）至少在 25 年间持续发放股息；

（6）过去 12 年中，公司盈余至少有 7 年增长。

虽然韦斯的评估原则可能不适用于国内股市，但我们从中也能受到一些启发，我们试着对以上评估原则做出一些修改，以更符合国内股市的实际情况：

（1）股本大于市场平均值；

（2）以沪深 300 指数成份股作为股票池；

（3）至少有 10 只股票型基金持有该股；

（4）过去 5 年中，至少有 3 年实现净利润增长；

（5）过去 3 年、5 年的股息成长排在前 1/4；

（6）过去 3 年的股息率均大于 3%。

股息率是衡量股票是否具有投资价值的重要指标之一。数据统计显示，2017—2019 年连续 3 年分红的公司当中，有 50 家公司的 3 年平均股息率超过 5%，主要分布在钢铁、纺织服装、房地产行业中，分别有 6 家、5 家、5 家。

以 2020 年度的每股现金分红及当年末收盘价为基准，对上市公司股息率进行统计，股息率高于 3% 的公司中，从行业板块来看，房地产、公用事业、银行等行业上榜公司最多，分别有 34 家、30 家、26 家公司上榜。过去 3 年股息率均超过 3% 的公司共有 147 家。基本面良好的公司可以为我们的技术操作提供更多的可靠性。

相比债券、房地产等投资形式，股票投资有着独特的优势。股票投资可以以某种方式实现价值的复合增长，而投资于其他资产，比如债券、房地产，则不可以。上市公司产生的收益，一部分作为留存收益用于企业发展（再投资），一部分作为股息分配给投资者。如果上市公司的管理层能够以较高的资本回报率对留存收益进行再投资，那么它将成为一家高成长性的公司，这会反映在股价上。分配给投资者的股息，投资者如果不用于日常消费，而是继续购买该公司的股票，这样虽然不如留存收益为你带来的回报更高，但也能享受到复利作用。而投资于债券只能获得到期时的利息，投资房地产只能获得租金收入，这些利息和收入不会为你自动进行再投资。

如果一家公司的管理层能够以较高的已动用资本回报率（Return on Capital Employed）对留存收益进行投资，那么这就是一家优质公司，也就是从基本面上来判断的好公司。我最近翻译了由特里·史密斯（Terry Smith）所著的《成长股的投资之道：如何通过只买入最好的公司持续获利》（*Investing for Growth: How to Make Money by Only Buying the Best Companies in the World*），这本书向投资者深入解释了什么是好公司，为什么投资这类公司能显著提高投资业绩，有兴趣的投资者可以阅读这本书，了解成长投资和质量投资方面的知识。

对于股息数据的获取，在通达信股票软件上按 F10 键，在"分红融资"选项中可以查到个股的历年股息分红数据。此外，在一些财经网站上也能查到这些数据，有些网站还配有统计图表。

此外，我们还可以利用一些其他财务指标进行选股。这里我们简单介绍一下通达信软件上的 FINANCE 函数。投资者可以在"公式管理器"（Ctrl+F）中新建自己的选股公式，也可以使用系统自带的选股公式，然后通过"功能—选股器—条件选股"或"Ctrl+T"快捷键选择你需要的条件选股公式，并执行选股操作。

条件选股公式示例：

```
{ 范例公式、系统仅用于说明算法语法，投资者需根据自身经验和需求经
过调整、测试之后再实际应用 }
{ 参数：N1 20, N2 5, N3 15}
A1:= DYNAINFO(39)>0 AND DYNAINFO(39)<=N1;{ 市盈率 }
A2:=FINANCE(30)/FINANCE(20)*100>N2;{ 净利润率 }
A3:=FINANCE(30)/FINANCE(19)*100>N3;{ 净资产收益率 }
A1 AND A2 AND A3;
```

其中的 DYNAINFO（39）表示市盈率，FINANCE（30）、FINANCE（20）和 FINANCE（19）分别表示净利润、营业收入和股东权益（净资产），我们在下面的表格中列出了部分常用的 FINANCE 函数，如表 3-1 所示。在通达信软件的指标公式编辑器中，找到"插入函数—关联财务函数"可以看到 70 多个财务函数。

投资者在使用基本面财务数据时，需要注意数据更新时间和数据来源。有些公司会利用会计伎俩调整财务数据，所以这些数据有时并不能反映企业的真实经营状况。少数公司甚至会使用虚假数据，这种情况只有在它们被曝光时才能知晓，普通投资者如果只研究基本面有时难免会踩雷，因为你看到的可能并不是真实的。最近有一些财经新闻用语是"财报存在重大遗漏""虚假记载""财务造假""虚增利润"，对涉及这些词语的公司，投资者应该保持警惕！

我们一直提倡以技术面为主，以基本面为辅的操作方法。取巧的做法是将股票池圈定在一定数量的基金所持有的股票中间，十几位，甚至几十位基金经理的研究能力和水平肯定在散户之上，不要总想着挖掘潜力股、黑马股，能跑赢股票型基金的平均业绩就是散户的胜利。

表 3-1　FINANCE 函数表

FINANCE(1)	总股本（股）	FINANCE(27)	存货
FINANCE(19)	股东权益（净资产）	FINANCE(28)	利润总额
FINANCE(20)	营业收入	FINANCE(29)	税后利润
FINANCE(21)	营业成本	FINANCE(30)	净利润

FINANCE(22)	应收账款	FINANCE(31)	未分配利润
FINANCE(23)	营业利润	FINANCE(32)	每股未分配利润
FINANCE(24)	投资收益	FINANCE(33)	每股收益（全年折算）
FINANCE(25)	经营现金流量	FINANCE(34)	每股净资产
FINANCE(26)	总现金流量	FINANCE(53)	每股股息（港股，美股）

再老练也不能削弱这样一个事实：你所有的知识都是关于过去的，你所有的决定都是关于未来的。

——霍华德·马克斯

3.5 百分比均线通道

到了 20 世纪 70 年代和 80 年代初，带状指标主要围绕移动平均线发展。其中最常见的就是通过将移动平均线向上和向下平移一定距离来构造带状指标，如图 3-12 所示。

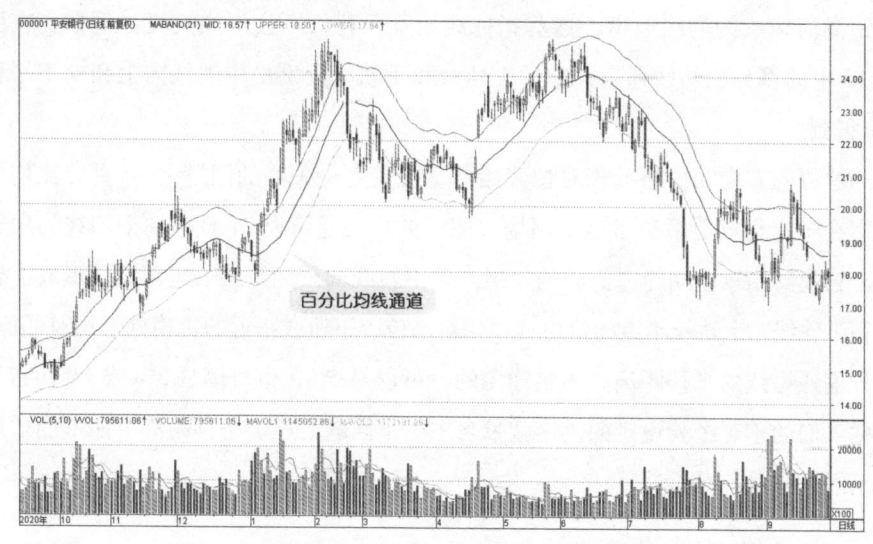

图 3-12 平安银行（000001）百分比均线通道

百分比均线通道（Percentage Bands）的计算公式

中轨 = 收盘价的 21 日移动平均

上轨 = 中轨 × （1+0.05）

下轨 = 中轨 × （1-0.05）

百分比均线通道的指标公式

```
{ 范例系统仅用于说明算法语法，投资者需根据自身经验和需求经过调整、
测试之后再实际应用 }
{ 参数：N 21}
MID:MA(CLOSE,N);
UPPER:MID*(1+0.05);
LOWER:MID*(1-0.05);
```

我们在这里所说的均线通道并不是指由一组不同周期的均线组成的均线带，例如在判断多头或空头排列时使用的由 MA5、MA10 和 MA20 均线组成的均线带，这些均线会形成交叉，而是指由同一条均线通过向上和向下平移一定百分比距离而构成的均线通道，这些指标线相互平行，不会形成交叉。例如，在图 3-12 中的百分比均线通道，它的上轨线和下轨线分别由中轨线向上和向下平移 5% 得到。

趋势的方向和价格的相对位置始终是投资者最关心的问题之一，百分比均线通道在一定程度上解决了这个问题。图中的均线通道以 21 日移动平均线为中轨线，它起到指示中期趋势方向的作用。将中轨线向外侧平移一定距离，形成上轨线和下轨线，上轨线附近的价格处于相对高位，下轨线附近的价格处于相对低位。但外侧通道线的平移距离并不是固定的，可以是 5%，也可以是 3% 或 7%，它是根据人们的主观经验设定的。这就带来了一个问题，这个平移距离可能不能适用于不同股票或者不同时期。

在使用均线通道时，我们经常以中轨线的方向转为向上以及价格突破上轨线作为看多信号，以中轨线的方向转为向下以及价格跌破下轨线作为看空信号。短线交易者在做多时经常以上轨线作为高抛的参照物。

这种以均线为中心的带状指标主要存在两个方面的问题：一是不同个股的均线通道宽度需要人为设定，宽度不会随着价格的高低变化而自动调整；二是即使能够设置合适的宽度，也需要随着价格的变化而再次进行调整。所以，百分比均线通道虽然已经能够辅助判断价格的相对高位与低位，但运用起来仍有困难，很多参数需要投资者主观设定。

多轨百分比均线通道

为了包含更多的价格，我们可以在百分比均线通道的基础上再增加两条外侧通道线，形成多轨百分比均线通道，如图 3-13 所示。

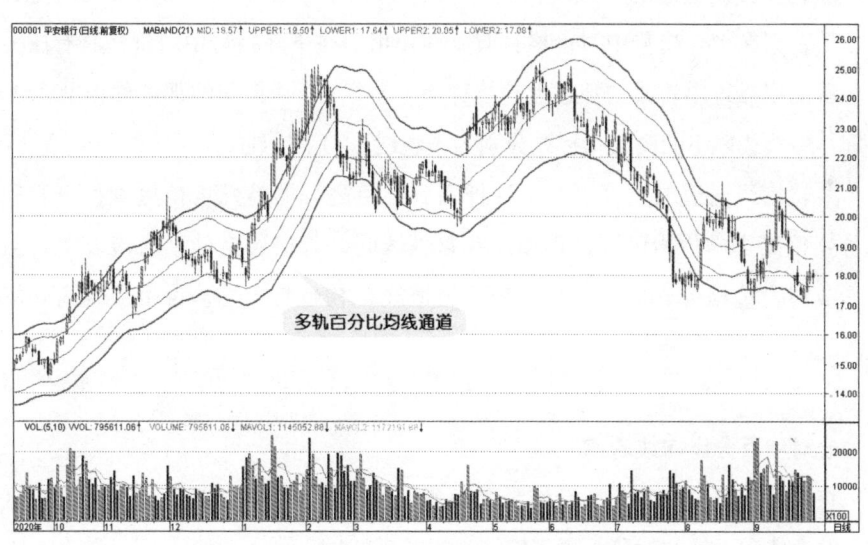

图 3-13　平安银行（000001）多轨百分比均线通道

多轨百分比均线通道的指标公式

```
{ 范例系统仅用于说明算法语法，投资者需根据自身经验和需求经过调整、
测试之后再实际应用 }
{ 参数：N 21}
MID:MA(CLOSE,N),COLORA4A4A4,LINETHICK1;
UPPER1:MID*(1+0.05),COLOR5252FF,LINETHICK1;
LOWER1:MID*(1-0.05),COLOR5252FF,LINETHICK1;
UPPER2:MID*(1+0.08),COLOR50AF4C,LINETHICK2;
LOWER2:MID*(1-0.08),COLOR50AF4C,LINETHICK2;
```

我们将中轨线向上和向下平移 8% 就可以绘制出图 3-13 中的最外侧通道线，在图中用加粗的曲线显示。多轨均线通道由 5 条轨道线组成，如果你有需要还可以继续增加轨道线数量，但这样可能显得过犹不及。

多轨百分比通道的中轨线仍然为 21 日移动平均线，起到指示中期趋势方向的作用，它在上升趋势中对价格具有支撑作用，在下降趋势中对价格具有压力作用。我们把靠近中轨线的那条上轨线称为上轨线 1，最上面的那条称为上轨线 2，同理，中轨线以下的两条指标线分别为下轨线 1 和下轨线 2。

多轨均线通道的宽度更宽，这样落到通道之外的特殊价格更少，更容易观察价格偏离正常价格区间的现象。在整理区间，价格通常处于通道之中；当趋势形成时，价格会先后突破两条外侧轨道线；在趋势末端，价格会脱离外侧轨道线。

非对称百分比均线通道

在实际应用中，我们还会经常用到非对称百分比均线通道，顾名思义，这类指标的上轨和下轨的偏移距离不相等，如图 3-14 所示。

图 3-14 平安银行 (000001) 非对称百分比均线通道

非对称百分比均线通道的指标公式

```
{ 范例系统仅用于说明算法语法，投资者需根据自身经验和需求经过调整、
测试之后再实际应用 }
{ 参数: N 21}
MID:MA(CLOSE,N);
UPPER:MID*(1+0.05);
LOWER:MID*(1-0.03);
```

在图 3-14 中，中轨线仍然使用 21 日移动平均线，将中轨线向上移动 5% 得到上轨线，将中轨线向下移动 3% 得到下轨线，这样就构成了一个非对称百分比均线通道。

上轨线决定买点，应该突破更多 K 线的高点。下轨线决定卖点，应该突破更少 K 线的低点。这样不容易触发买入信号，却更容易触发卖出信号，可以起到减少交易信号，并保护更多顶部利润的作用。

均线是我们最常用的一个指标，很多指标都是在均线的基础上衍生出来的，我们在本节介绍的三种均线通道正是如此。这些是固定宽度的带状指标，百分比宽度不会随着时间而发生变化。均线比较简单，但它是很多投资者最早接触到的指标，也是很多人"遍尝"众多指标之后最终选择的一种指标。有些爬到井沿的人会认为均线太过简单，他们认为使用均线并不算"高级"，难以找到稳盈的方法。我见到过一些交易者喜欢折腾复杂的东西，但是很多成功交易者都曾建议应该尽量保持简单。这可谓是上山的人嘲笑下山的神。交易者应该仔细研究并掌握均线通道的使用方法，这样在遇到其他带状指标时也很容易上手，在同类指标的应用上可以说是万法同理。

3.6　鲍马带状指标

20 世纪 80 年代初期，鲍勃·布罗根（Bob Brogan）和马克·蔡金（Marc Chaikin）首次提出了具有自适应能力的带状指标，称为鲍马带状指标（Bomar Bands）。蔡金还发明过一种成交量指标，他将累积 / 派发指标（A/D，又称为集散指标）加以改良，衍生出了蔡金振荡指标（Chaikin Oscillator）。

我们在此前介绍的几种带状指标都有一个共同特征，那就是上轨与下轨大都彼此对称，例如百分比均线通道，而鲍马带状指标则打破了这种传统。鲍马带状指标以 21 日移动平均线为中心，上轨包含了平均值以上 85% 的价格，下轨包含了平均值以下 85% 的价格。如果上升趋势很强劲，则上轨与中轨之间的宽度明显加大，下轨与中轨之间的宽度明显减小。如果下降趋势很强劲，则正好相反，下轨与中轨之间的宽度会明显加大。价格波动越剧烈，该指标越宽；价格越稳定，该指标越窄。

鲍马带状指标可以让分析者不再主观设定宽度，但它需要经过复杂的计算，这在 20 世纪 80 年代是一件很困难的事情。所以，鲍马带状指标没能得到普及。遗憾的是，我们现在也很难找到它的计算公式。

下面我们尝试使用 ATR（平均真实波动幅度）来构造一个指标，使它接近鲍马带状指标的特征。ATR 是由著名的技术分析家 J. 威尔斯·威尔德（J. Welles Wilder）发明的，他在 1978 年出版的《技术交易系统新概念》（*New Concepts in Technical Trading Systems*）一书中首次提出了 ATR，他还发明过 RSI、DMI、SAR、ADX、MOM 等常见指标。

我们按照鲍马带状指标的思路，首先以 21 日移动平均线和 ATR 来构造一个带状指标，然后再使它具备上轨与下轨非对称的特征。由于该指标融合了 MA 和 ATR，因此我们将它命名为 MATR 带状指标，下面列出的是该指标的计算公式和指标公式。

MATR 带状指标的计算公式

真实波幅 = 今日振幅、今日最高与昨收差价、今日最低与昨收差价这三者中的最大值；

平均真实波幅 = 真实波幅的 21 日移动平均；

中轨 = 收盘价的 21 日移动平均；

上轨 = 中轨 +2 倍 ATR；

下轨 = 中轨 −2 倍 ATR。

MATR 带状指标的指标公式

```
{ 范例系统仅用于说明算法语法，投资者需根据自身经验和需求经过调整、
测试之后再实际应用 }
{ 参数：N1 21 N2 21}
MTR:=MAX(MAX((HIGH-LOW),ABS(REF(CLOSE,1)-
HIGH)),ABS(REF(CLOSE,1)-LOW));
ATR:=MA(MTR,N1);
MID:MA(CLOSE,N2),COLORA4A4A4,LINETHICK1;
UPPER:MID+2*ATR,COLOR5252FF,LINETHICK1;
LOWER:MID-2*ATR,COLOR50AF4C,LINETHICK1;
```

我们在指标公式中将求移动平均值的周期都设置成了参数，分别为 N1 和 N2，缺省值均为 21，这样就可以更方便地修改参数，对该指标进行调整。我们使用了 2 倍 ATR 的固定宽度，如果想调整带状指标的宽度，可以修改上轨和下轨公式的 ATR 前面的倍数。将以上指标公式加载到 K 线图上，如图 3-15 所示。

图 3-15　平安银行（000001）MATR 带状指标（1）

从图 3-15 可以看出，我们构造出来的这个指标看上去和百分比均线通道有些相似，但细节上有着明显的不同，百分比均线带是完全相同的三条均线以相等间距排列，而 MATR 指标包含了波动幅度因素，它的宽度会随着 K 线长度的变化而变化。MATR 指标由三条不同形状的指标线构成，以中轨为中心，上轨与下轨呈对称状态，上、下轨与中轨的距离都是 2 倍的 ATR。

中轨的方向决定了 MATR 指标的开口方向。当价格波动剧烈时，ATR 变大，MATR 宽度变宽；当价格波动平缓时，ATR 变小，MATR 宽度变窄。

要想使 MATR 带状指标包含更多的 K 线，可以通过两种方法来实现：一是通过增加 ATR 的倍数来增加间距；二是缩短中轨的周期，使中轨更靠近 K 线，这相当于将带状指标向 K 线平移。我们来看一个缩短中轨周期的例子，将中轨的参数 21 改为 13，如图 3-16 所示。

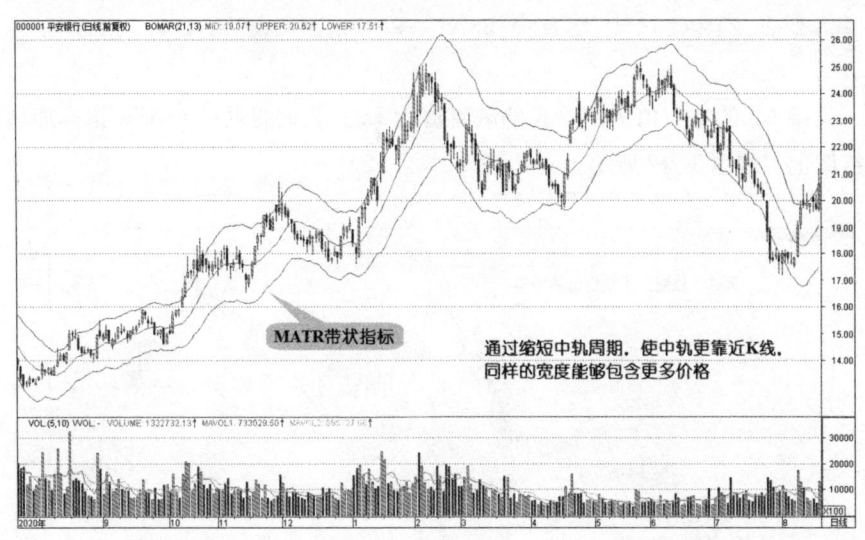

图 3-16 平安银行（000001）MATR 带状指标（2）

我们对比图 3-16 和图 3-15，可以明显看出，通过适当减小中轨的周期，使中轨更靠近 K 线，该带状指标包含了更多的价格。这样做的目的是，使特殊的价格变得更特殊，这样更容易识别偏离正常波动水平的价格。均线对价格具有吸引作用，也就是均值回归，当价格大幅或连续偏离均线之后，很可能会向均线靠近。

还可以这样来理解，价格需要很大的能量才能逃脱到带状指标之外，但这种能量不能长时间得以维持，这就为我们确定高抛或低吸位置提供了机会。

为了使该指标符合鲍马带状指标的不对称特征，我们只需在 MATR 指标中借助 10 日移动平均线与中轨的距离来增大在强势上涨（或下跌）中的上轨（或下轨）与中轨的距离。在 MATR 指标公式中加入 MA10 均线，并相应修改上轨与下轨的公式，代码如下页：

```
{ 参数: N3 10 R 1.3}
MA10:=MA(CLOSE,N3);
UPPER:IF(MA10>MID,MID+2*ATR+R*(MA10-MID),MID+2*ATR);
LOWER:IF(MA10<=MID,MID-2*ATR-R*(MID-MA10),MID-2*ATR);
```

其中 N3 的缺省值为 10，R 的缺省值为 1.3。我们将新的 MATR 指标加载到 K 线图上，如图 3-17 所示。

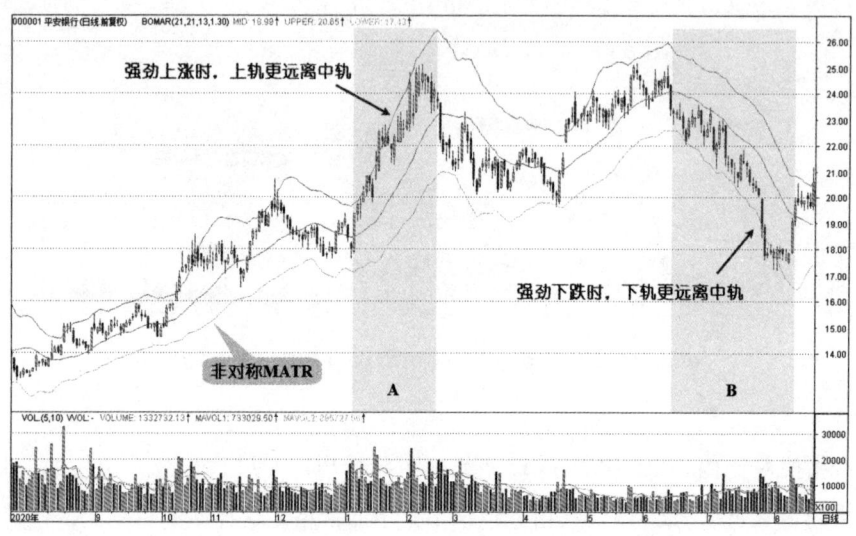

图 3-17 平安银行（000001）非对称 MATR 指标

在图 3-17 中，我们利用 10 日均线与中轨的位置关系构造了非对称的 MATR 指标。可以看出，这近似符合鲍马带状指标的形态特征。在强劲的上升趋势中，上轨远离中轨的幅度更大（例如，A 位置）；在强劲的下降趋势中，下轨远离中轨的幅度更大（例如，B 位置）。

带状指标的开口方向和价格的波动率水平是这类指标的两个关键因素。通过开口方向可以判断趋势方向，而通过价格的波动率可以判断趋势的发展阶段。这两个因素紧密关联着交易信号和仓位管理。人们通常认为波动率高时应该对应着较轻的仓位，波动率低时应该对应着较重的仓位。但是，也有例外，有时在市场底部会产生较高的波动率，这对于有些投资者来说，正是增加仓位的时机；有时在市场转为下跌的初期会产生较低的波动率，这时如果增加仓位明显是不合理的。因此，趋势方向和波动率水平共同决定着交易信号和仓位管理。

好投机者总是在等待，永远有耐心，等待市场确认自己的判断。要记得，在你的观点得到市场表现确认之前，不要完全相信你的判断。

——杰西·利弗莫尔

3.7　布林线

进入 20 世纪 80 年代之后，约翰·布林格开始活跃于期权市场，他主要的分析依据就是价格波动率。布林格对技术分析产生了浓厚兴趣，开始研究带状指标。他认为，价格波动率应该是决定带状指标宽度的最重要依据。经过大量研究后，他发现，标准差（Standard Deviation）是确定宽度的理想指标，这主要是因为它采用数值偏离平均数的差值的平方。

最初，布林格利用长期标准差来构造百分比均线通道，但随着时间的推移，这个指标的适应性会降低，需要对其进行重新调整。这时他想到了或许可以使用"移动"方式，就像计算移动平均线那样。经过一系列的研究和测试之后，布林格在 1983 年发明了布林线（Bollinger Bands）指标，并以自己的名字命名了这一指标。

30 多年以来，布林线得到了广泛应用，国内外的很多投资者和专业交易者都会使用布林线或类似的带状指标。道琼斯指数已经从 20 世纪 80 年代的 1000 点上涨到了如今的 34000 点以上，一代又一代的交易者仍然在使用和研究布林线指标。可见，布林格抓住了股市中的一个关键因素——价格波动率，这在如今仍然是技术分析者研究的重点领域之一。

在研究布林线时，布林格当年使用的是一款存储容量仅有 32K 的 S−100 型电脑。这是个人电脑尚未普及的年代，当时的电脑还被称为"微机"。布林格使用的 CP/M 系统就是第一个微机操作系统，这是比 MS−DOS 还"远古"的操作系统，而我们如今使用的 Windows 系列视窗操作系统直到 1985 年才发布了第一个版本。布林格的研究与测试是在电子表格上进行的，在当时还没有像现在这样"所见即所得"的图形指标测试工具。

图 3-18 显示的就是布林格发明的布林线指标，这是首个具有自适应功能的带状指标，它的带宽会随着价格波动不断自动调整。布林线指标揭示了市场波动的一种规律——波动率的周期性。低波动率预示着即将迎来高波动率，高波动率预示着即将迎来低波动率。

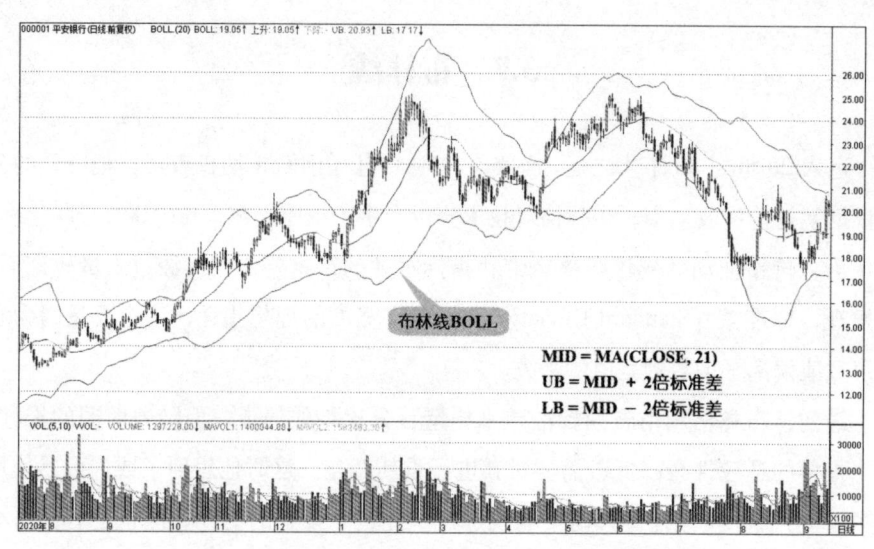

图 3-18　平安银行（000001）布林线指标

值得注意的一点是，这句话描述的是波动率的规律而不是趋势方向的规律。例如，在波动率达到极低水平之后，波动率倾向于向极高水平发展，但在趋势方向上，既可能是上涨也可能下跌。用我们讲过的 BOLL 形态特征来说就是，BOLL 形成收口形态时，市场即将选择方向（生成趋势）。

布林格还发明了一系列布林线的衍生指标，例如，%b（BB 指标，布林极限）、Bandwidth 和 BBTrend（布林线趋势指标）等，以及多种布林线交易系统，例如，波动率突破系统、趋势跟踪系统和反转系统等。我们在后面的章节中将会详细介绍布林线的衍生指标和基于布林线的交易系统。

第 4 章

BOLL 的配套指标

不管是在什么时候，我都有耐心等待市场到达我称为"关键点"的那个位置，只有到了这个时候，我才开始进场交易，在我的操作中，只要我这样做，总能赚到钱。

——杰西·利弗莫尔

投资的风险有两种，亏损的风险和错失机会的风险。大幅消除其中任何一个都有可能，但不可能同时消除二者。

——霍华德·马克斯

4.1　BB 指标

在使用布林线时，我们通常会关注该指标的两个图形特征：一个是价格在上轨与下轨之间的相对位置变化；一个是上轨与下轨之间的相对距离变化。由此可以由布林线衍生出两个配套指标：BB 和 WIDTH 指标。

我们首先讨论 BB（布林极限）指标，也有人用 %b 来表示。%b 这种表示方式为我们提供了一个了解该指标的线索。熟悉常用指标的投资者可能会想到，另外两个常见的此类指标是 %k 和 %d，它们是 KDJ 指标中的 K 快线和 D 慢线的一种表示方式。布林线指标的发明者约翰·布林格在为布林极限命名时，由于它的计算方法与 KDJ 指标相似，因此采用了乔治·雷恩在 KDJ 中的命名方式，将其命名为 %b（我们在本书中用 BB 表示）。

布林极限的计算公式为：

布林极限 =（最近收盘价格 − 布林线下轨）/（布林线上轨 − 布林线下轨）×100

为什么说 BB 指标和 KDJ 有相似之处呢？我们继续前面的题外话，并简要回顾一下以前讲过的 KDJ 指标。KDJ 指标由一个基础指标 RSV（未成熟随机值）计算得出，%k 是 RSV 的 3 日移动平均值，%d 是 %k 的 3 日移动平均值。

未成熟随机值的计算公式为：

未成熟随机值 =（最近收盘价格 − 近 N 日最低价）/（近 N 日最高价 − 近 N 日最低价）×100，其中 N 通常为 9。

从 BB 和 RSV 指标的公式来看，它们是不是非常相似！简单来说，BB 指标表示收盘价在布林线通道中的相对位置，RSV 指标表示收盘价在 9 日高低价通道中的相对位置。

如果当前收盘价刚好位于布林线上轨，BB 的数值为 100；如果当前收盘价位于布林线中轨，BB 的数值为 50；如果当前收盘价位于布林线下轨，BB 的数值为 0，BB 指标如图 4-1 所示。

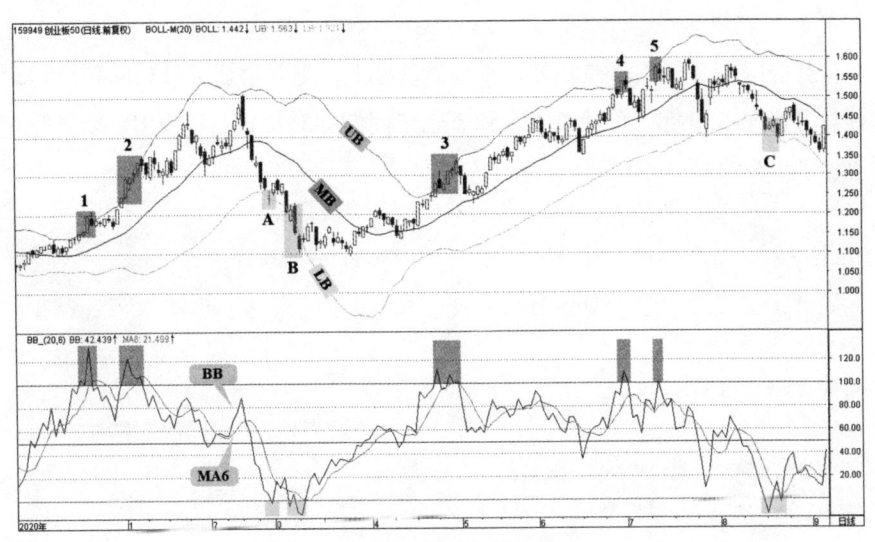

图 4-1　创业板 50ETF（159949）BB 指标

图 4-1 中的副图指标就是 BB 指标，该指标有两条指标线，分别为 BB 和 MA6（BB 的 6 日简单移动平均）。可以将 MA6 视为慢线指标，利用两者的交叉来判断 BB 的转向。

从指标图中可以看出，BB 的指标值通常在 0~100，但其数值范围并不是固定的。如果当前价格高于布林线上轨，BB 的数值大于 100；如果当前价格低于布林线下轨，BB 的数值小于 0。例如，在图中用数字 1 标出的位置，中阳线时的 BB 指标值为 132.23，这说明价格在上轨上方，与上轨之间的距离为布林线宽度的 32.23%；在 B 位置，连续两根阴线的 BB 指标值为 −10.12 和 −12.54，这说明价格在下轨下方，它们与下轨之间的距离为布林线宽度的 10.12% 和 12.54%。

我们在图中分别用数字 1~5 标出了 K 线运行在上轨之上的位置，它们的 BB 指标值均大于 100；用字母 A~C 标出了 K 线运行在下轨之下的位置，它们的指标值均小于 0。

4.1.1　BB指标公式

布林极限指标公式，在 BOLL 指标的基础上，主要增加了最后两条语句，用来计算并输出收盘价在布林线上轨和下轨之间的相对位置，以及 BB 数值的 6 日简单移动平均值。

```
{BB 指标公式 }
{ 范例公式仅用于说明算法语法，投资者需根据自身经验和需求经过调整、
测试之后再实际应用 }
{ 参数 N: 20 M: 6}
MID:= MA(C,N);
VART1:=POW((C - MID),2);
VART2:=MA(VART1,N);
VART3:=SQRT(VART2);
UPPER:=MID+2*VART3;
LOWER:=MID-2*VART3;
BOLL:=REF(MID,1);
UPBAND:=REF(UPPER,1);
LOBAND:=REF(LOWER,1);
BB:(C- LOBAND)/(UPBAND - LOBAND)*100;
MA6:MA(BB,M);
```

由于 2 倍的标准差使布林线包括了 95% 左右的价格，也就是说收盘价的"常态"是处于布林线边界之内，只有少数特殊情况收盘价会突破边界，这正是我们应该关注的情况。BB 指标让我们更容易识别这些位于边界之外的特殊价格。偏

离常态的位置通常是强劲的上升浪或下跌浪的初始和末尾阶段，如果我们能通过其他指标或方法判断出在主要趋势方向上的动能有所减弱，那么趋势极有可能即将发生反转。

BB 指标用法：

(1) BB 的主要作用在于配合布林线使用，帮助判断买卖点的真伪；

(2) BB>100，代表股价位于布林线上轨上方；BB<0，代表股价位于布林线下轨下方；

(3) 当 BB 到达 0 线下方之后发生底背离时，股价向下穿越布林下轨所产生的买入信号更可靠；

(4) 当 BB 到达 100 线上方之后发生顶背离时，股价向上穿越布林上轨所产生的卖出信号更可靠；

(5) BOLL、BB 和 WIDTH 构成一组配套指标，BB 和 WIDTH 可以作为 BOLL 交易系统的限定条件使用。

4.1.2 底背离买点

即使你是一位刚入市不久的投资者，只要你接触过技术分析，也一定听说过背离这个词。背离是指股价与指标之间的异步运动，以底部为例，当价格创出新低时，指标未同时创出新低，这就发生了底背离现象，说明价格已经跌过头，后面很可能开始发生反弹或反转。

作为布林线的衍生指标，BB 的一个重要作用就是配合布林线判断 W 底（双重底）和 M 头（双重顶）形态。我们先从利用 BB 指标判断底背离开始介绍，如图 4-2 所示。

该股前期发生连续上涨，然后从高位开始回落，在 L1 处价格跌破布林线下轨，BB 指标进入 0 线下方。此后该股在 B1 处创出本轮下跌以来的新低，但 BB 指标并未同时创出新低，这就形成了底背离形态，这是买入信号。

图 4-2　长春高新（000661）BB 指标底背离买点

　　严格的买点发生在价格向下穿越布林线下轨时，在 B1 处虽然发生背离，但价格没有接触到下轨，在进入买入时间窗口之后，这次没有符合条件的低吸进场机会。不过，在布林线收口阶段，价格在 B2 和 B3 位置短暂向下突破了下轨，这是很好的低吸机会。

　　为了提高判断的成功率，我们可以利用多种技术或指标互相验证。在副图 2 中，MACD 指标与 BB 指标同时发生底背离，这可以提高判断的可靠性。熟悉价格形态的投资者还可以观察一下，由触及或接近下轨的这四个波谷位置（L1，B1~B3）构成了哪种底部形态？答案就是一个向右下方倾斜的复合头肩底，它由头部（B1）、左肩（L1）和两个右肩（B2 与 B3）组成。当该股站上上轨时，是对该形态的确认，因为这时也站上了头肩底的颈线。

　　在利用底背离进场时，投资者需要注意的是，这属于左侧买点，也就是经常所说的抄底买点。稳健的投资者应该等到布林线向上开口并回踩中轨时再考虑进场，这属于右侧买点。关于左侧与右侧交易，我们在后面的第六章还会详细讨论。

　　背离买点并不是万无一失的，当遇到长期下跌趋势时，会连续多次发生底背离，这时需要利用更大的周期进行分析。换句话说，在大熊市中要谨慎使用底背离进行左侧交易，并且应该合理使用止损。

我们再来看一个利用 BB 指标判断底背离买点的例子，如图 4-3 所示。

图 4-3　万科 A（000002）BB 指标底背离买点

在图 4-3 中，该股前期经过了长期下跌，在 L1 处价格跌破布林线下轨，BB 指标进入 0 线下方。此后该股在 B1 处创出本轮下跌以来的新低，但 BB 指标并未同时创出新低，沿着两个价格波谷低点画出的趋势线方向向下，而沿着 BB 指标的两个波谷低点画出的趋势线方向向上，这就形成了底背离形态，这是买入信号。为了防止行情不按预期方向发展，我们可以将止损设在向下突破下轨的最低 K 线的低点下方一定距离。

在 BB 指标发生底背离的同时，MACD 指标也发生了底背离，沿着 DIF 线的两个波谷低点可以画出一条向上的趋势线。在 L1 处对应的绿柱线数量更多，长度更长，而在 B1 处的绿柱线数量更少，长度更短，这也能说明下跌势头在减弱，趋势反转的概率在增大。买点之后，该股开始回升，先后向上突破布林线中轨和上轨。

不进行研究的投资，就像打扑克从不看牌一样，必然失败。

——彼得·林奇

4.1.3 顶背离卖点

当价格创出新高而指标未能同时创出新高时，就发生了顶背离现象，说明价格已经涨过头，后面很可能开始发生回调或反转。我们来看一个利用 BB 指标判断顶背离卖点的例子，如图 4-4 所示。

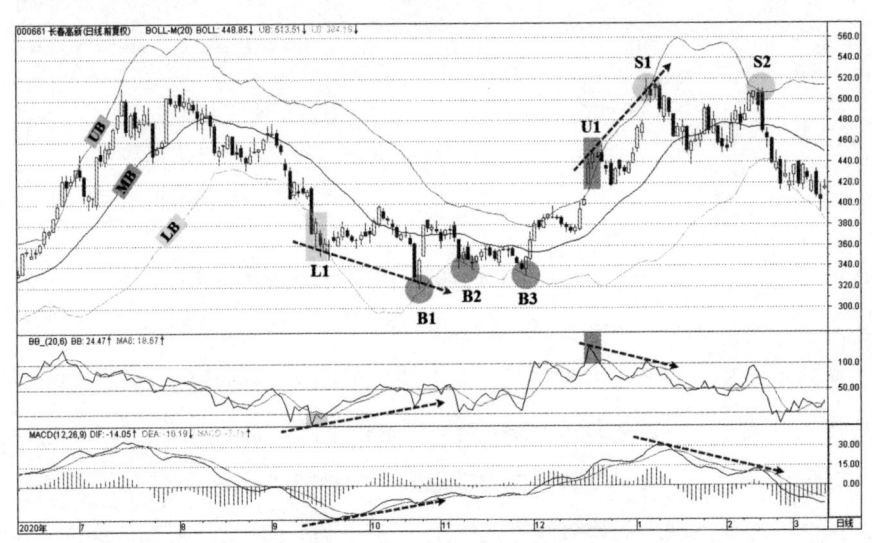

图 4-4 长春高新（000661）BB 指标顶背离卖点

图 4-4 与图 4-2 中显示的是同一段走势，由底背离判断出底部买点并买入之后，该股开始回升，在 U1 处 BB 指标突破布林线上轨，BB 指标进入 100 线上方。此后该股在 S1 处创出本轮上涨以来的新高，但 BB 指标并未同时创出新高，这就形成了顶背离形态，这是卖出信号。

我们在前面提到过 "Three Pushes to a High" 的一波三折走势，在这个上涨波段中，再一次印证了这句话，价格一共三次向上突破上轨。从 MACD 指标来看，

DIF 线从突破 0 轴开始也形成了三个上涨推动浪，MACD 柱线的三组红柱线组成了一个"山"字形。正所谓"一鼓作气，再而衰，三而竭"。

尽管这次高抛卖点正好处于波段高位，但这仍然是一个左侧卖点。右侧卖点出现在布林线中轨向下拐头，价格向下突破下轨的位置。在一次涨跌循环中，可能出现多个左侧卖点，但只有一个右侧卖点，尤其是在强劲的上升趋势中。

在 S2 位置，该股再次触及上轨，但未能站上上轨，价格接近前一个波峰时的高点，但 MACD 的 DIF 线形成了一个明显更低的波峰，这里走出了顶背离的意味，这是第二个高抛卖点（M 头）。"强弩之末，势不能穿鲁缟"，卖出之后，该股开始回落。

我们再来看一个利用 BB 指标判断顶背离卖点的例子，如图 4-5 所示。

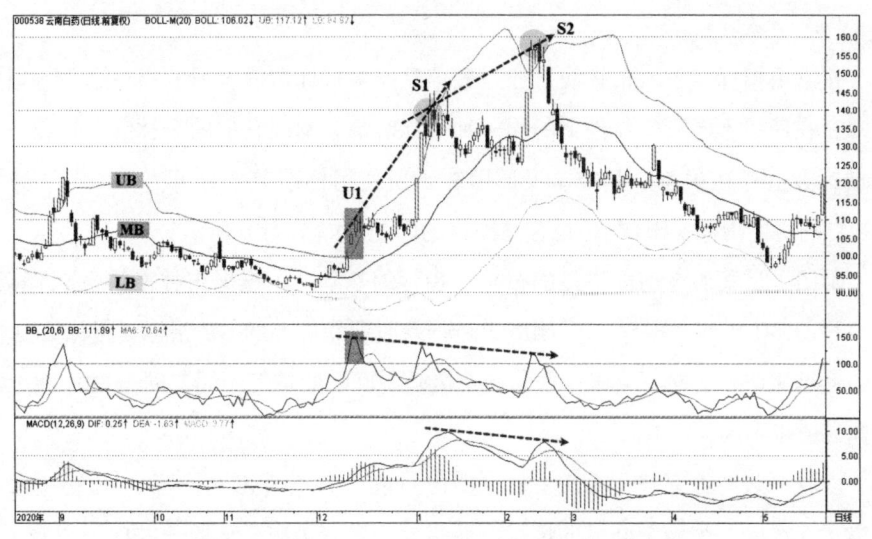

图 4-5　云南白药（000538）BB 指标顶背离卖点

在图 4-5 中，该股在图中左侧经过调整之后，布林线带宽变窄，准备选择方向。在 U1 处，该股第一次向上突破上轨，BB 指标进入 100 线上方。此后该股在 S1 和 S2 处两次创出本轮上涨以来的新高，但 BB 指标均未同时创出新高，沿着价格波峰高点画出的趋势线方向向上，而沿着 BB 指标的波峰高点画出的趋势线方向向下，这就形成了两次顶背离形态，它们是卖出信号。

在 BB 指标发生第二次顶背离的同时，MACD 指标也发生了顶背离，沿着 DIF 线的两个波峰高点可以画出一条向下的趋势线。为什么 BB 指标 发生了两次顶背离，而 MACD 只发生了一次顶背离呢？有人可能会说因为 MACD 指标的相对周期更长，但主要原因是两个指标的构造原理不同。BB 指标判断的是收盘价在布林线中的相对位置，只要收盘价位于布林线之外，指标值马上飙升到 100 以上的高位。后面即使价格再次创出新高，只要收盘价在布林线中的相对位置较低，就会形成顶背离。顶背离说明上涨势头在减弱，趋势反转的概率在增大。S2 卖点之后，该股开始回落，向下突破布林线中轨并沿着下轨逐波下跌。

4.1.4　BB指标在不同软件上的差别

在常用指标当中，布林线可能是最容易产生指标数值差异的指标之一。很多投资者在使用不同股票软件上的同一种指标时都会发现它们的布林线上轨和下轨的指标数值存在误差。其中主要原因在于所使用标准差的计算方法不同。作为 BOLL 的衍生指标，BB 指标也存在同样的问题，如图 4-6 所示。

副图 1 是我们在前面讲过的布林线指标的基础上，根据布林格的 %b 计算公式编写的 BB 指标（指标 1），副图 2 是一款股票软件上的 BB 指标（指标 2）。两者的形态相似，但向下突破 0 线和向上突破 100 线的幅度不同，同一根 K 线上的指标数值也不同。

该股一共向上突破了 5 次上轨（图中用数字 1~5 标出的位置），指标 1 相应产生了 5 次向上突破 100 线的情况，而指标 2 只有 1 次。该股一共向下突破了 3 次下轨（图中用字母 A~C 标出的位置），指标 1 相应产生了 3 次向下突破 0 线的情况，而指标 2 只有 2 次。在 D 位置，价格没有向下突破下轨，但指标 2 却小于 0。这两个 BB 指标在这段行情中一共有 6 处明显不同，而且突破边界的宽度（代表边界外的 K 线个数）也不相同。

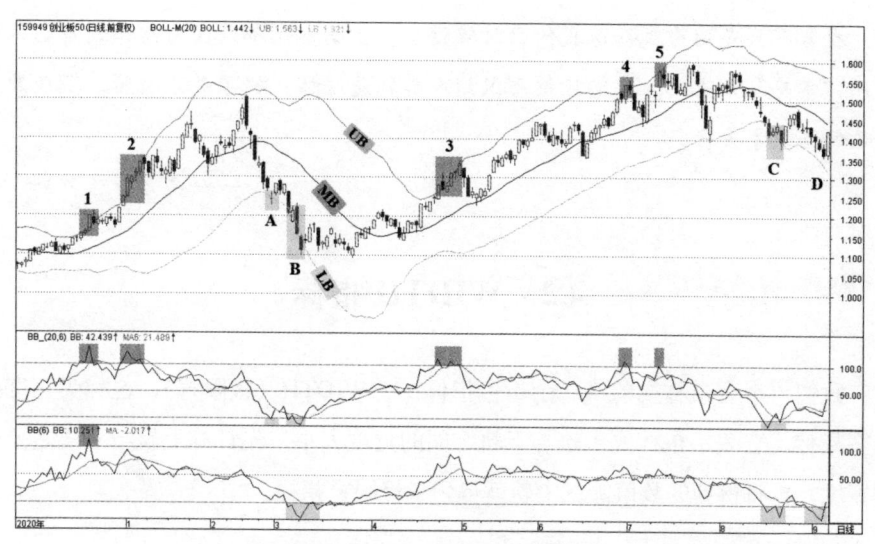

图 4-6　创业板 50ETF（159949）不同软件 BB 指标的差别

　　产生误差的原因可能是，基础的 BOLL 指标的计算方法不同，或者 BB 指标的计算方法不同，再或者参数设置不同。对于一些指标来说，由于编写者对公式的理解或使用方法有细微差异，因此会得出相似又有差别的公式。投资者在使用指标时需要注意比较股票软件的自带指标（或从网上下载的指标）与自己设想的指标是否一致，然后再依据它来建立使用原则和方法。

我富有只是因为我知道我什么时候错了。我基本上都是因为意识到自己的错误而"幸存"下来的。我们应该意识到人类就是这样：错了并不丢脸，不能改正自己的错误才丢脸。

——乔治·索罗斯

4.2　WIDTH 指标

我们再来看布林线的第二个衍生指标——WIDTH（极限宽），也称为宽度或带宽指标，它表示布林线上轨与下轨之间的宽度大小。先计算上轨与下轨之差得到宽度，再将得到的数值除以中轨就得到了极限宽指标。

极限宽的计算公式为：

极限宽 =（布林线上轨 − 布林线下轨）/ 布林线中轨

将宽度除以中轨是为了对指标值进行标准化，这样就可以在不同股票之间进行比较。所有此类带状指标都可以计算极限宽指标，当然固定带宽的指标除外。通过计算公式可以看出，极限宽实际上等于 4 倍的标准差除以近 20 日收盘价的平均值，因此可以用它来衡量价格偏离一般水平的程度。

在使用布林线指标时，我们经常需要精确判断上轨与下轨之间的距离是否达到了近期内的最小或最大水平，也就是经常所说的收口或开口的宽度，这时我们就用到了极限宽指标。

当布林线发生挤压（Squeeze）时，也就是我们常说的发生收口时，价格波动率下降到最近一段时期以来的最低水平，后面的价格波动率即将提高，所以在发生收口之后，市场往往会选择方向，产生新的一轮上涨或下跌，如图 4-7 所示。

对于带状图形的变化，我们可以把它想象成一个储存一定水量的圆柱形气球，你在一个区间挤压它，它就会在后面的区间膨胀。不同个股的区别在于，气球中的水量不同，可以看作它们的能量不同。

从图 4-7 可以看到，该股在 4 个位置（A~D）的 WIDTH 指标达到了极低水平，在这些位置之后不久都产生了新的一波上涨或下跌。WIDTH 指标达到极低水平可以看作进入变盘时间窗口。这个极低水平通常在 0.2 以下，有时会达到 0.1。不同软件上的 WIDTH 指标可能不同，因此极低水平也会有差别，这时可以根据该软件上的 WIDTH 指标的历史数值来确定。

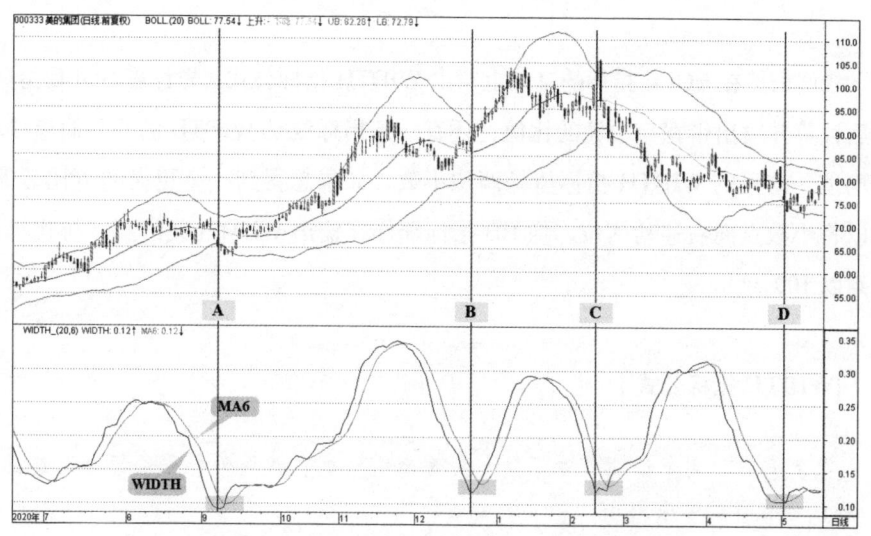

图 4-7　美的集团（000333）WIDTH 指标

虽然我们可以预计很快会发生变盘，但趋势的方向并不确定。在趋势走出来之前，没有人也没有指标能准确地预测未来的趋势方向。但是，我们可以根据原有主要趋势的发展情况，量价配合情况，蜡烛图形态以及其他一些指标来判断大概率的未来趋势方向。

本例中 WIDTH 的四个波谷极值分别为 0.09、0.12、0.12 和 0.10。对于股性活跃的个股，当 WIDTH 指标达到极低值之后，波动率会很快开始放大，WIDTH 数值开始提高。

有一种观点认为，在布林线发生收口之后，趋势方向很可能是首次突破的边界方向，比如在本例中，如果 WIDTH 指标达到 0.12 以下，然后价格突破上轨，则认为后面可能开始一波上涨行情。但即使从本例这段有限时间内的行情来看，也可以看出这种判断方法并不十分可靠。你可以认为会有所谓的骗线情况，而实际上，没有哪种方法是万无一失的，仅靠一种指标或方法进行判断，即以一个维度来判断趋势方向，它的可靠性肯定不如多个维度下的判断。

4.2.1　WIDTH指标公式

我们仍然在 BOLL 指标的基础上写出 WIDTH 指标公式，先计算 BOLL 指标，然后计算并输出带宽与中轨的比值，还有一条指标线是 WIDTH 的 6 日简单移动平均值。这里的 WIDTH 指标值是两位小数，如果想得到一个更大的可比数值，可以将小数点向右移动两位，像 BB 指标那样在输出 WIDTH 线的那一行代码后面乘以 100。

{WIDTH 指标公式 }

```
{ 范例公式仅用于说明算法语法，投资者需根据自身经验和需求经过调整、测试之后再实际应用 }
{ 参数 N: 20 M: 6}
MID:= MA(C,N);
VART1:=POW((C - MID),2);
VART2:=MA(VART1,N);
VART3:=SQRT(VART2);
UPPER:=MID+2*VART3;
LOWER:=MID-2*VART3;
BOLL:=REF(MID,1);
UPBAND:=REF(UPPER,1);
LOBAND:=REF(LOWER,1);
WIDTH:(UPBAND - LOBAND)/BOLL;
MA6:MA(WIDTH,M);
```

WIDTH 指标用法：

（1）WIDTH 的主要作用在于配合布林线使用，帮助判断收口和开口。

（2）WIDTH 的数值在不同个股之间进行比较时，即使开口的宽度相同，由于中轨的平均价格不同，两者之比得出的指标数值也不会相同。

（3）通过个股的 WIDTH 历史波谷极值来确定低位极限水平（对应最窄收口）更有意义。这一数值通常低于 0.20，一旦低于这个水平，后面可能开始新一轮上涨或下跌。

（4）WIDTH 达到高位极限水平（对应最宽开口）之后，如果呈现出明显的顶部特征，则是高抛卖点。

（5）BOLL、BB 和 WIDTH 构成一组配套指标，BB 和 WIDTH 可以作为 BOLL 交易系统的限定条件使用。

4.2.2 低位极限宽买点

我们来看一个利用极限宽指标判断布林线收口之后的买点的例子，如图 4-8 所示。

图 4-8　长春高新（000661）低位极限宽买点

这是我们在图 4-2 中讲过的例子，现在我们加入 WIDTH 指标，配合 BOLL 和 BB 指标一起确定买点。该股在杀跌最凶狠的 L1 位置跌破下轨，然后再次创出新低，BB 指标形成底背离，这是我们前面讲过的内容。

发生底背离之后，左侧交易者开始准备进场。布林线开始发生收口，WIDTH 指标值不断下跌，直到 B1 位置，指标值达到 0.14 的波谷，WIDTH 线向上拐头，这是一个买点。但该股没有马上放大波动率，而是再次紧缩布林线，WIDTH 指标再次出现一个极低值 0.13。在 B2 位置，WIDTH 线向上拐头，K 线回踩布林线下轨，这是第二个买点。这两个买点都属于左侧买点，这时市场还没有走出下降通道。

此后 WIDTH 指标开始回升，波动率开始放大，最终在 B3 处放量突破上轨，这是第三个买点。有投资者可能还记得该股底部的复合头肩底形态，B3 买点就发生在突破它的颈线之后。当价格从上轨开始回落时，如果能回踩中轨，会产生一个比较理想的右侧买点（相当于确认颈线支撑位）。该股在 B4 位置小幅调整，并没能触及中轨，这说明买盘力量强大，没有给更稳健的投资者低吸机会。

波段初始阶段的买点之后，WIDTH 指标开始进入高位，这时波动率明显放大，这是拉升阶段的标志。在上涨波段的中段，投资者应该以持股为主，减少所谓的低吸高抛，短期的波动很难把握。当你乘上上升趋势的时候，时间站在你这边。

一头灰犀牛就是指概率极大、冲击力极强的风险：一个我们应该意识到的风险，就像是一头两吨重的犀牛，把牛角对准我们全速向我们攻击。

——米歇尔·渥克《灰犀牛》

4.2.3 高位极限宽卖点

我们再来看一个利用极限宽指标判断布林线开口之后的卖点的例子，如图 4-9 所示。

该基金在两次波段上涨行情中有着相似之处。从副图 2 中的 BB 指标来看，分别 3 次进入 100 线上方，对应着三小波拉升行情。这是通过指标判断"一波三折"的又一个例子。

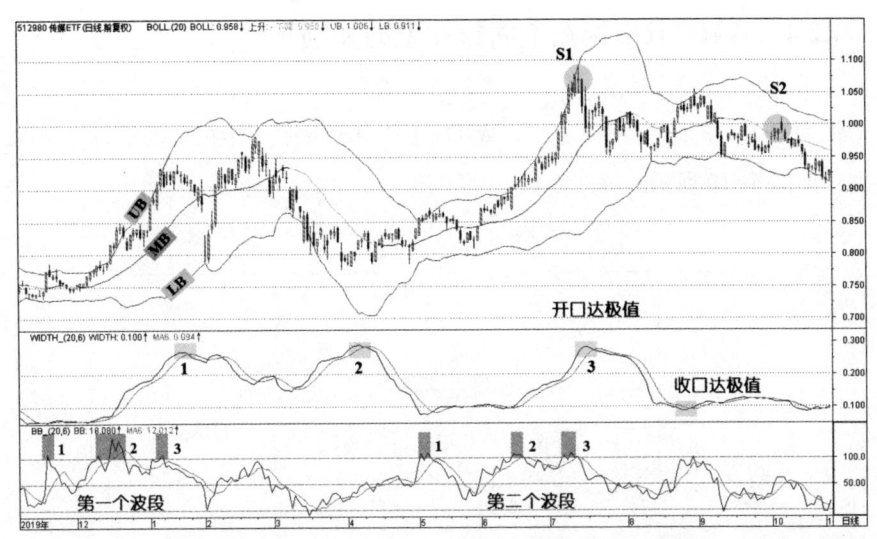

图 4-9　传媒 ETF（512980）高位极限宽卖点

再来看副图 1 中的 WIDTH 指标，我们可以通过该基金的历史指标数值来确定其相对高位和低位。图中标出的位置 1 是前一波上涨的顶部，指标波峰达到 0.270；位置 2 是前一波调整的底部，指标波峰高达 0.292。这两个位置都是波动率最大的位置，可以作为后面顶部的参考指标值。在位置 3 处，BB 指标已经 3 次突破 100 线，说明一波上涨行情进入尾声阶段。当 WIDTH 指标再次向上突破 0.270 时，可以选择在价格突破上轨的 S1 位置高抛卖出，这是一个左侧卖点。

这个卖点之后，该基金开始回落，WIDTH 指标逐渐回落到低位极值附近，这说明收口达到最窄水平，市场即将选择方向。从调整的时间和空间来看，调整可能还没结束。稳健的投资者可以等到价格跌破中轨并回抽时在 S2 处卖出，这是一个右侧卖点。

在使用 WIDTH 指标时，值得注意的一种情况是，市场有时会陷入交投清淡的状态，长时间窄幅振荡，参与资金明显减少，多头或空头难以形成合力，市场没有明显趋势，WIDTH 指标会长时间在低位运行。在熊市中，由于股价的重力作用，价格会沿着布林线下轨滑落。

4.2.4　WIDTH指标在不同软件上的差别

作为 BOLL 的衍生指标之一，WIDTH 和 BB 指标一样在不同软件之间会有
差别，如图 4-10 所示。

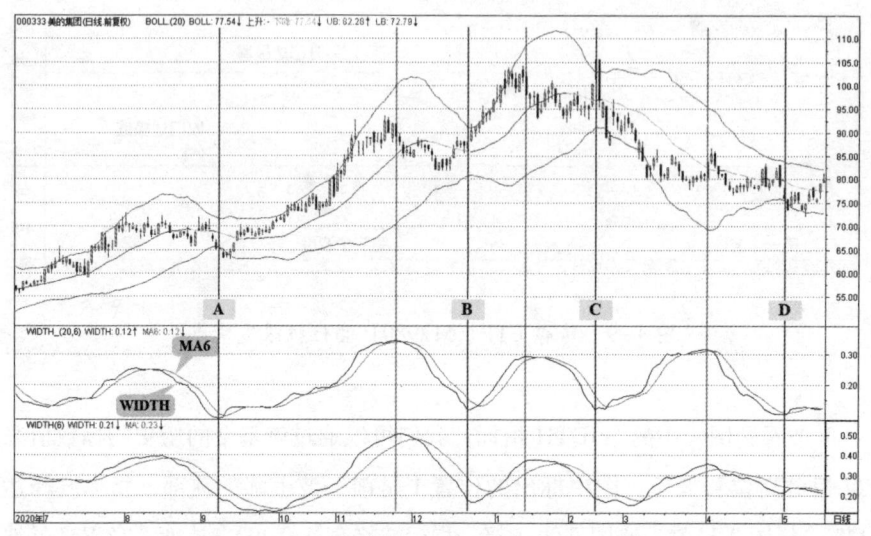

图 4-10　美的集团（000333）WIDTH 指标在不同软件的差别

　　副图 1 是在 BOLL 指标的基础上，根据约翰·布林格的 WIDTH 指标计算公
式编写的（指标 1），副图 2 是一款股票软件上的 WIDTH 指标（指标 2）。两者的
形态相似，但到达波峰和波谷极值的时间和数值不同。

　　从两个 WIDTH 指标产生的 4 个波谷来看（图中用字母 A~D 标出的位置），
指标 1 随着布林线的收口，相应产生了 4 个波谷极值。指标 2 虽然也产生了 4 个
波谷，但都或多或少地落后于指标 1。指标 1 的波谷与主图 BOLL 指标的收口极
限是一一对应的。显然，指标 2 对应的 BOLL 指标的收口极限应该更靠后，因为
它产生最低值的时间落后于指标 1。

　　不过，从两个指标产生波峰来看，却又几乎同步达到峰值，只是读数不同。
可见，在判断 BOLL 指标开口时的极限宽度方面，两个指标基本一致。

产生误差的原因可能是，基础的 BOLL 指标的计算方法不同，或者 WIDTH 指标的计算方法不同，还有可能是数据不同或 K 线的合成规则不同（使用不同软件时的情况）。一些指标会因编写者对指标理解的不同而不同。不能说哪个指标是对的或者错的，只能说它们试图分析的着眼点不同。投资者在使用指标时需要注意比较股票软件的自带指标（或从网上下载的指标）与自己设想的指标是否一致，然后再依据它来建立使用原则和方法。

择时交易可以用"低买高卖"来概括，但如果你能以合理的价格购买好公司的股票，即使你忘记了"高卖"，你仍然可以赚钱。

——"英国巴菲特"特里·史密斯

4.2.5 WIDTH指标的改进

在通常使用的 WIDTH 指标中，MA6 这条指标线的作用似乎并不大，因此我们可以将这条指标线换成另一条指标线——WLLV，它是 WIDTH 的近 N 日最低值，如图 4–11 所示。

图 4–11 中的副图 1 显示的是前面讲到的 WIDTH 指标，副图 2 显示的是改进的 WIDTH 指标，我们称它为 WIDTH_LLV，LLV 是求 N 周期内最低值的函数。

通过这两个副图指标的对比可以看出，我们在副图 2 中用 30 日 WIDTH 的最低值（WLLV）取代了 6 日简单移动平均值（MA6）。这样做的好处是，更容易观察 WIDTH 的极限水平，当 WIDTH 与 WLLV 黏合（重合）时，说明布林线宽度达到近 30 日的最小水平，后面 WIDTH 向上远离 WLLV 时，就会产生新的一波行情。该指标先发生黏合，然后确认价格站上布林线中轨或上轨，这可以作为买入信号。

只需对 WIDTH 指标公式稍作改动就可以得到 WIDTH_LLV 指标，将"MA6:MA(WIDTH,M)"换成"WLLV:LLV(WIDTH,M),COLOR0099FF"，参数 M 的缺省值可以设为 20、21 或 30，投资者可以设置一个自己认为合适的数值。

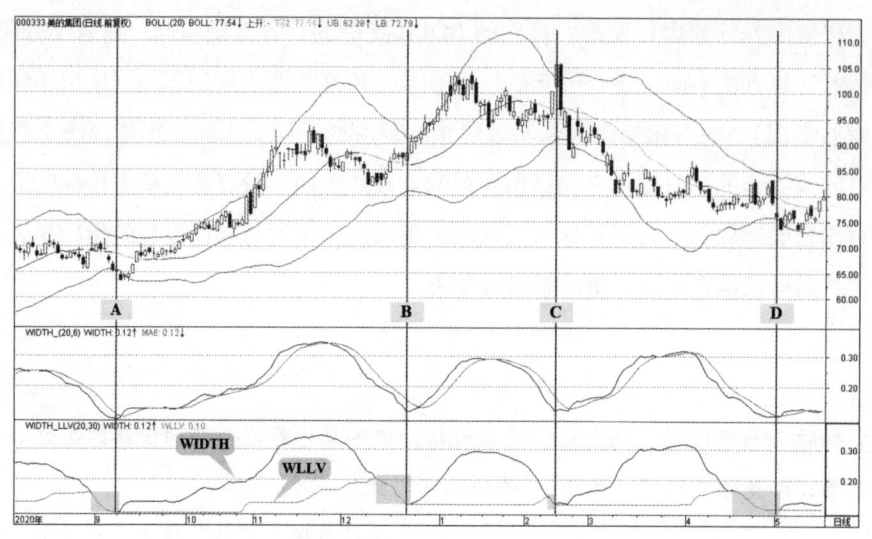

图 4-11 美的集团 (000333) WIDTH 指标的改进

有的投资者可能会问，这里还需要判断 WIDTH 是否低于 0.20 吗？实际上，如果你的 WLLV 线的周期设置得合适，那么两条指标线的黏合通常会持续到布林线的收口极限，它可以起到自动过滤的作用。为了防止特殊情况，可以加上更严格的硬性限制条件，即 WIDTH 低于一定数值。

我们再来看一个 WIDTH_LLV 在个股底部的例子，如图 4-12 所示。

在图 4-12 中，该 ETF 基金前期形成了三个下跌推动浪，我们在图中分别用字母 A、B、C 标出了布林线收口的位置，对应着三个下跌浪的起始位置。这时的极限宽指标达到了近 30 个交易日的最低值。

由于该 ETF 基金的价格较低，我们可以以 0.100 的极限宽指标值来判断宽度是否足够小。在 D 和 E 两个位置，WIDTH 与 WLLV 指标在低位发生黏合之后，收盘价站上布林线上轨，产生两个买点 B1 和 B2。在买点 B2 买入后，成交量明显放大，确认进入上升趋势，价格重心在中轨以上并不断上移。有成交量支持的上涨总是让人感觉很可靠。

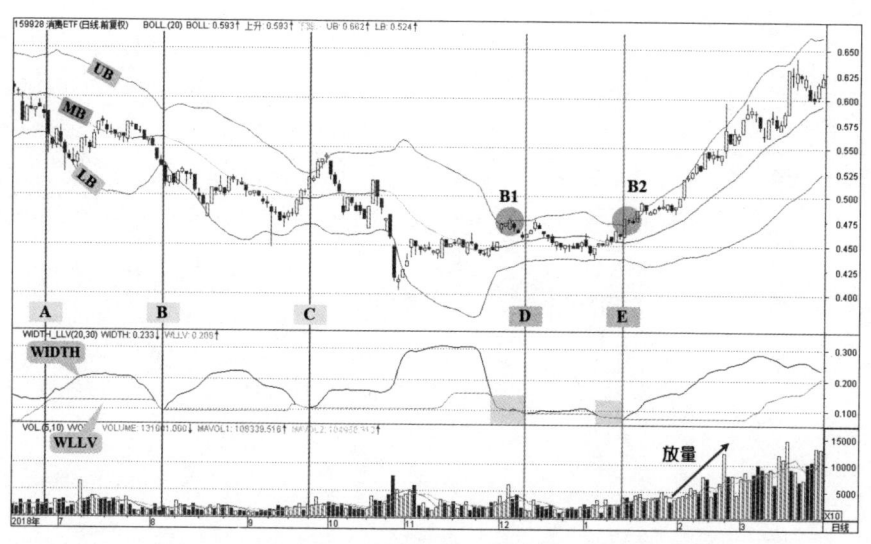

图 4-12　消费 ETF（159928）WIDTH_LLV 指标的使用

　　通达信、大智慧和同花顺等常用股票软件，它们的公式编写并不复杂，投资者了解一下函数和语法的使用说明文档，就可以根据软件自带的指标和系统公式编写自己的指标和交易系统。公式的运用可以十分灵活，它能成为你得心应手的工具。

　　技术分析者如果能利用好指标公式这个工具，不仅可以极大地提高选股和分析效率，而且可以加速验证自己的方法和系统。一些指标上依附的使用原则都是前人交易经验的总结，它们可以帮助你加快认识价格波动规律的过程。即使你最后放弃使用某个指标，你的努力也不会白费，研究这个指标的过程也会让你有所顿悟。用一句通俗一点的话来说，你不能因为吃到第 7 个包子吃饱了而不吃前面那 6 个包子。

　　最后要提醒投资者不要迷信网上兜售的公式或系统，不要被花里胡哨的指标图所迷惑。首先，问自己一个问题，如果你有一个赚钱的系统，你会卖给别人吗？一般人层层加密还来不及，哪会公开出售好用的系统。其次，能赚钱的系统和稳定盈利的人一样都是凤毛麟角，可能千里挑一，甚至万里挑一，所以你遇到这种系统或人的概率很低。而且越是短线的系统越不容易成功，注意不要被赚快钱的贪念蒙蔽心智。最重要的是使用工具的原则，而不是工具本身，投资者应该始终牢记这一点。

第 5 章

BOLL 与其他指标

不要在错误的时间因为恐惧而愚蠢地卖出。如果
你彻底准备好并且知道你将要度过熊市和衰退，你就
会发现它们不仅是成功的威胁，还是机会。

——约翰·邓普顿

抛掉赚钱的好股票，抱着亏钱的差股票，无异于拔掉鲜花浇灌杂草。

——彼得·林奇

5.1 BOLL 与 K 线形态

顶部反转 K 线形态

顶部反转 K 线发生在布林线的上轨附近，常见的顶部蜡烛图形态包括射击之星、吊颈线、黄昏之星、长腿车夫、乌云盖顶、吞没形态、三只乌鸦、空头反攻等。蜡烛图是最根本的一种技术分析方式，它通过"高开低收"价格体现出市场的上涨或下跌"意愿"。这其中虽然带有一些主观成分，但它们蕴含着人们对大量的历史盘中价格走势的看盘经验。

从我的经验来看，一些经典的顶部与底部反转 K 线形态非常好用。如果配合成交量和其他一些指标综合运用，通过多个维度的分析将能够进一步提高判断的成功率。投资者应该重视基本且实用的蜡烛技术，因为价格本身是最重要的，它是一切技术分析的本源。

对于这些 K 线形态，我们在《黑马波段操盘术》中有过详细介绍，并且在《量价时空：波段操作精解》中将顶部与底部的各种常见 K 线形态总结到了一张列表之中。

我们已经知道，BOLL 指标不仅能够指示趋势方向，而且能够指示价格偏离一般水平的程度。在股票连续上涨时，价格在布林线中轨与上轨之间向右上方移动。在一波连续的中线行情中，价格通常会回踩 2~3 次中轨。接近阶段顶部时，伴随着成交量不断放大，价格波动也更加剧烈。当布林线向上开口接近最大水平，并且在上轨附近形成反转 K 线形态时，趋势向下反转的概率增大。

布林线通常能够包含 95% 左右的价格，上轨以上的区域相当于超买区间，价格不会偏离正常水平太久，它会受到均线的吸引，回归到正常水平。我们可以利用布林线指示的超买区间，并配合顶部反转形态，提高卖出信号的可靠程度。

吞没形态与 BOLL 指标

"吞没形态"是发生在上升波段顶部，由两根连续 K 线组成的一种反转形态，其中的第二根 K 线完全吃掉前一根 K 线的涨幅。

吞没形态的形态特征：

(1) 位于上升波段顶部；

(2) 第一根 K 线为一根中阳或长阳线；

(3) 第二根 K 线为高开，并收盘在最低价附近的长阴线；

(4) 第二根 K 线的收盘价在第一根 K 线的开盘价之下。

我们来看一个发生在上升趋势末端并且处于布林线上轨的吞没形态，如图 5-1 所示。

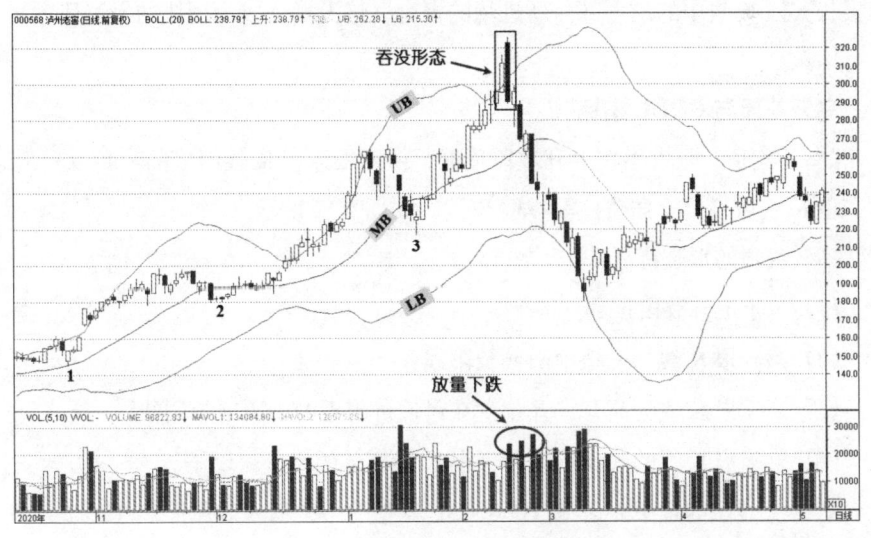

图 5-1　泸州老窖（000568）吞没形态

图 5-1 显示的是泸州老窖（000568）发生的一个吞没形态（2021 年 2 月 18 日）。该股从低位开始不断上涨，BOLL 指标的中轨一直保持向上，股价连续创出新高。在此期间，该股主要运行在 BOLL 指标的上半部分，并且有三次回踩中轨的动作（1~3 标出的位置）。在中轨的支撑作用下，该股很快又回到上轨附近。

我们看图中用方框标出的两根 K 线的位置。第一根是中阳线，大部分实体处在上轨之上。第二根 K 线高开，创出新高，但在收盘时，完全吃掉了前一日的中阳线，收盘在前日最低价之下，收出一根长阴线。这样就形成了一个由两根 K 线组成的吞没形态，这是一个强烈的顶部反转信号。这天不仅是相对于前一天的"穿头破脚"长阴线，而且是放量下跌。后面的两根阴线继续放量，并回到中轨之下，这是对该形态的确认，预示着上涨趋势极有可能结束。

股价进入布林线上轨之外的超买区间，这与吞没形态相互验证，可以判断产生了一个大概率的短线卖出信号。吞没形态之后，该股连续下跌，回落到布林线下轨。可见，当发生吞没形态时，投资者至少应该卖出手中的一些筹码，这样才能保护大部分顶部利润。吞没形态是一种强烈的反转信号，在其发生之后，短期内很难再次创出新高。这是因为这两个交易日结束时，收盘在两日低点，套牢了两根长实体 K 线中的绝大部分新进场的资金，这无疑会成为短线的上涨压力。

乌云盖顶与 BOLL 指标

"乌云盖顶"是发生在上升波段顶部，由两根连续 K 线组成的一种反转形态，第二根 K 线像乌云一样盖住前一根 K 线，如图 5-2 所示。

乌云盖顶的形态特征：

（1）位于上升波段顶部；

（2）第一根 K 线为一根中阳或长阳线；

（3）第二根 K 线为高开，并收盘在最低价附近的中阴或长阴线；

（4）第二根 K 线的收盘价在第一根 K 线实体的半分位以下。

图 5-2 显示的是中兴通讯（000063）发生的一个乌云盖顶形态（2020 年 3 月 3 日）。在图中左侧，该股前期经过三浪调整，回落到 BOLL 下轨。然后该股从低位开始上涨，中轨方向开始转为向上，股价连续创出新高，主要运行在 BOLL 的上半部分，并且有三次回踩中轨的动作。

在冲顶阶段，该股明显放量，在上轨之上形成两根涨停阳线。随后，在图中用方框标出的两根 K 线位置，第一根是放量上涨的长阳线，当日一度触及涨停，第二根 K 线在上轨之上跳空高开，创出新高，但在收盘时，吃掉了前一日阳线实体的大半，收出光头长阴线，这样就形成了一个由连续两根 K 线组成的乌云盖顶反转形态。这一天套牢了高位进场的一些筹码，其中包括前一天在涨停价附近进场的资金，这已经成为短线压力，当日盘盘前可以止盈一部分筹码。

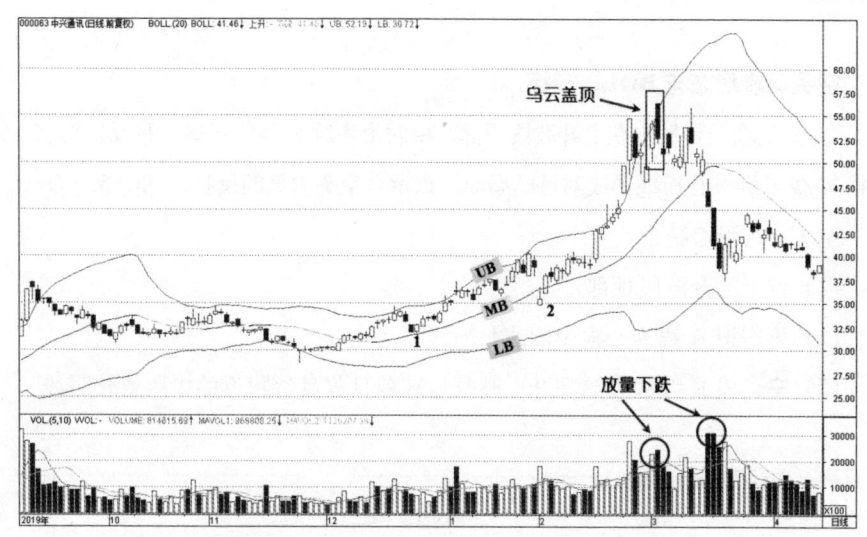

图 5-2　中兴通讯（000063）乌云盖顶

随后，该股在中轨之上振荡，回测了一次前期涨停价位区间，但未能形成有效突破。回落到中轨时，该股形成了一个小规模的头肩顶形态，这在 60 分钟 K 线图中应该可以看得更清楚。然后该股向下跳空并放量跌停，同时确认跌破中轨，这是对头肩顶的确认。

发生乌云盖顶的 K 线相对前一日 K 线实体回撤的幅度越深，反转的可能性越大。乌云盖顶是几个顶部反转 K 线形态中反转可能性较大的一种形态，当在布林线上轨之上见到这种形态时，应该考虑卖出。

通常情况下，当一只强势股出现 3 个涨停的时候，距离形成阶段顶部已经不远了，当然会有极个别的出现更多连续涨停的个股。一些新手喜欢追涨停，但无数经验表明，这是运气成分更大的刀口舔血的投机方式。如果你有足够强的纪律和足够快的反应速度，只在拉升的初始阶段进场，那么追涨停可能行得通，但这是高难度行为，很容易被市场教训。稳健的投资者应该把眼光放长远一些，对于涨停应该抱着"得之我幸"的良好心态。在布林线上轨附近的连续涨停隐藏着巨大的风险，在动手之前要想到，后面可能同样会有连续跌停。你是否有机会带着利润出逃？莎士比亚有句名言："狂暴的欢愉必将有狂暴的结局。"

空头反攻形态与 BOLL 指标

"空头反攻"是发生在上升波段顶部，由两根连续 K 线组成的一种反转形态，第二根 K 线与前一根 K 线形成对峙的局面，预示着空头力量的反扑，如图 5-3 所示。

空头反攻形态特征：

（1）位于上升波段顶部；

（2）第一根 K 线为一根中阳或长阳线；

（3）第二根 K 线为大幅高开，并收盘在前日收盘价附近的中阴或长阴线。

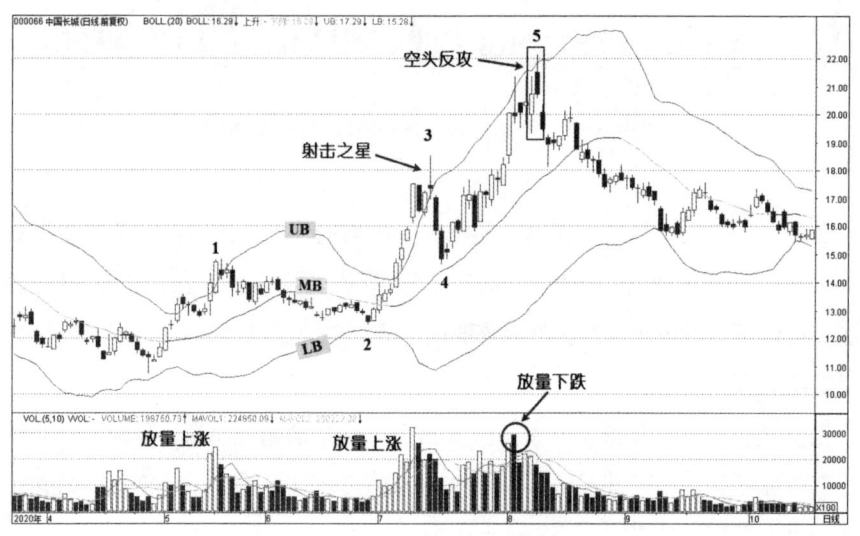

图 5-3　中国长城（000066）空头反攻

图 5-3 显示的是个股中国长城（000066）发生的一个空头反攻形态（2020 年 8 月 10 日）。该股前期经过调整之后，开始连续放量上涨，主要运行在 BOLL 指

标的上半部分。

通过股价突破上轨的位置以及回调的时间与空间，我们可以将这个上涨波段划分为波浪理论中的 5 浪上涨（用数字 1~5 标出了这 5 浪）。其中 1、3、5 浪为上升浪，表现出放量突破上轨的形态特征。2、4 浪为调整浪，2 浪走出了复杂形态，调整到了下轨附近。上升浪呈价涨量增状态，调整浪呈价跌量缩状态。

到第 5 浪末端时，通过量均线可以看出，价格创新高时，但量能较第 3 浪有所降低，形成量价背离现象，预示着趋势可能发生反转。该股在第 3 浪和第 5 浪末端分别出现了一个顶部反转 K 线形态，即射击之星和空头反攻。

我们看图中用方框标出的两根 K 线的位置，第一根是长阳线，第二根是大幅高开并收在前日收盘价附近的中阴线，这样就形成了空头反攻形态。向上跳空高开吸引跟风盘追高，短暂突破布林线上轨之后获利盘大量抛出，导致股价连续回落。当天收盘在最低点附近，套牢了追高的大部分筹码，还包括近几天在上影线追高的筹码，这形成了短线压力。次日跳空低开，收出了一根中阴线，这是对空头反攻形态的确认。

细心的投资者可能会注意到，在第 5 浪有两根 K 线触及了布林线上轨，一根是空头反攻，另一根是放量的射击之星。短暂进入上轨之上的带有长上影的 K 线以及长实体阴线，这些都是看空信号，尤其是当有巨大成交量放出时。第 5 浪冲顶之后，该股先后回到了中轨和下轨，量能逐渐萎缩，中轨方向转为向下，中期趋势形成反转。

底部反转 K 线形态

底部反转 K 线发生在布林线的下轨附近，常见的底部蜡烛图形态包括锤头线、早晨之星、曙光初现、刺透形态、看多长腿十字线、红三兵、岛形反转、多头反攻等。

在股票连续下跌时，价格在布林线中轨与下轨之间向右下方移动。在一波连续的下跌行情中，价格通常会回抽 2~3 次中轨。接近阶段底部时，通常成交量不断萎缩，价格波动也更加平稳。当布林线向下开口接近最大水平，并且在下轨附近形成反转 K 线形态时，趋势向上反转的概率增大。

布林线下轨以下的区域相当于超卖区间，价格不会偏离正常水平太久，受到均线的吸引，它倾向于回归到正常水平。我们可以利用布林线指示的超卖区间，并配合底部反转形态，提高买入信号的可靠程度。

锤头线与 BOLL 指标

"锤头线"是发生在波段底部，单根 K 线显示可能反转的 K 线形态，其形如锤头朝上的锤子一样，如图 5-4 所示。

锤头线的形态特征：

（1）位于下降波段底部，开盘价在前一根 K 线的最低价附近；

（2）下影线长度是实体的 2 倍以上；

（3）没有上影线或只有很短的上影线；

（4）实体颜色不重要。

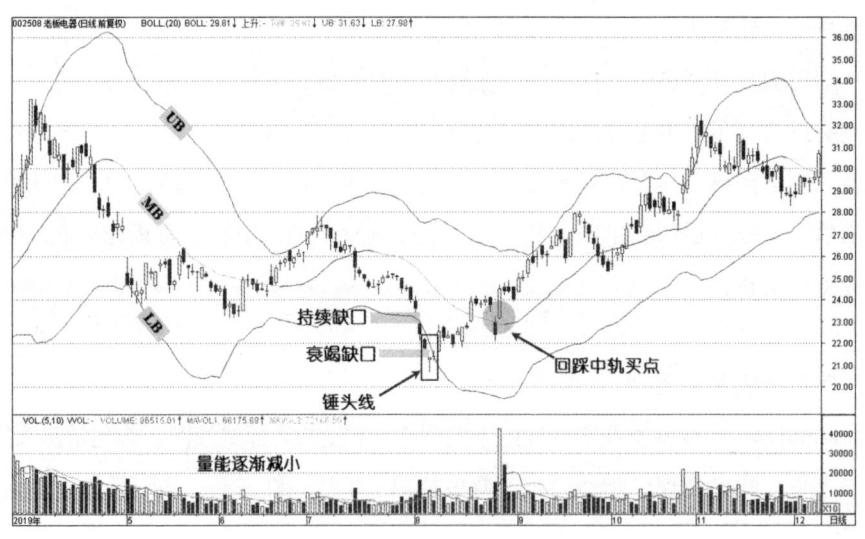

图 5-4 老板电器（002508）锤头线

图 5-4 显示的是老板电器（002508）发生的一个锤头线形态（2019 年 8 月 6 日）。该股前期走出了三浪下跌形态，股价从上轨开始向下调整，从上轨之上的

超买区间进入下轨之下的超卖区间。在这段下降趋势中，量能逐渐减小。直到图中标出的两个缺口位置，该股放量下跌并跌破下轨。价格创出新低而量能放大，这也是一种量价背离形式，预示下跌趋势可能发生反转。

在方框标出的位置，该股产生衰竭缺口并再次创出新低，收出一个带有长下影的小实体阴线，这完全符合锤头线的形态特征，说明市场在这里转势的可能性很大。布林线下轨之外带有长下影的K线就像把弓拉满时的箭尾，随时准备向上发射。正如一句老话所说"弓开如满月，箭发似流星"。

锤头线之后第二个交易日的长阳线是对该形态的确认。在下轨附近的买入属于左侧交易，这是抄底行为。稳健的投资者可以等到价格站上中轨并首次回踩中轨时再进场，这时的短期市场成本已经处于当前价格下方，对价格具有支撑作用。

刺透形态与 BOLL 指标

"刺透形态"是发生在下降趋势末端，由两根K线组成的预示可能反转的K线形态，它是短线多头对空头强烈的反击形态，如图5-5所示。

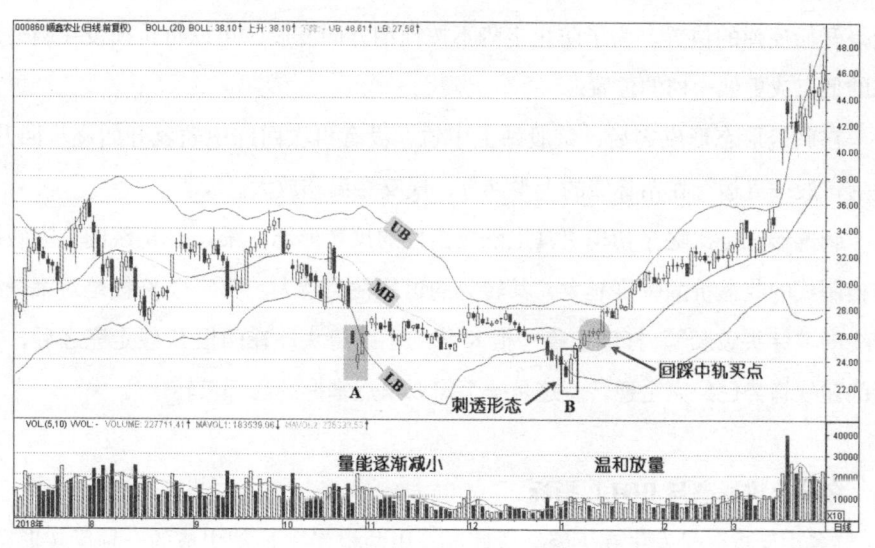

图 5-5　顺鑫农业（000860）刺透形态

刺透形态的形态特征：

（1）位于下降波段底部；

（2）第一根 K 线为一根中阴或长阴线；

（3）第二根 K 线为低开，并收盘在最高价附近的长阳线；

（4）第二根 K 线的收盘价在第一根 K 线的开盘价之上。

图 5-5 显示的是顺鑫农业（000860）发生的一个刺透形态（2019 年 1 月 4日）。该股前期从阶段高位振荡下行，BOLL 指标在高位收口，然后向下开口。在调整过程中，量能逐渐减小。

在图中的布林线下轨附近，可以明显看出两个最特殊的位置：一个是用阴影标出的以向下跳空缺口跌破下轨的位置（A）；另一个是用方框标出的在下轨之下形成的刺透形态（B）。

在方框中，第一根 K 线是跌破下轨的阴线，第二根 K 线是低开的光脚长阳线，收在前日开盘价之上，这就构成了刺透形态。将 B 位置与前一个波谷 A 相比较，这两个位置都跌破了下轨，但 B 位置创出新低，同时下跌力道有所减弱，走出了底背离的意味，再加上更具上涨攻击性的刺透形态，多种方法都表明这里可能是开始反弹的位置。为了防止走势不按预期方向发展，可以将止损设在刺透形态的低点或更低一档的位置。

在刺透形态形成之后，该股站上中轨，没有再次回踩中轨就开始逐步回升。此后该股一直运行在布林线的上半部分，成交量温和放大。

刺透形态是比曙光初现更具上涨攻击性的反转形态，第二根 K 线向上突破第一根阴线的收盘价的幅度越大，其转势的可能性也越大。第二根 K 线是对第一根 K 线的"穿头破脚"，打破了第一根 K 线的下跌势头。在两根 K 线走完之后，市场的短线趋势已经完全逆转。这是一个需要重点掌握的底部反转形态。

多头反攻形态与 BOLL 指标

"多头反攻"是发生在下降波段底部，由两根连续 K 线组成的一种反转形态，第二根 K 线与前一根 K 线形成对峙的局面，预示着多头力量的反扑，如图 5-6所示。

多头反攻形态特征：

（1）位于下降波段底部；

（2）第一根 K 线为一根中阴或长阴线；

（3）第二根 K 线大幅低开，收盘在前日收盘价附近的中阳或长阳线。

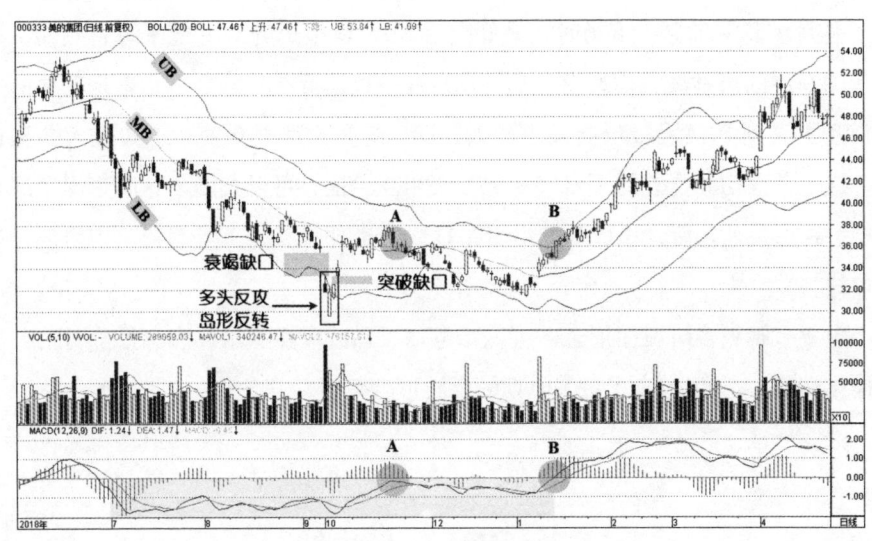

图 5-6 美的集团（000333）多头反攻

图 5-6 显示的是美的集团（000333）发生的一个多头反攻形态（2018 年 10 月 30 日）。该股前期连续下跌，股价不断创出新低，并且主要运行在 BOLL 指标的下半部分。中轨持续向下运行，几次反弹都到中轨止步，这说明了中轨的压力作用。这时的市场成本是滚动向下的。

我们看图中用方框标出的三根 K 线的位置，第一根 K 线是大幅跳空低开（衰竭缺口）的阴线，收盘在下轨之下，第二根 K 线是大幅低开并收在前日收盘价附近的长阳线，这样就形成了多头反攻形态。在下轨之下成交量却明显放大，形成量价底背离现象，这说明短线多头开始进场。

方框右侧产生了一个向上跳空缺口（突破缺口），方框中的三根 K 线像孤岛一样被抛弃在下轨之外，这形成了一个上攻势头更强的岛形反转形态。

随后该股很快回到中轨之上，在首次回踩中轨的位置（A）产生买入信号。这次买入很可能被止损，该股没有继续向上突破，而是回补前面的突破缺口。在长期下跌趋势末端很少会出现 V 形反转，这里的调整可以看作是复杂形态的 2 浪，它是对 1 浪的调整。只要 2 浪不低于 1 浪的低点，我们都认为当前的判断依然有效。

在判断多头与空头市场时，最好配合 MACD 指标的 DIF 线来综合判断。股价从图左侧的布林线上轨回落之后，DIF 线一直运行在 0 轴之下，这是明显的空头市场。直到 B 位置股价突破上轨时，DIF 线向上突破 0 轴，正式进入多头市场，这是 3 浪初始位置的买点。多种方法相互验证，可以判断出这时走出了底部区域。B 点买入之后，该股开始沿着布林线上半部分展开上升趋势，中轨成为了支撑线。

想要了解更多蜡烛图形态，可以参考《黑马波段操盘术》和《量价时空：波段操作精解》，其中包含了更多时期的反转形态案例。

5.2 BOLL 与均线

我们多次讨论过均线的使用方法，布林线就是由均线和标准差构造的带状指标。既然布林线已经包括了一条均线（MA20），是否还有必要讨论它与均线的配合使用呢？我们知道，均线是最常用的趋势指标之一，它能够很好地反映价格的一般趋势，较短周期的均线能够反映短线市场的多空方向，较长周期的均线能够反映长线市场的多空方向。下面我们将介绍一种赏心悦目的组合指标，我们还没见到过有人使用这个组合指标，或者以这种形式呈现它，我们将其命名为凌波布林均线带 LBBM，如图 5-7 所示。

凌波布林均线带

看过《黑马波段操盘术》的投资者应该知道，我一直强调 10 日均线的作用，它是股票的短期生命线。在强势拉升时，股价通常会沿着 10 日均线向上运行，一旦有效跌破 10 日均线，短线上攻势头会被打破。如果 10 日均线方向转为向下，则这次上涨波段很可能已经告一段落。所以我们又称 10 日均线为黑马线。

在图 5-7 中，我们在布林线的基础上增加了一条 MA10 均线，并且将 MA10 与中轨 MA20 的封闭区间依据金叉与死叉绘制了不同颜色的均线带。当 MA10 在 MA20 之上时为上升趋势，用红色均线带表示；当 MA10 在 MA20 之下时为下降趋势，用绿色均线带表示。其中的中轨 MA20 用粗线来突出显示。新的指标不仅看上去更好看，而且也更实用。

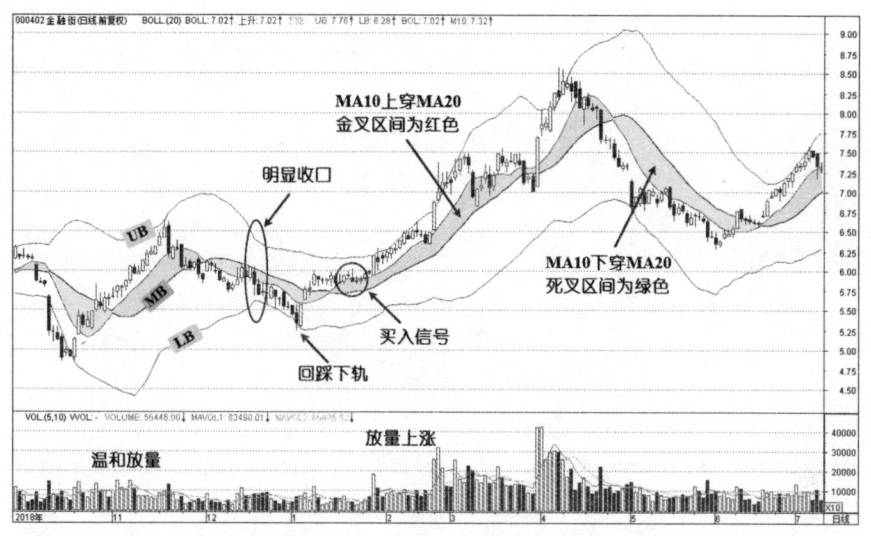

图 5-7　金融街（000402）布林均线带指标

该股前期由下轨上涨到上轨，这可以看作波浪理论中的 1 浪上涨。然后，布林线发生明显收口，价格回踩下轨，这时是 2 浪调整。当价格重新站上中轨，并且 MA10 与中轨形成金叉时，产生买入信号。注意最安全的买点是踩到红色均线带之中的下影线。

买点之后，该股沿着 MA10 均线上涨，当然也是布林线的上半部分。这时成交量明显放大，呈现价涨量增的形态特征。第 3 浪走出了一个具有 5 浪特征的延长浪。当价格回调并短暂跌破中轨时，这是第 4 调整浪（上轨明显向下收敛）。

最后的放量突破上轨当然是第 5 浪。短线交易者可以在放出巨量并突破上轨时"高抛"部分筹码，以保护顶部利润。

此后该股逐步回落到中轨及下轨，MA10 与中轨发生死叉，均线带由红色变为绿色，成交量也逐渐萎缩。布林均线带指标帮助我们跟踪了这一波上涨趋势。通过这个例子，我们也更容易观察出由 MA10 与中轨构成的均线带在上升趋势中的支撑作用。

需要注意的一点是，布林线的中轨并不是当前 K 线的 MA20 均线，而是前一日的 MA20 均线。我们再来看一个包含长期下降趋势的例子，如图 5-8 所示。

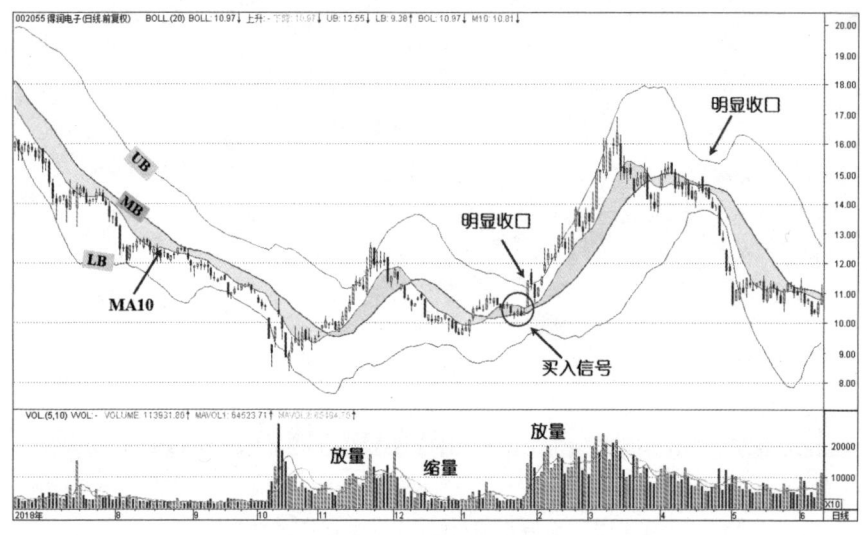

图 5-8　得润电子（002055）布林均线带指标

图 5-8 中的个股得润电子在前期处于下降趋势，价格沿着布林线下半部分向右下方发展。这时的中轨对价格起到压力作用。在强势下跌中，价格甚至很少进入由 MA10 与中轨封闭起来的绿色均线带。

经过长期下跌之后，该股在低位跌破下轨，并放出较大成交量，在底部发生量价背离现象，预示可能开始反弹，甚至反转。

随后该股走出了常见的底部形态，放量突破布林线上轨，然后缩量调整，确认底部支撑，这是夯实底部的过程。我们看图中标出的第一个明显收口的位置，收口形态说明该股完成调整，即将迎来新的一轮趋势行情。与此同时，价格站上中轨，MA10 均线与中轨形成金叉，开始进入买入时间窗口。当中轨方向转为向上，价格回踩红色均线带时，产生更可靠的买入信号。

买入之后，该股很快放量突破上轨，并沿着黑马线 MA10 向上移动，成交量持续放大，这说明上攻势头强劲。在这次强势上涨波段期间，价格甚至没有再次踩进红色均线带，直到尾声时才回落到均线带。

伴随着 MA10 均线拐头向下，在图中标出的第二次明显收口之后，该股向下变盘，快速下跌。布林线收口是因为波动率降低，说明市场在进行调整。对于活跃个股来说，很少停留在一个价格区间，所以收口达到极限之后，它会选择方向，波动率会再次提高，而趋势方向可能向上也可能向下。这时的顶部量价特征、中轨的方向、价格跌破下轨的力度等都是需要重点关注的因素。

我们最后看一个在更近一段时期应用布林均线带的例子，如图 5-9 所示。

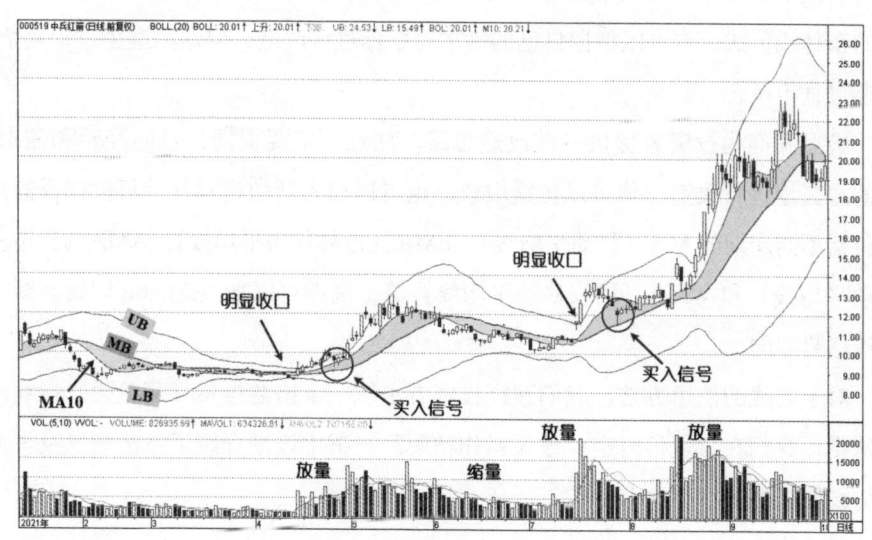

图 5-9　中兵红箭（000519）布林均线带指标

图 5-9 中的个股中兵红箭发生了两次明显的收口，此后产生了具有相同形态特征的两个买入信号。我们可以将买入特征总结为：

（1）布林线收口达到极限；

（2）价格突破上轨，并伴随着成交量明显放大；

（3）中轨保持向上运行；

（4）价格回踩进入均线带。

这两次买点之后，该股都沿着布林线上半部分向右上方运行，持续放大的成交量是支撑股价上涨的根源。在买入时需要注意的一点是，价格回踩均线带的时间与收口达到极限的时间不能间隔太久。如果遇到强势股，价格在波段初期没有回踩便持续拉升，不给低位进场的机会，那么稳健的投资者不应在行情发展到中后段并回踩均线带时进场，这时的风险回报比已经不是很合算。

在买入时，为了防止行情没有朝着预期方向发展，可以将止损设置在布林线达到收口极限时的中轨或下轨价位。

到此为止，我们就完成了对凌波布林均线带 LBBM 的简要介绍。无论是从指标的展现形式还是实际功能来看，这都是一个不错的指标。投资者不必拘泥于传统的布林线形式，你可以根据自己的需求对指标进行改造，但注意避免过于复杂，所谓过犹不及。

最后我们为投资者提供一些改造思路，注意一定要根据自己的经验和需求，有的放矢地进行改造。你可以替换中轨，也可以加入新的指标线，可供选择的均线包括不同周期的 MA（移动平均线）、EMA（指数移动平均线）、AMA（自适应移动平均线）和 WMA（加权移动平均线）等。例如可以加入 MA60 均线判断中长线趋势方向。

对于均线的使用方法，我们建议投资者了解一下格兰维尔（葛兰碧）均线八大法则，我们在《量价时空：波段操作精解》一书中详细介绍了该法则以及更多的均线使用方法。

我十分相信重仓投资。但它不仅仅是要依靠严密地分析来保护你的本金不受损失，更重要的是要靠那些你想要投资的公司决定的。如果你投资的公司有竞争优势，是持久、简单、可预测，有不断的现金流，那么重仓投资也可以保护你的财产。

——比尔·阿克曼

5.3　BOLL 与成交量

成交量是技术分析中最常用到的指标之一，它也是股票软件中的默认指标。通过研究成交量与价格之间的关系变化，可以判断出行情的发展阶段，这对于提高买点与卖点的成功率有着重要作用。

在一轮涨跌循环中，股票通常会表现出一系列的量价配合特征，上涨行情初期温和放量，上涨行情中期大规模放量推动股价大幅上涨，上涨行情末期放量冲顶或量价背离，在上涨中的回调呈缩量状态；而在下跌行情初期会放量快速下跌，迅速形成顶部，在下跌行情中期再次放量下跌，在下跌行情末期表现为量能逐渐萎缩或没有明显变化的阴跌状态，在下跌中的反弹呈缩量状态。

在本节我们将介绍几种常见的、具有明显特征以及重要操作意义的量价形态。量价分析为我们使用布林线指标提供了一个重要的分析维度，它能极大地帮助我们提高判断顶部和底部的成功率。市场并不是简单的线性系统，它是一个二阶系统，适当地增加分析维度，有助于我们正确地把握市场波动节奏。

量价背离与 BOLL 指标

指标与价格之间的背离是我们经常用来判断价格涨过头或跌过头的方法。背离同样适用于成交量指标，量价背离是最常用的分析方法之一。在上涨时，当价格创出新高，而成交量未能同时创出新高，这就发生了顶背离现象。在下跌时，当价格创出新低，而成交量未能同时创出新低，这就发生了底背离现象。

背离现象说明原有趋势方向的动能有所衰减，虽然价格形成突破，但内在的动力不足以维持原有趋势，预示着趋势可能发生反转。其中量价顶背离是运用较多的方法，也是比较好用的方法，我们来看一个例子，如图 5-10 所示。

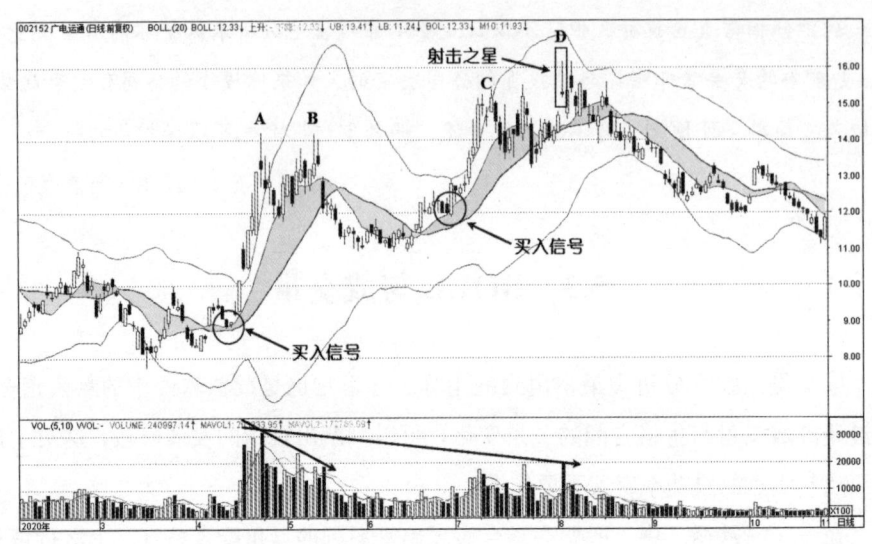

图 5-10 广电运通 (002152) 量价背离

图 5-10 显示的是个股广电运通在调整到布林线下轨之后走出了两个上涨波段。我们仍然利用前一节讲到的布林均线带，在中轨拐头向上的初始位置寻找买点。图中标出的两个买入信号是相似位置，它们都是上涨初期回踩均线带的位置，买入之后很快放量突破上轨。

我们重点来看用字母 A~D 标出的四个波峰。波峰 A 是一根放量的长腿十字线，这是顶部反转 K 线形态。波峰 B 接近新高，带有较长的上影线，而成交量明显减小，虽然没有创出新高，但已经有了量价顶背离的意味。连接波峰 A 与波峰 B 的趋势线几乎走平，而成交量的趋势线明显向下。发生顶背离之后，当价格确认跌破中轨时，可以作为短线离场信号。

同样的道理，波峰 C 与波峰 D 也形成了顶背离，位于 D 位置的 K 线是一根带有长上影和小实体的阴线，这是顶部反转 K 线形态——射击之星。从量均线来看，成交量呈减小状态，而价格创出新高，这符合顶背离的特征。短线交易者可以在射击之星后的几个交易日确定卖点。

从更大一个级别来看，波峰 B 与波峰 D 形成了更大规模的顶背离形态。波峰 D 创出新高，而相对前一波峰时的成交量明显降低，连接价格波峰的趋势线方向向上，连接成交量波峰的趋势线方向向下，这就形成了更大级别的顶背离。所以，中线交易者应该在 MA10 与中轨形成死叉之后确定卖点。中轨方向转为向下之后，该股开始沿着布林线下半部分向右下方运行，进入下降趋势。

天量天价与 BOLL 指标

从温和放量到大幅放量是股票上涨中的正常量价配合现象，但当股票上涨到一定幅度时，多空分歧达到最大，这时如果呈现巨量，往往是创出顶部最高价的 K 线，也就是通常所说的天量见天价。这是一种特征十分明显的顶部形态，我们来看一个例子，如图 5-11 所示。

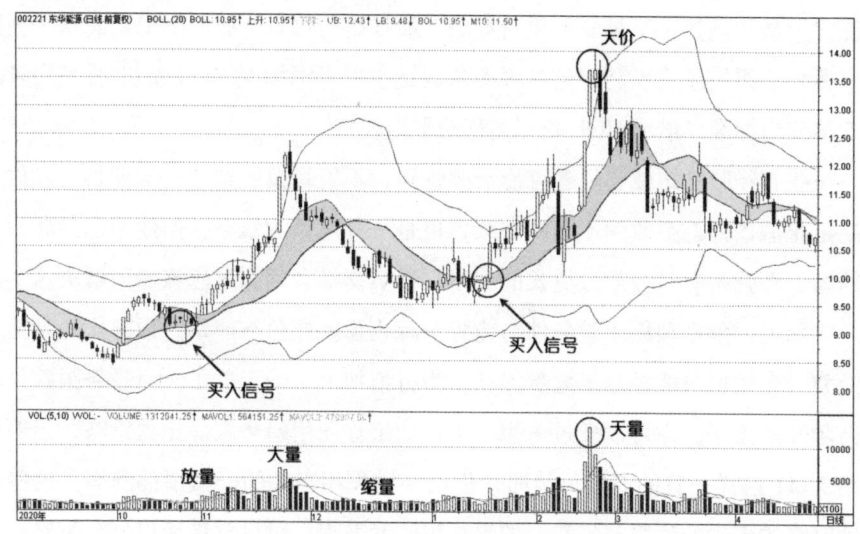

图 5-11　东华能源（002221）天量天价

从图 5-11 中的个股东华能源可以看到，该股的两个上涨波段几乎形成了同样的模式：回测下轨—站上中轨—回测中轨—突破上轨—沿均线带上行—上轨之上冲顶。因此我们可以在相似位置标出两个买点，即回测中轨的位置，这体现了交易信号的一致性。

它们最大的不同在于成交量的放大程度。第一个上涨波段经历了正常的量价配合过程，从初始上涨阶段的温和放量，到冲顶阶段的明显放量，再到调整阶段的逐渐缩量。第二个上涨波段在起涨阶段同样温和放量，但在冲顶阶段出现了天量，这是明显高于一般水平的成交量，值得引起注意。从历史成交量数据来看，天量应该是近1~3年的最大水平。这种异常放量如果发生在阶段高位，极可能预示着行情已经见顶，这是高抛的明显标志信号。

从经验来看，股票代码以002开头的一些中小盘股，它们波动流畅并且股性活跃，容易出现明显的顶部量价特征。有些投资者可能会想到利用换手率来衡量放量水平，这是一种思路，但不同个股的换手率对应的放量水平并没有可比性。有些个股在明显放量时的换手率可以达到20%以上，而有些却在10%以下。所以说，天量和高换手率是一个相对概念，最好是与每只个股的历史最高水平相比较。另外，我们还可以利用倍量来衡量放量水平，例如以30日或60日平均量的3~5倍作为标准（借助VOL指标的移动平均线）。

一些有经验的短线交易者可能会感觉到，不管是做股票还是做期货，以放量来制定止盈条件都会收到不错的效果，也是一种不错的策略。但他们也会遇到一个问题，那就是有时会放过更长的波段。很多交易者问到过应该如何解决这个问题。实际上，限定顶部止盈条件与趋势跟踪止盈就像鱼与熊掌。顶部止盈是凭主观经验（当然也可能经过了大量测试）为行情加上了一个盖子，而趋势跟踪是为行情敞开了盖子。你可以反过来想一下，如果你使用趋势跟踪止盈策略，当遇到像图5-11这样一般的波段行情时，你也会错失相当大的一截顶部利润。这些是一种策略的天生的优势与劣势，如果你想两者兼得，可以尝试使用分仓策略，利用一部分仓位进行左侧止盈，利用一部分仓位进行趋势跟踪和右侧止盈。

巨量阴线与BOLL指标

在上涨波段的末端，有时会出现巨大的绿色成交量柱线，这是下跌概率更大的量价形态。这时不仅是多空分歧达到最大，而且是空头在短线占据了优势，绿色阴线的实体越长，说明空头的力量越强，套牢的顶部筹码越多，后面下跌时的速度也就越快。我们来看一个例子，如图5-12所示。

图 5-12　东华能源（002221）巨量阴线

在图 5-12 中，我们一眼就可以看到显得突兀的那根成交量柱线，也就是图中标出的巨量阴线。

在图中这段行情，我们仍然可以利用之前的买入条件进场。在第一个买入信号之后，该股并没有朝着预期方向发展，而是横盘了一段时间之后再次探底。当该股跌破布林线下轨时应该止损离场。我们要接受系统内的亏损，合理的止损是正确的操作。通常，胜率高于 70% 就是比较少见的系统，所以我们经常听说一句话，交易是一场善输者的游戏。

第二个买入信号之后，该股放量上涨，价格沿着布林线上半部分向右上方运行。直到图中用方框标出的两根 K 线的位置，第一根 K 线是长阳线，第二根 K 线是跳空高开并带有长上影的中阴线，收盘在前一根 K 线的收盘价附近。这两根 K 线构成了之前讲到的空头反攻形态。第二根 K 线的长上影线是开盘冲击涨停又很快回落造成的，当日放出的成交量是平时的 4 倍以上。也就是说，这一天很多追高进场的投资者浮亏都在 7% 以上，这形成了巨大的短线压力。

发生巨量阴线时，收在前一根阳线实体内的幅度越大，阴线的量能越大，下跌的概率就越大。如果当日阴线成交量是最近 60 日（或更长周期）K 线中的最高之一，那么空头反攻、乌云盖顶和吞没形态的下跌概率依次增大。

一般来说，布林线上轨之上的明显放量都要引起注意，不管是阴线还是阳线。长实体阴线时的巨量无疑是最值得警惕的情况之一。有时巨量阴线不是最高的那根 K 线，但也预示着顶部即将到来。

与巨量阴线相对应的一种极端现象是无量涨停，这无疑是最好的量价形态，可能没有之一。因为这种形态表明，即使没有成交量，仅靠预期就已经把价格打到涨停。很多希望进场的资金根本没有机会进场，而持有股票的投资者也不愿在这个价格抛出筹码，显然他们的心理预期价位在更高处。这通常是因为突然发布的利好消息或者在牛市中的长期停牌。这种情况下，直到打开涨停并完成充分换手之后，这次的上涨动能才会得到充分释放。

我们不排除有些股票中的操盘手会利用信息和研究上的优势在底部或顶部加大调仓的力度，它们有时能够指示同类股票，甚至板块指数的反转。所以我们应该利用好那些呈现出明显的底部或顶部量价特征的个股，这对于同步见底或见顶的其他个股也具有操作上的指导意义。关于成交量的更详细介绍请参阅《量价时空：波段操作精解》一书。

5.4 BOLL 与 MACD

MACD 指标是最常用的指标之一，也是股票软件中的默认指标，它被称为"指标之王"，由 DIF 快线、DEA 慢线以及 MACD 柱状线组成。通过 MACD 指标可以判断多头与空头市场，以及行情的发展阶段，与 BOLL 指标配合使用可以提高买卖点的成功率。

DIF 线突破 0 轴

对于多空背景的判断始终是提升胜率的一种有效手段，MACD 指标的 DIF 线在判断多头与空头市场方面有着独特的优势，它能帮助投资者明确、量化地对市场状况进行区分。当 DIF 线向上突破 0 轴时，表示进入多头市场，应以持股为主；

当 DIF 线向下突破 0 轴时，表示进入空头市场，应以空仓为主。所以，0 轴是多空分界线。

我们来看一个运用 DIF 线判断中长线买点与卖点的例子，如图 5-13 所示。

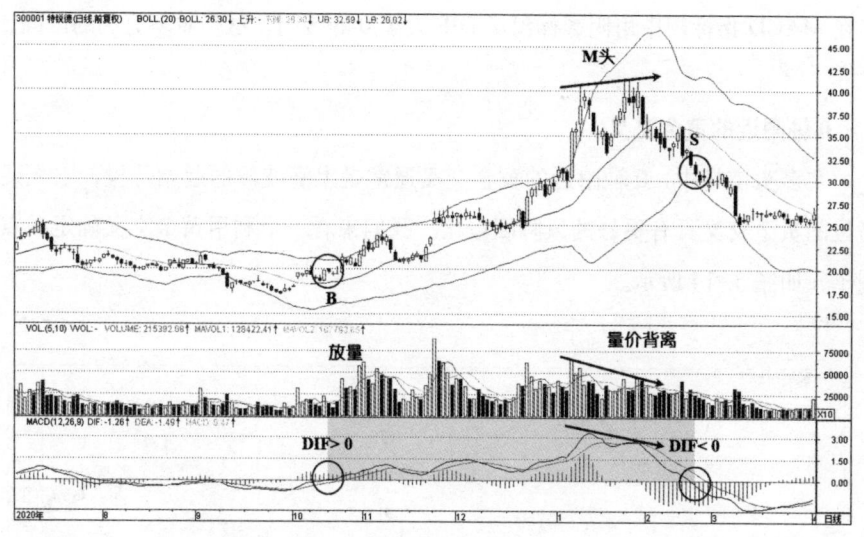

图 5-13　特锐德（300001）DIF 线突破 0 轴

在图 5-13 中，特锐德前期经过两波调整，布林线中轨向下移动，MACD 指标的 DIF 线运行在 0 轴之下，这说明处于空头市场。当 DIF 向上突破 0 轴时，进入多头市场，发出买入信号。这时该股正好完成对 BOLL 中轨的回测，两个指标相互验证。

买入之后，该股沿着 BOLL 上半部分展开三波上涨，每一波上涨均突破了上轨，对应着 MACD 柱状线的三组红柱，相应地，成交量也明显放大。

该股运行到高位之后，产生了两个波峰，连接两个价格波峰的趋势线方向向上，而连接两个成交量波峰的趋势线方向向下，这样就形成了量价背离，预示着趋势可能发生反转。从 DIF 线来看，连接顶部的相邻两个波峰，形成的趋势线方向向下，同时形成顶背离，短线交易者在这时应该考虑离场。

MACD 指标有着丰富的使用方法，当 DIF 线与价格发生顶背离时，DIF 向下拐头可以作为一个卖点。在本例中，这与价格确认跌破 BOLL 中轨几乎同步，同时确认形成 M 头，多种方法相互验证，这是一个大概率的短线卖点。

随后，当 DIF 线向下突破 0 轴时，进入空头市场，发出中长线卖出信号。我们在 MACD 指标图中用阴影标出了 DIF 大于 0 的区间，这是做多有利的区间。

0 轴附近的黄金交叉

在多头市场中，0 轴附近的黄金交叉通常是上涨波段的起始位置，它无疑比高位的黄金交叉具有更好的风险回报比。我们来看一个利用黄金交叉确定买点的例子，如图 5-14 所示。

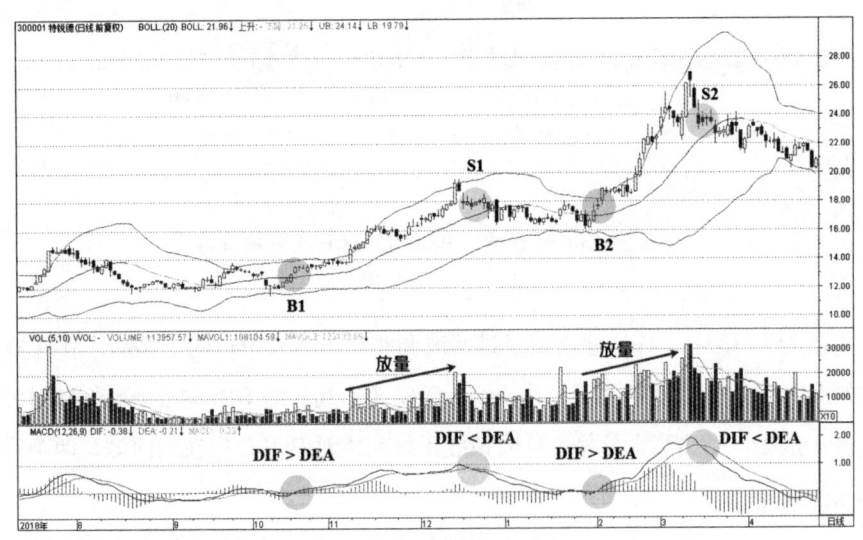

图 5-14　特锐德（300001）0 轴附近的黄金交叉

在图 5-14 中显示的同样是个股特锐德的一段走势。该股在 0 轴附近产生了两次黄金交叉买点（B1 和 B2）。发生黄金交叉时，DIF 线自下而上穿越 DEA 线，MACD 柱线由绿色变为红色，也可以表示为 DIF>DEA，相当于 MACD>0。发生死亡交叉时，DIF 线自上而下穿越 DEA 线，MACD 柱线由红色变为绿色，也可以表示为 DIF<DEA，相当于 MACD<0。

由黄金交叉与死亡交叉确定的买点与卖点，对应着一组红柱线的初始和终止位置。这是比 DIF 突破 0 轴更短线的交易信号，从图 5-13 和 5-14 中可以看出，一次由 DIF 突破 0 轴确定的中长线上涨波段中，可能包含着几个由红柱线对应的短线上涨波段。

投资者通过 MACD 指标可以更清楚地观察和分析行情，并且更容易形成量化的交易系统。关于 MACD 指标的更详细介绍请参阅《振荡指标 MACD：波段操作精解》一书。

嫉妒比贪婪更具负面影响，是人性里危害最大的一个方面。投资者大多难以接受别人赚钱比自己多这一事实。

——霍华德·马克斯

5.5　BOLL 与 KDJ

随机指标 KDJ 是一个区间振荡指标，它表示当日收盘价在 9 日高低价通道中的位置比例，它由 K 线、D 线、J 线三条指标线构成，指标值在 0~100 区间波动。我们经常会用到 KDJ 指标的超买与超卖区间来判断短线转折点。当指标值大于 80 时，进入超买区间，价格回调的概率增大；当指标值小于 20 时，进入超卖区间，价格反弹的概率增大。

下面我们来看利用超买与超卖区间判断买点与卖点的例子，为了更好地说明不同指标的差别，我们仍然使用与图 5-13 和图 5-14 相同的两段走势对 KDJ 进行说明，如图 5-15 和图 5-16 所示。

在图 5-15 中，我们标出了 KDJ 指标的 K 快线进入 20 线以下之后的金叉（K>D），分别对应着买点 B1~B4，以及 K 快线进入 80 线以上之后的死叉（K<D），分别对应着卖点 S1~S4。其中卖点 S4 发生了顶背离，这是向下概率更大的卖点。

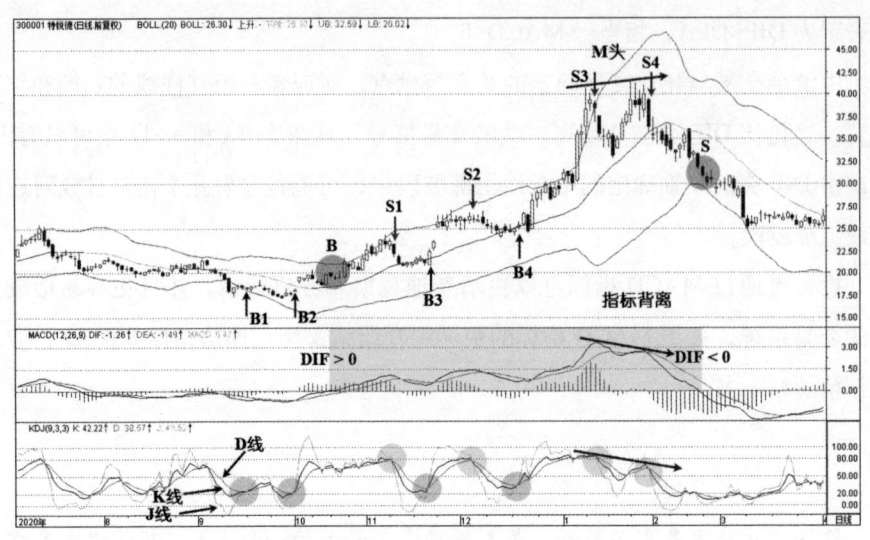

图 5-15 特锐德（300001）KDJ 超买与超卖区间

在 MACD 指标中，我们仍然标出了 DIF 线向上和向下突破 0 轴的位置，对应着一波中长线买点和卖点。

通过图中的交易信号可以明显看出，KDJ 擅长判断短线转折点，它是一个比较灵敏的指标。在默认的参数下，它比 MACD 指标的金叉与死叉产生的交易信号要提前。在由 DIF 判断的一波中线上涨波段中，由 KDJ 指标可以做出三个短线波段。中长线与短线波段具有各自的优势和劣势，不能说哪个更好，只能说哪个更适合你。

我们在前面提到过，通过布林线可以判断超买和超卖，现在我们讲到了真正的区间振荡指标 KDJ，终于可以验证一下布林线指标在这方面的效果了。价格靠近布林线上轨相当于 KDJ 指标向上突破 80 线，表示进入超买区间；价格靠近布林线下轨相当于 KDJ 指标向下突破 20 线，表示进入超卖区间。从图中可以看出，两者的吻合程度还是相当高的。

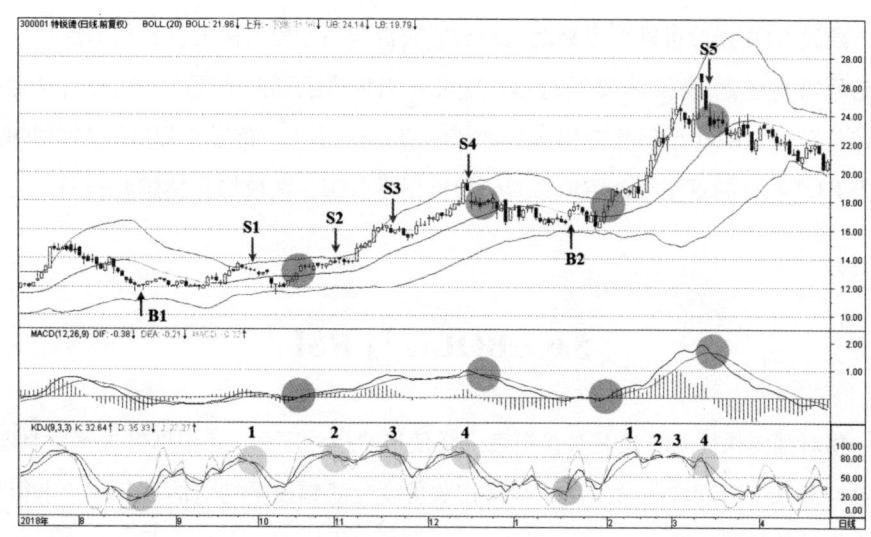

图 5-16 特锐德（300001）KDJ 买入与卖出信号

在图 5-16 中，我们仍然依据 KDJ 指标经过超卖区间的金叉和经过超买区间的死叉标出了买入和卖出信号。依据 MACD 指标在 0 轴附近的金叉和远离 0 轴的死叉标出了买入和卖出信号。

可以看出，KDJ 指标的买入信号更提前，而且频繁发出了卖出信号。在一波连续上涨中，每一次靠近或突破布林线上轨，KDJ 指标都会进入 80 线以上的超买区间，当股价小幅调整时，KDJ 指标在 80 线附近形成死叉。这时就能看出 KDJ 指标有点过于灵敏了，它能识别出每一个小的波段顶部。

图中 S1~S4 这四个卖点，其实是我们在之前的书中讲过的四撞顶形态。S5 卖点也走出了四撞顶形态，只是因为上涨更紧凑，所以四个顶部挨得比较近。稳健的投资者可以利用三重滤网策略逐步确定买点和卖点。例子中的短线信号之所以比较合理，是因为我们在之前已经判断出了主要趋势方向。由于 KDJ 指标比较灵敏，它更容易触发信号，这会使它在下跌趋势中也会识别出小的上涨波段，而其中很多是做多空间较小的信号，所以我们需要过滤掉空头市场中的信号，这需要在更大级别上先确认多头市场。

通过 KDJ 指标可以更容易地判断短线转折点。投资者需要注意的两点是，交易信号需要在 20 线和 80 线附近形成交叉；当趋势级别大于观察周期时会产生指标钝化现象。KDJ 指标的应用包括数值、交叉、形态、变形和背离等多个方面。关于 KDJ 指标的更详细介绍请参阅《随机指标 KDJ：波段操作精解》一书。

5.6 BOLL 与 RSI

相对强弱指标 RSI 也是被投资者广泛使用的指标之一，它根据供求平衡原理，通过计算某个时期内股价上涨总幅度占股价变化总幅度平均值的百分比，来衡量多空力量的强弱程度。

值得一提的是，布林线指标的发明者布林格曾在他的文章中将 RSI 作为 BOLL 指标的确认指标，利用 RSI 与 BOLL 的背离来判断趋势即将发生反转。

RSI 也属于区间振荡指标，它由周期长短不同的三条 RSI 指标线构成（参数为 6、12、24），指标值在 0~100 区间波动。当指标值大于 80 时，进入超买区间，价格回调的概率增大；当指标值小于 20 时，进入超卖区间，价格反弹的概率增大。RSI 是更擅长判断短线转折点的指标。50 线为多空分界线。在 80 线以上形成 M 头或头肩顶时，视为向下反转信号；在 20 线以下形成 W 底或头肩底时，视为向上反转信号。

为了更好地说明 RSI 指标的特性，我们仍然使用之前讲到的个股特锐德（300001）的两段走势进行说明，如图 5-17 和图 5-18 所示。

图 5-17 的第二个副图指标就是相对强弱指标 RSI，从指标数值来看，它大部分时间运行在 20~80 之间，在该区间之外的部分就是超买或超卖区间。这与 K 线相对 BOLL 指标上轨或下轨的位置所指示的超买或超卖区间基本同步。

相对强弱指标，顾名思义可以表示多空力量的相对强度。如果价格连续走出阳线，该指标的数值会迅速提高，说明多头力量相对较强；如果价格连续走出阴线，该指标的数值会迅速降低，说明空头力量相对较强。有兴趣的投资者可以在其他股票上分别找到一段连续 6 个阳线或阴线的走势来对照一下 RSI 的指标值。

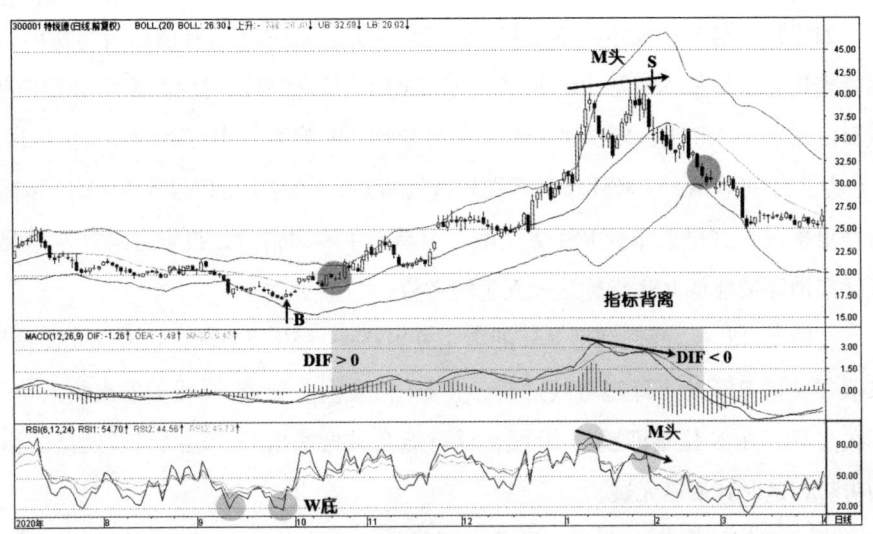

图 5-17 特锐德（300001）RSI 超买与超卖区间

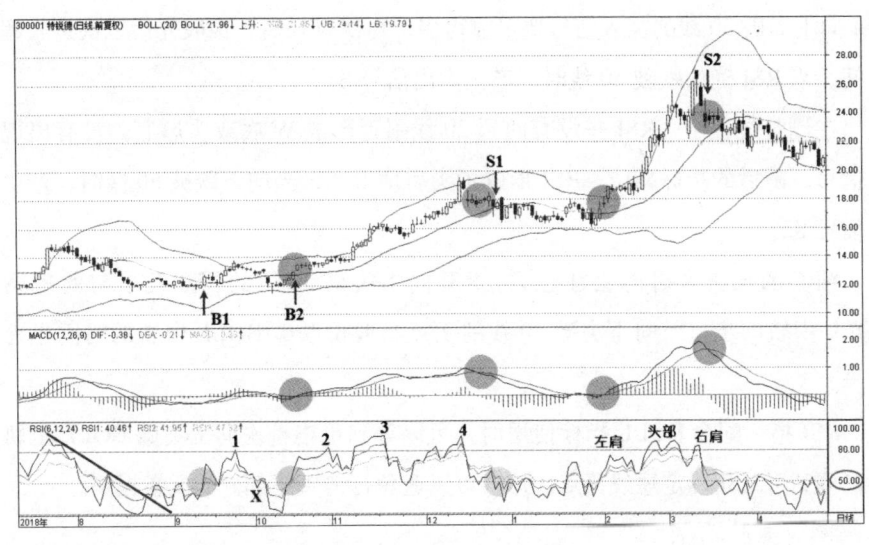

图 5-18 特锐德（300001）RSI 的多空分界线

如果价格与 RSI 发生异步走势，价格创出新高而 RSI 没有创出新高就形成了顶背离形态，例如本例标出的 M 头，这是向下反转信号，对应卖点 S。图中的买点 B，发生在 RSI 指标两次进入超卖区间之后，W 底是一个可靠的买入信号。

从图中可以看出，RSI 擅长识别短线转折点，它的交易信号比 MACD 指标的信号更提前。这也意味着 RSI 更灵敏，容易产生噪声信号，投资者最好使用配套指标来消除或降低 RSI 指标这一天生的劣势。

在图 5-18 中，我们利用 RSI 的多空分界线——50 线来确定买入和卖出信号。该股在突破 RSI 的下降趋势线之后，在 B1 位置向上突破 50 线，发出买入信号。不久之后，在 X 位置即跌破 50 线，这可能会被振荡出局。短线灵敏度高的指标的劣势在这时就暴露无疑。

为了避免被振荡出局，应尽量在明显的多头市场中使用 RSI 指标。多头市场的判断标准我们已经讲过，DIF 线在 0 轴之上，或者 MA60 线向上，再或者 BOLL 向上开口。

随后，该股再次站上 BOLL 中轨，同时 MACD 在 0 轴附近形成金叉，这时 RSI 向上突破 50 线的买入信号要可靠得多。再次进场后，该股先后三次进入超买区间。当 RSI 确认跌破 50 线时，产生卖出信号 S1。

在调整过程中，RSI 并没有回到 20 线附近形成 W 底或头肩底，没有出现买入信号。随后的指标高位，RSI 形成了头肩顶形态，当向下跌破 50 线时，产生卖出信号 S2。

细心的投资者可能会注意到，RSI 向上突破 50 线的买点几乎与股价站上 BOLL 中轨同步，而向下突破 50 线的卖点与股价跌破 BOLL 中轨的时间也几乎同步。

RSI 指标配合 BOLL 指标使用时，可以等到价格首次向上突破 BOLL 上轨之后，再利用 RSI 确定短线买点。这样可以避免行情头尾部分的反复振荡。

第6章

市场研判

当人们在贪婪和努力避免过去错误之中痛苦挣扎之时，他们已经从过去的经验中学到足够多的东西来犯新的错误。

——伊曼纽尔·德曼《宽客人生》

投资时，市场的悲观是你的朋友，乐观则是敌人。

——沃伦·巴菲特

6.1 多空的分界

市场中有句老话，"多头赚钱，空头赚钱，猪头被宰"（Bulls make money, Bears make money, Pigs get slaughtered），意思是说多头能在牛市中赚到钱，空头能在熊市中赚到钱，只有那些没有计划地追涨杀跌的人亏钱。

在只能做多的股票市场中，很多人不具备空头思维，因为看空就意味着空仓，这对他们来说是一种煎熬。好像没有参与感要比亏钱的感觉更让人难受。没有只涨不跌的市场，从上帝视角来看，市场肯定既有牛市也有熊市。如果你在熊市中仍然抱着多头思维进行操作，甚至在没有多空头绪的情况下操作，那么盈利将是一件非常困难的事情。

之前介绍道氏理论和波浪理论的时候，我们曾对上涨、下跌趋势以及趋势的级别有过讨论。从本节开始，我们将结合 BOLL 指标讨论市场的长期与中期趋势划分，多空转折点以及左侧与右侧交易等多个主题。

提到技术分析就一定会涉及周期。我们在股票软件上会使用不同周期的 K 线图表。在分析行情时要确定趋势的级别，多空循环的周期。在具体操作时也要针对一段波段行情，这同样会涉及级别和周期的概念。

从字面上的意思来理解，周期就是运行一个循环的时间。而这些循环又有级别的概念，就像基本算术中的进位。以纯粹的时间周期来看，短到秒、分钟、小时，长到日、周、月，再长到季、年，这些都是不同级别的周期。在技术分析时，长、短周期是相对的，我们可以试着来确定一个短—中—长期的系统，并利用不同周期的均线来判断不同级别的趋势方向，短期、中期和长期趋势分别以 MA10、MA20 和 MA60 均线来定义，其中的 MA20 恰巧为布林线的中轨。

长期多头与空头趋势

我们在讲 MACD 指标的时候提到过，MA60 均线的拐头与 DIF 线突破 0 轴几乎可以起到相同的作用，两种方法都可以用来判断长期趋势的多空转折点。因此，我们完全可以在布林线指标中加入MA60均线，更方便地观察长期趋势变化，如图6-1所示。

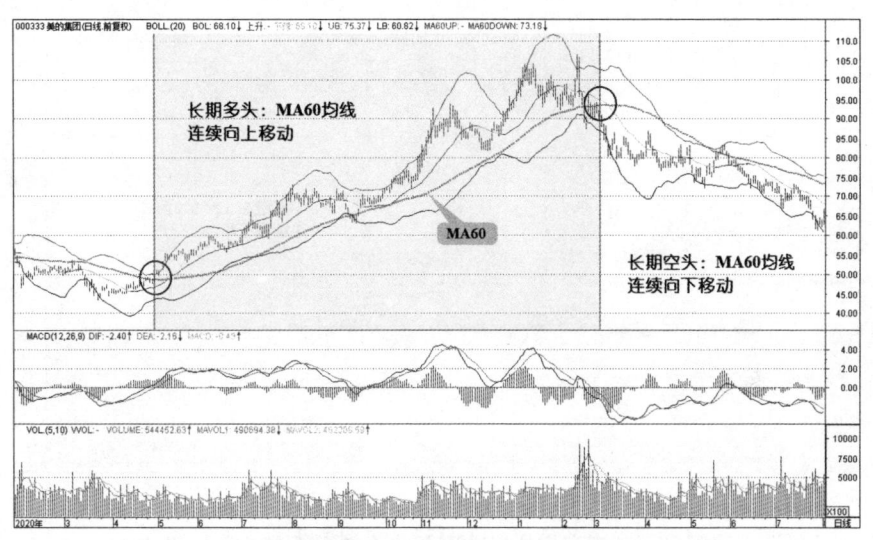

图6-1　美的集团（000333）长期多头与空头趋势

在图6-1中，我们以红色的小圆圈线表示MA60向上移动的部分，即长期多头趋势（阴影区间）；以绿色的小叉线表示MA60向下移动的部分，即长期空头趋势。这是我们对长期趋势的一种定义，投资者可以根据自己的经验和需求适当增加条件。

投资者可以对照副图1中的MACD指标，可以看出，DIF在0轴以上的区间基本与MA60向上移动的区间对应。我们可以将布林线和均线这两个指标整合成一个指标——布林均线指标，在布林线的基础上，加上一条或两条其他指标线，以起到辅助作用。

在实际判断中会遇到指标线在其中1天转向或走平的情况，而之后又回到原有趋势，这时可以使用过滤条件，比如以连续2天MA60线向上或向下移动来定义转向，这样就能过滤掉那些不连续的、零星的噪声。

中期多头与空头趋势

我们再来看对中期趋势的划分，这次使用的是 MA20 均线，如图 6-2 所示。

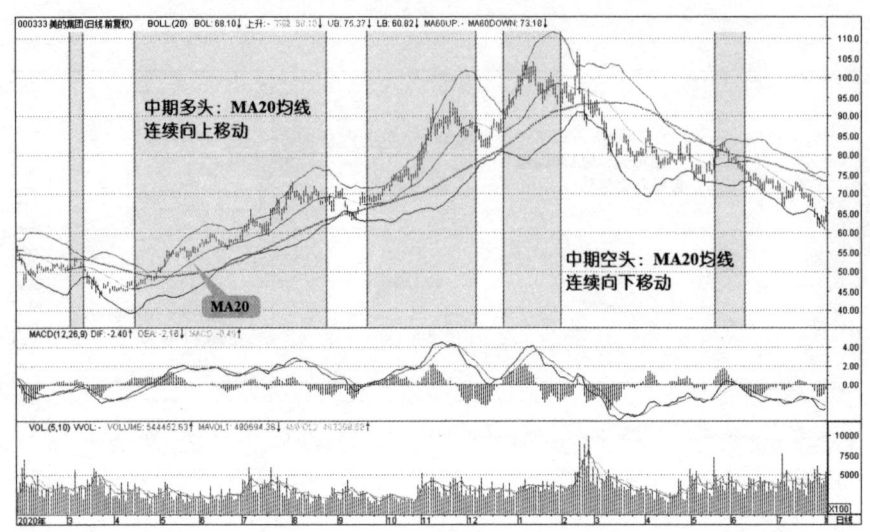

图 6-2 美的集团（000333）中期多头与空头趋势

在图 6-2 中，布林线中轨就是 MA20 均线，之前我们在讲 BOLL 指标时，已经将中轨在上升和下降时使用了不同颜色来表示。图中的阴影部分标出的是 MA20 线连续向上移动的区间，这是中期多头趋势区间。其余的部分是中期空头趋势区间。

值得注意的是，在前面的图 6-1 中的长期空头趋势区间，也有两个中期多头趋势区间，这是下跌趋势中的反弹。这也正是我们所说的趋势级别的概念，一种级别的趋势之中包含着几个次级别的趋势循环。

对于顺势交易者来说，最佳的做多机会出现在多头趋势之中。在长期多头趋势中应该出现更多的交易信号，而在长期空头趋势中应该很少出现交易信号，甚至没有交易信号。

6.2　长期与中期操作

每一段上涨或下跌趋势都处在更大级别的趋势之中，它同时也包含着更小级别的趋势。我们以 MA60 均线和 MA20 均线来划分长期与中期趋势，以这些趋势为目标就构成了长线与中线操作。短线投资者可以依据 MA10 均线操作，这在之前的 BOLL 与均线一节中已经讲过，我们还新建了一个指标，称为凌波布林均线带。

相邻的长周期与短周期都可以使用本节介绍的方法，因为周期的长短是相对的。我们还提出过一个观点就是，给你任何一个周期的 K 线图表，你都应该能够进行一致性的分析。对于波动流畅的品种，不同周期的 K 线图没有本质上的区别。例如给你一张由 240 根 K 线构成的日线图和一张由 240 根 K 线构成的 1 分钟 K 线图，你应该都能在图上按照你的方法标出对应的交易信号。

由此我们还可以提出一个概念，就是交易信号个数与总 K 线个数的比率，暂且把它称为信号比，你可以把一组买入与卖出信号看作一次信号，然后对一段时期内的信号求和，再用这个结果与总 K 线个数求出百分比，你也可以把所有信号求和，然后再与总 K 线个数求出百分比。这样做的目的是监控你的出手频率。如果这个比率偏高，说明你在试图把握更多不合理的行情。如果这个比率偏低，说明你的交易系统开仓条件可能设置得过于严格，或者你在试图抓住非常特殊的行情。类似的系统绩效指标还有平均持仓周期和平均开仓间隔，有兴趣的交易者可以研究一下这些指标。

回到我们本节要讨论的内容，如果给你一张图表，你始终应该能够按照风险回报比来划分出不同类型的行情，至少你应该知道自己最希望遇到哪类行情，以及最不希望遇到哪类行情。

我们继续以图 6-2 中的行情为例，依据 MA60 和 MA20 均线的转向和位置关系划分出了四类行情，如图 6-3 所示。

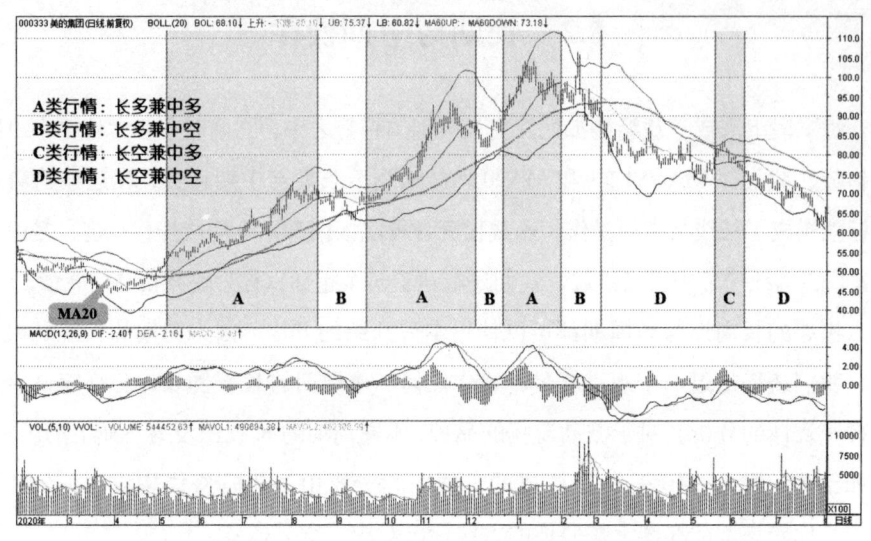

图 6-3　美的集团（000333）长期与中期多空转换

A 类行情：长多兼中多

"长多兼中多"的意思是长期看多看涨，中期也看多看涨。需要满足以下条件：

（1）MA20>MA60，20 日移动平均线在 60 日移动平均线之上。

（2）MA20>MA20[1] 并且 MA60>MA60[1]，20 日均线大于前一天数值并且 60 日均线大于前一天数值，即向上移动。

这时的主要趋势与次要趋势的方向一致，都是向上。将图 6-1 与图 6-2 的阴影部分叠加在一起，重合的部分基本就是长多兼中多区间。

B 类行情：长多兼中空

"长多兼中空"的意思是长期看多看涨，中期则看空看跌。需要满足以下条件：

（1）MA20>MA60，20 日移动平均线在 60 日移动平均线之上。

（2）MA20<MA20[1] 并且 MA60>MA60[1]，20 日均线小于前一天数值并且 60 日均线大于前一天数值。

这时的主要趋势方向向上，次要趋势方向向下。主要处在布林线向上开口达到极限之后的收口阶段，市场处于上升趋势中的回调。

C 类行情：长空兼中多

"长空兼中多"的意思是长期看空看跌，中期则看多看涨。需要满足以下条件：

（1）MA20<MA60，20 日移动平均线在 60 日移动平均线之下。

（2）MA20>MA20[1] 并且 MA60<MA60[1]，20 日均线大于前一天数值并且 60 日均线小于前一天数值。

这时的主要趋势方向向下，次要趋势方向向上。主要处在布林线向下开口达到极限之后的收口阶段，市场处于下降趋势中的反弹。

D 类行情：长空兼中空

"长空兼中空"的意思是长期看空看跌，中期也看空看跌。需要满足以下条件：

（1）MA20<MA60，20 日移动平均线在 60 日移动平均线之下。

（2）MA20<MA20[1] 并且 MA60<MA60[1]，20 日均线小于前一天数值并且 60 日均线小于前一天数值。

这时的主要趋势方向向下，次要趋势方向也向下。这当然是多头应该回避的区间。

> 人一到群体中，智商就严重降低，为了获得认同，个体愿意抛弃是非，用智商去换取那份让人备感安全的归属感。
>
> ——勒庞《乌合之众》

6.3　多空转折点

我们在前一节划分出了四类行情，那么它们之间的"临界点"就是我们这一节要讲的多空转折点。很多新手投资者业绩不佳的一个原因就是，他们随时准备进场，并没有对行情进行区分。对于做多的投资者来说，由空转多的初始阶段无疑是更好的进场位置，因为这里是"始发站"，你能获得更大的利润空间，风险回报比更高。

对于不擅长选择进场时机的投资者来说，应该适当加大操作周期，也就是说越短线的操作对你越不利。你需要用更高的盈亏比来弥补胜率上的不足，而长线顺势操作也相对更容易一些，能揸住强势股反而能获得更多利润。"轻仓、顺势、止损、持长、扩利"这始终是成功交易的重要原则。

多空转折点可以分为两类：一类是由空转多；另一类是由多转空。多空的转换发生在各个周期之中，这个牛市与熊市的级别是同一概念。在一波主要上涨趋势之中包含多个次要的上涨和下跌趋势。而次要趋势还可以进一步细分。道氏理论把这些波动级别从大到小比作潮汐、波浪和涟漪。

回到我们之前的个股美的集团的例子，我们定义的潮汐级别的主要多头趋势是 MA60 线向上移动的区间，而波浪级别的次要多头趋势是 MA20 线向上移动的区间。我们做多有利的"长多兼中多"区间是 MA60 线之上并且 MA20 线向上移动的区间。我们在图 6-4 中标出了主要多头趋势中的多空转折点（可以从布林线中轨的颜色变化看出来）。

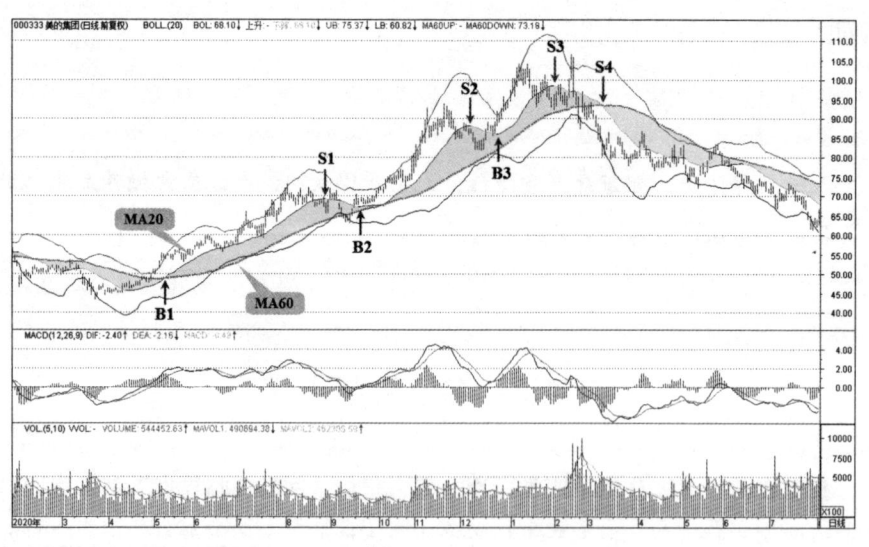

图 6-4　美的集团（000333）多空转折点

在图 6-4 中，这些多空转折点分别表示：

B1：长期趋势由空转多；

S4：长期趋势由多转空；

B2、B3：中期趋势由空转多；

S1、S2、S3：中期趋势由多转空。

对行情的发展阶段形成概念，这是技术分析进阶的一个关键点。有了这样一个清晰的路线图之后，你至少知道不应该乱做，这是把交易信号规范化的第一步。

为了更便于观察，我们将 MA20 与 MA60 的金叉与死叉区间分别用不同颜色进行了填充。最合理的操作区间显然应该集中在金叉区间。如果你能在买入信号 B 附近买入，在卖出信号 S 附近卖出，那么你将获得尽可能大的上涨空间。

我们来看在个股游族网络（002174）上利用多空转折点判断买点与卖点的例子，如图 6-5、图 6-6 所示。

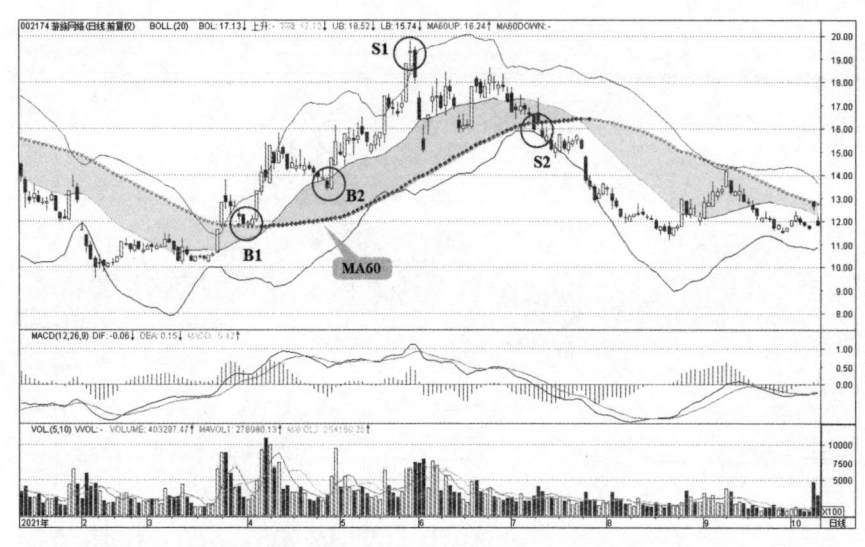

图 6-5　游族网络（002174）多空转折点（1）

在图 6-5 中，我们仍然可以通过自建指标凌波布林均线带来辅助识别做多区间。可以看出，交易信号集中在布林线中轨 MA20 与 MA60 的金叉区间，这是做多有利的区间。在这两侧都是 MA20 与 MA60 的死叉区间，布林线长期向下开口，做多不合算。我们标出了以下几个交易信号，并且符合格兰威尔均线法则。

B1：均线法则 3，回测不破买点；

B2：均线法则 2，小幅跌破买点；

S1：均线法则 8，远离均线卖点；

S2：均线法则 5，死亡交叉卖点。

利用多种分析方法相互验证可以提高交易信号的可靠性。在 B1 之前，BOLL 收口达到极限，并且突破上轨，这是使用 BOLL 时经常见到的买入信号的位置。熟悉均线的投资者会发现，这也是所谓的"出水芙蓉"的位置，即股票经过长期下跌之后，首次向上突破中长期均线。在 S1 位置，该股经过一段时间上涨之后，K 线完全跳出 BOLL 上轨，这是高抛的好时机。

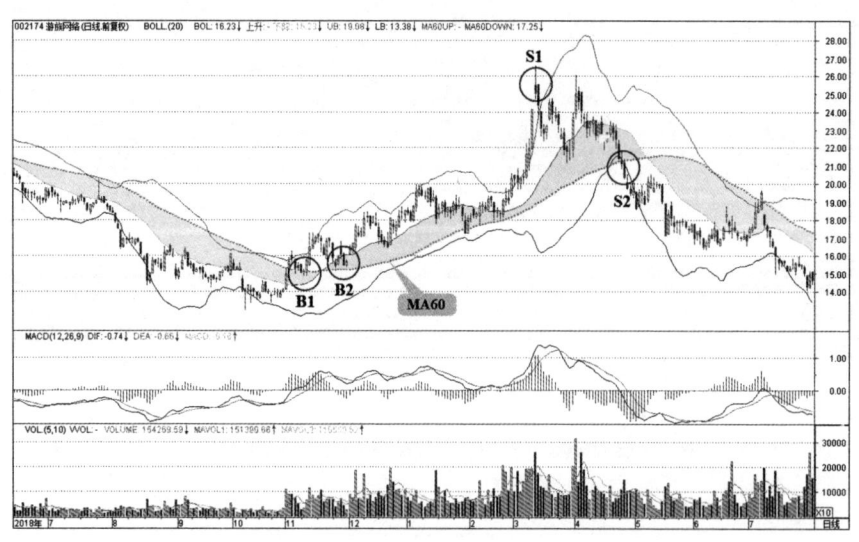

图 6-6　游族网络（002174）多空转折点（2）

图 6–6 显示的是同一只个股，在这段行情中所产生的交易信号几乎是复制了前一张图。它们的区别只在于上涨的 K 线个数和上涨幅度不同，但交易信号产生的原理是相同的。投资者可以仔细对照一下这两张图。

6.4　市场强弱研判

布林线指标在计算时用到了标准差，它也被称为标准偏差，用来衡量价格偏离平均值的程度。中轨向上时，上轨越远离中轨，说明市场越强势；中轨向下时，下轨越远离中轨，说明市场越弱势。

BOLL 指标描述的市场强弱如下：

指标超强

满足条件：MID > REF(MID,1) AND WIDTH>= HHV(WIDTH,N)

释义：中轨向上移动，开口宽度达到近 N 期极限水平。

指标强势

满足条件：MID > REF(MID,1)

释义：中轨向上移动，价格在中轨与上轨之间。

指标超弱

满足条件：MID < REF(MID,1) AND WIDTH>= HHV(WIDTH,N)

释义：中轨向下移动，开口宽度达到近 N 期极限水平。

指标弱势

满足条件：MID < REF(MID,1)

释义：中轨向下移动，价格在中轨与下轨之间。

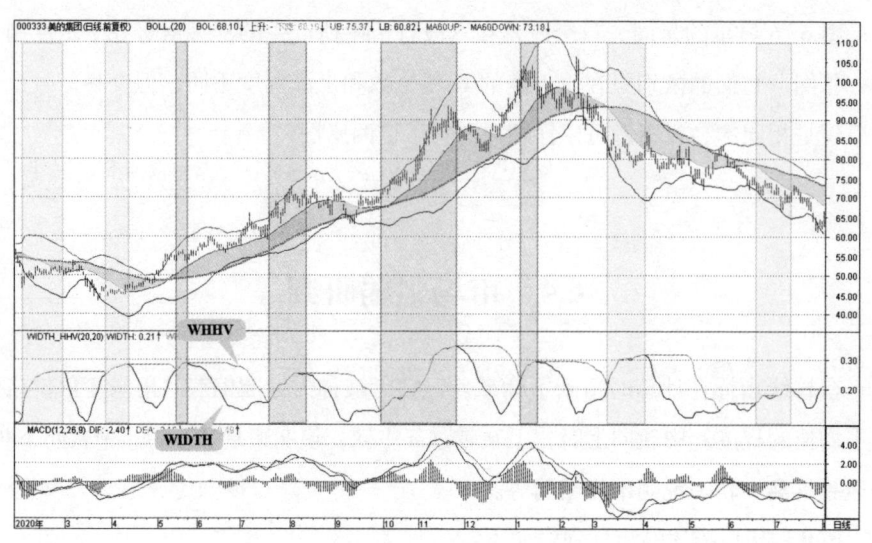

图 6-7　美的集团（000333）市场强弱研判

在图 6-7 中，我们利用布林线中轨和 WIDTH_HHV 指标标出了指标超强和超弱区间。在上升趋势中的四个阴影区间是指标超强区间，这时 MA20 均线向上移动，并且 WIDTH 指标与近 20 日最高值 WHHV 重合。在下降趋势中的四个阴影区间是指标超弱区间，这时 MA20 均线向下移动，并且 WIDTH 指标与近 20 日最高值 WHHV 重合。

指标超强表示市场价格处于中期多头趋势，并且上涨动能保持在较高水平，这是主要的拉升阶段。指标超弱表示市场价格处于中期空头趋势，并且下跌动能保持在较高水平，这是主要的下跌阶段。在实际应用中，还可以加入一个限定条件，使 WIDTH 大于一定数值，保证宽度达到足够大。

大众没有辨别能力，因而无法判断事情的真伪，许多经不起推敲的观点，都能轻而易举地得到普遍赞同！

——勒庞《乌合之众》

6.5　BOLL 指标的左侧与右侧交易

前面介绍的多空的分界和多空转折点已经为讨论左侧交易和右侧交易打下了基础。左侧交易是指在一个既定的操作周期内，在一波下跌行情的波谷左侧买入，在一波上涨行情的波峰左侧卖出的操作策略；而右侧交易是指在一个既定的操作周期内，在一波下跌行情的波谷右侧买入，在一波上涨行情的波峰右侧卖出的操作策略，如图 6-8 所示。

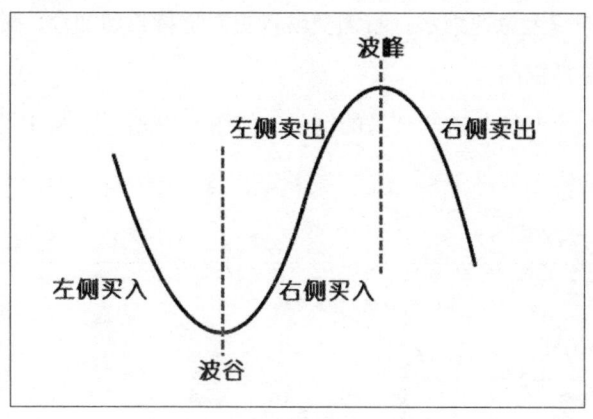

图 6-8　左侧交易与右侧交易

简单来说，左侧交易就是在看到形成底部或顶部之前买进或卖出，而右侧交易是在看到形成底部或顶部之后买进或卖出。左侧交易早进早退，右侧交易晚进晚退。

以使用布林线操作为例，在一定的操作周期内，在买入时，左侧交易最明显的例子是在布林线向下开口达到极限水平并且价格跌破下轨的时候抄底买进，这时属于逆势交易，但这个位置也最有可能发生反弹。右侧交易最明显的例子是等到布林线向上开口并且向上突破上轨时买进，这时属于顺势交易，上涨行情已经初步启动。

在卖出时，也是同样道理。左侧交易最明显的例子是在布林线向上开口达到极限水平并且价格突破上轨的时候逃顶卖出，这时属于逆势交易，但这个位置最有可能发生回调。右侧交易最明显的例子是等到布林线向下开口并且向下突破下轨时卖出，这时属于顺势交易，下跌行情已经初步启动。

左侧交易者的理想目标是猜对行情的头尾，这样可以获得比右侧交易更多的利润。但是，这并不会经常发生。通常认为左侧交易更主观一些，虽然可以使用固定的系统来抄底，但这时毕竟尚未形成底部。

通常，左侧交易者比较"短视"，他们的目标始终是适合自己"尺子"的一段行情，而右侧交易者的目光比较长远，他们希望放长线钓大鱼，市场给多少就拿多少，使用趋势跟踪系统。左侧交易者更讲究踏准节奏，搞乱节奏很容易搞乱心态，导致账户资金急速缩水。右侧交易者更看重持长和加仓，做对一波大行情会使资金曲线陡然提高。

我们来看一个左侧与右侧交易的例子，如图6-9所示。从中可以看出两种策略的明显差别。

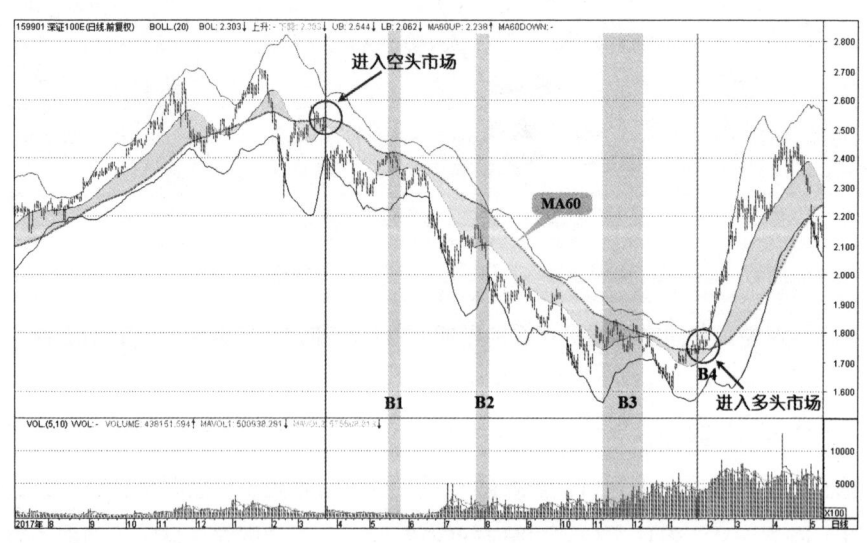

图6-9　深证100E（159001）左侧与右侧交易

该基金从市场顶部回落到第一条竖线的位置，MA60 均线的方向转为向下，开始连续向下移动，确认进入空头市场。此后，在走出底部之前，所有在波谷左侧进场的都是左侧买点。我们用 B1、B2、B3 标出了布林线中轨 MA20 均线向上移动的区间。在这三个区间都有理由产生短线的顺势买入信号，但这些并不是做多有利的位置，很快会被止损。

有的交易者可能会说，在 B1~B3 位置前面的波谷买入就能盈利。这有两种可能：一种是仍然抄底买入，但要保证你能抄在真正的小波谷底部，而不是抄在小波谷的半山腰，这时的最好结果是赚到一小波反弹的利润；另一种是短线的顺势买入，这依然没有多少获利空间。有句老话说，新手死在追高中，老手死在抄底中。一些有一定经验的交易者，认为自己有了技术防身，可以抄在最低位，但遇到大级别熊市的时候，会出现很多个"像底却不是底"的底部。

在经历了漫长的下降趋势之后，大波谷的 U 字形终于开始向上拐头，在第二条竖线的位置，MA60 均线的方向转为向上，开始连续向上移动，确认进入多头市场。随之产生 B4 买点，这是进入多头市场之后的首个右侧买点。在图中这段行情的右侧，还会出现多个右侧买点。如果把行情看作一条蛇的话，B4 位置就是它的"七寸"，这是行情的关键点位。

多数时候，以抄底方式过早地进场会消耗很多交易精力，由于这些是存在较大反向风险的位置，风险回报比很不划算，你持仓时在心理上会有很大的压迫感。另外一个负面影响是，等到好机会真正到来的时候，你对这次交易的耐心已经消耗殆尽，这容易让你过早地退出这次交易。

在大波谷左侧会埋进无数的抄底资金，他们是在为你创造最终真正的机会，正如利弗莫尔所说："记住这一点，在你什么都不做的时候，那些觉得自己每天都必须买进卖出的投机者们正在为你的下一次投机打基础，你会从他们的错误中找到盈利的机会。"

第7章

带状指标综合运用

世间一切强大之物无不具有破坏性。

——索福克勒斯

成功投资的关键因素之一就是拥有良好的性格——大多数人总是按捺不住，或者总是担心过度。

——查理·芒格

7.1　均线带指标 EMAB

均线作为一种最常用的趋势指标，有很多指标都是在均线的基础之上计算出来的，比如我们前面讲到的传统 BOLL 指标的中轨，使用的是 MA20 均线，而 MACD 指标是由 EMA26 与 EMA12 这两条均线的差值计算出来的，KDJ 指标则在计算中用到了 SMA。

在本节，我们将利用指数移动平均线 EMA 来构造一种新的类似于布林线的指标。通过构造新指标的过程，可以帮助投资者进一步加深对带状指标、趋势方向判断和价格偏离程度等一些概念的理解。本节内容较长，投资者要做好深入认识一个新指标的心理准备。

需要注意的是，下面要介绍的不是由几条长短期均线简单地组成的均线带，而是通过衡量价格波动水平计算出来的均线带状指标（EMA Bands）。这个均线带类似于布林带，它会随着波动性的提高和降低而发生动态变化。我们可以利用它在上升和下降趋势中判断进场点和出场点，在振荡市场中判断超买与超卖水平。

EMA 均线带根据短期与长期均线之间的相对变化，表示出市场行情的发展强度和发展阶段，这能帮助我们进行趋势跟踪。位于长期均线上方和下方的指标线表示波动率。当两条均线之间的距离增加时，均线带呈扩张状态；当两条均线之间的距离减小时，均线带呈收缩状态。可以看出，这与布林带的形态特征相似。

计算公式

在计算 EMA 均线带时，首先要确定两条长期与短期均线，我们分别选取 50 日指数移动平均线（EMA50）和 10 日指数移动平均线（EMA10）。下面我们来计算均线带。

中轨＝EMA50；

上轨＝EMA50＋1×波动率；

下轨＝EMA50−1×波动率。

这个波动率等于两条均线之间的标准差。

差异值＝EMA50−EMA10；

方差＝（最近10个差异值的平方之和）/10；

标准差＝方差的平方根。

我们将上面的计算过程"翻译"成通达信股票软件的指标公式就是：

```
{EMA均线带状指标}
{此为范例公式，仅用于说明算法语法，投资者需根据自身经验和需求经
过调整、测试之后再实际应用}
{参数N：50,M：10}
MID:=EMA(C,N);
EMA10:=EMA(C,M);
VART1:=POW((MID - EMA10),2);
VART2:=MA(VART1,M);
VART3:=SQRT(VART2);
UPPER:=MID+1*VART3;
LOWER:=MID-1*VART3;
BOLL:REF(MID,1),COLOR9F5F9F;
上升:IF(BOLL>REF(BOLL,1),BOLL,DRAWNULL),COLORRED,
LINETHICK1;
下降:IF(BOLL<REF(BOLL,1),BOLL,DRAWNULL),COLORGREEN,
LINETHICK1;
UPPERBAND:REF(UPPER,1),COLORBLUE;
LOWERBAND:REF(LOWER,1),COLORFF00FF;
EXPMA10:EMA10,COLOR5C3317;
```

投资者可以将上面的指标公式作为一个新建公式加载到通达信中。这是一种比较简单的指标编程语言，有编程基础的人看一下说明文档就能上手，没有编程基础的投资者认真学习一段时间也能参考例子根据自己的需求进行修改。对于上面的指标公式，软件上给出的"动态翻译"为：

```
MID 赋值：收盘价的 N 日指数移动平均
EMA10 赋值：收盘价的 M 日指数移动平均
VART1 赋值：(MID-EMA10) 的 2 乘幂
VART2 赋值：VART1 的 M 日简单移动平均
VART3 赋值：VART2 的开方
UPPER 赋值：MID+1*VART3
LOWER 赋值：MID-1*VART3
输出 BOLL：1 日前的 MID,COLOR9F5F9F
输出上升：如果 BOLL>1 日前的 BOLL，返回 BOLL，否则返回无效数，画
红色，线宽为 1
输出下降：如果 BOLL<1 日前的 BOLL，返回 BOLL，否则返回无效数，画
绿色，线宽为 1
输出 UPPERBAND:1 日前的 UPPER，画蓝色
输出 LOWERBAND:1 日前的 LOWER,COLORFF00FF
输出 EXPMA10:EMA10,COLOR5C3317
```

细心的投资者可能会注意到，在计算上轨和下轨时，EMA 均线带是由中轨加上或减去 1 倍的标准差，而布林线则加上或减去 2 倍的标准差。标准差的计算周期与短期均线的周期相同。上、中、下轨的输出值是前一日的指标值，它们不会随着盘中价格发生变化。

均线带的参数可以自行设定，并非固定的，通常可以设置为（50，10），（40，10）或（200，50），也就是说，可以是 50 日和 10 日均线的组合，也可以是 40 日和 10 日均线或者 200 日和 50 日均线的组合。投资者也可以根据自己的交易风格和目标设置其他参数。波动率（标准差）前面的系数也可以设置成参数，我们在这里设为固定的 1 倍。

表 7-1 显示了在平安银行（000001）上的均线带计算数值，使用的参数是（50，10）。我们通过这些数值可以了解计算结果的演变过程，但通过这些数值并不能看出一些较有意义的信息，因为表中只显示了短时间内的少量数据。

表 7-1　平安银行（000001）均线带参数为（50，10）的计算数值

日期	收盘	EMA10	EMA50	离差 EMA10– EMA50	离差 平方	离差平方 的 10 周 期平均值	标准差	上轨 EMA50+ 标准差	下轨 EMA50– 标准差
2021/01/06	19.38	18.65	18.13	−0.52	0.27				
2021/01/07	19.72	18.84	18.19	−0.65	0.42				
2021/01/08	19.67	18.99	18.25	−0.74	0.55				
2021/01/11	20.2	19.21	18.32	−0.89	0.79				
2021/01/12	20.82	19.5	18.42	−1.08	1.17				
2021/01/13	20.52	19.69	18.5	−1.18	1.4				
2021/01/14	19.99	19.74	18.56	−1.18	1.39				
2021/01/15	20.82	19.94	18.65	−1.29	1.66				
2021/01/18	22.52	20.41	18.8	−1.61	2.58				
2021/01/19	22.16	20.73	18.93	−1.79	3.21	1.34	1.16	20.09	17.78
2021/01/20	22.29	21.01	19.07	−1.94	3.78	1.7	1.3	20.37	17.76
2021/01/21	22.05	21.2	19.18	−2.02	4.07	2.06	1.44	20.62	17.75
2021/01/22	21.85	21.32	19.29	−2.03	4.12	2.42	1.55	20.84	17.73
2021/01/25	22.31	21.5	19.41	−2.09	4.38	2.78	1.67	21.07	17.74
2021/01/26	22.19	21.62	19.52	−2.11	4.45	3.1	1.76	21.28	17.75
2021/01/27	22.9	21.86	19.65	−2.21	4.87	3.45	1.86	21.51	17.79
2021/01/28	22.63	22	19.77	−2.23	4.98	3.81	1.95	21.72	17.81
2021/01/29	22.91	22.16	19.89	−2.27	5.17	4.16	2.04	21.93	17.85
2021/02/01	24.37	22.56	20.06	−2.5	6.25	4.53	2.13	22.19	17.94
2021/02/02	23.1	22.66	20.18	−2.48	6.14	4.82	2.2	22.38	17.99
2021/02/03	24.77	23.04	20.36	−2.68	7.19	5.16	2.27	22.64	18.09
2021/02/04	24.42	23.29	20.52	−2.77	7.69	5.52	2.35	22.87	18.17

日期	收盘	EMA10	EMA50	离差 EMA10－ EMA50	离差 平方	离差平方 的 10 周 期平均值	标准差	上轨 EMA50+ 标准差	下轨 EMA50－ 标准差
2021/02/05	24.75	23.56	20.69	−2.87	8.25	5.94	2.44	23.12	18.25

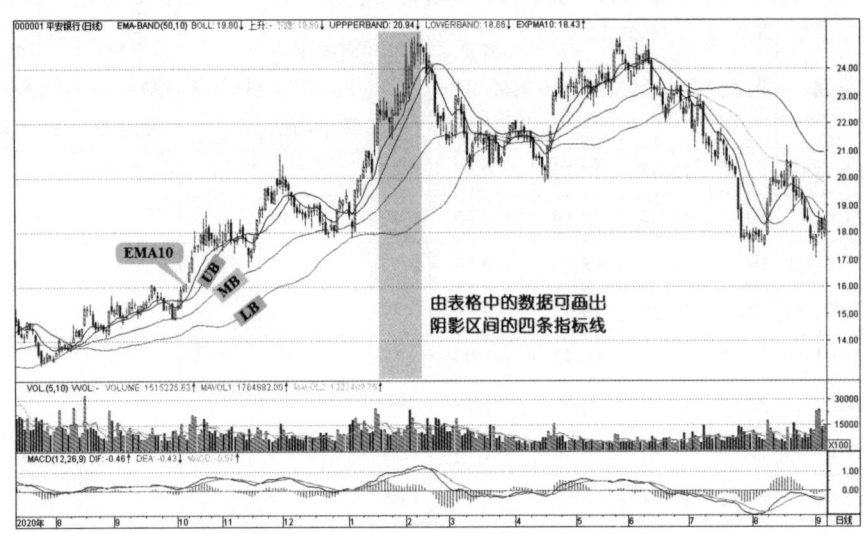

图 7-1　平安银行（000001）均线带指标

图 7-1 显示了平安银行的均线带指标图，其中用阴影标出的区间中的指标线就是根据表 7-1 中的数据绘制出来的。通过观察更长时间范围内的指标形态，我们更容易观察出有意义的信息。均线带指标一共输出四条指标线，分别为上轨、中轨、下轨和 10 日指数平均线，在图中分别用 UB、MB、LB 和 EMA10 表示（注意表格中计算的是当前 K 线的指标值，我们在指标图中的上轨、中轨和下轨输出的是前 1 日的指标值）。投资者如果在自己的股票软件上加载上面的指标公式，还可以看到中轨的颜色变化，在上升时显示为红色，在下降时显示为绿色。

EMA 均线带的使用方法

均线带是一种趋势跟踪指标。所有均线和依据均线计算出来的指标，相对价格来说，都有一定的滞后性，这是平滑计算带来的必然后果。长期均线的方向指示了均线带的方向，即趋势方向。

通常，当均线带向下移动时表示下降趋势；当均线带向上移动时表示上升趋势；当均线带横向移动时表示横盘趋势。

随着价格的波动，短期均线会在均线带中振荡，与区间振荡指标类似，虽然均线带的坐标不是一个固定区间，但我们仍然可以利用均线带的动态边界（上轨和下轨）来判断超买和超卖。当短期均线突破上轨时，可以将其视为上升趋势中的多头进场信号。相应地，当短期均线跌破下轨时，可以将其视为下降趋势中的多头离场信号（或空头进场信号）。

投资者需要注意的是，并非所有突破位置作为交易信号的效用都是等同的，这是我们经常提到的一个问题。你在头脑里要有一个价格发展的路线图，并把它至少划分成三个阶段，你可以把它们理解成吸筹、拉升和派发阶段，也可以按照市场中经常提到的"养套杀"理论来理解。总之，你应该有一个理想的目标进场位置，如果突破不符合你的基本原则，那么不应该勉强进场，应该耐心等待更有利的信号出现。

为了提高交易信号的胜率，我们还可以增加过滤条件，也就是使用一些配套措施，例如量价关系、价格形态、蜡烛图形态以及其他一些指标等。

上升趋势

图 7-2 显示了在平安银行上利用均线带的操作方法。从图中可以看出，该股处于上升趋势之中，当短期均线向上突破均线带上轨时（图中用竖线标出的位置），通常可以视为波段买点。

在图 7-2 中我们选用的参数是（200，50），这是适合长线操作的一组参数，中轨为 EMA200，相对的短期均线为 EMA50。可以看出，均线带有两次明显收口过程，短期均线 EMA50 两次向上突破上轨，我们在图中用字母 A 和 B 标出了这两个位置，分别对应着两次长线上涨波段的起始位置。

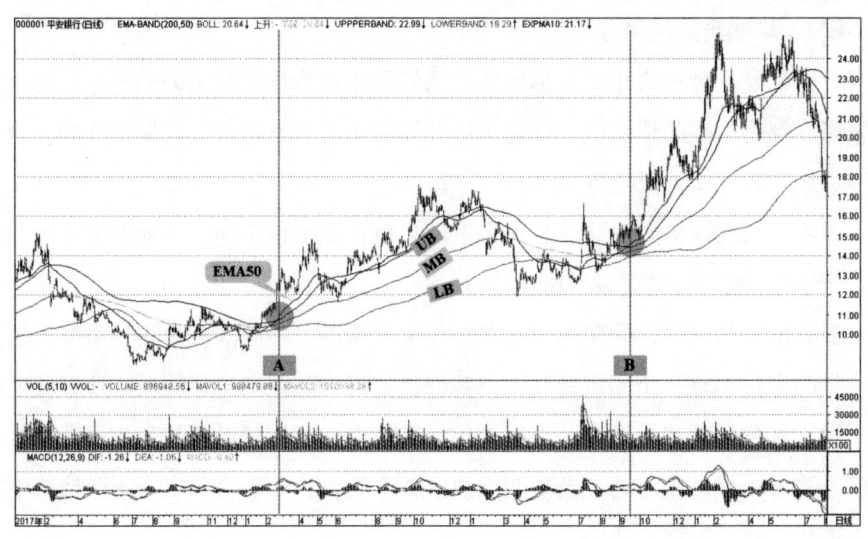

图7-2　平安银行（000001）上升趋势中的均线带

在强劲的长期上升趋势中，均线带向上开口，并且短期均线围绕上轨向上移动。这期间，短期均线与上轨发生多次交叉现象。在上升趋势末端，经常形成 M 头形态，投资者可以配合量价形态和指标顶背离形态来判断顶部反转。

我们再来看一个中线指标参数（50，10）的例子，如图7-3所示。

在图7-3中我们选用的参数是（50，10），这是适合中线操作的一组参数，中轨为 EMA50，相对的短期均线为 EMA10。可以看出，均线带有两次明显收口过程，短期均线 EMA10 两次向上突破上轨（位置 A 和 B），分别对应着两次中线上涨波段的起始位置。

在强劲的中期上升趋势中，同样符合带状指标的上涨特征，均线带向上开口，并且短期均线多次向上穿越上轨。副图 2 中的 MACD 指标基本与均线带指标同步指示出了波段起始和终止位置。在 A 和 B 位置附近，经过调整后，MACD 指标首次在 0 轴上方并靠近 0 轴的位置形成黄金交叉。在这两个上涨波段的末端，MACD 指标均在相对高位形成了死亡交叉。

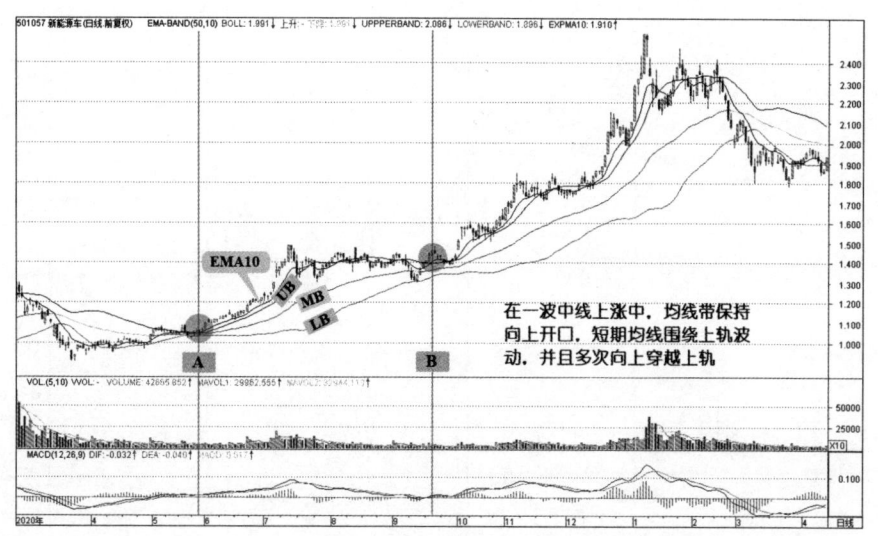

图 7-3 新能源车 (501057) 上升趋势中的均线带

为了提高预期获利空间,我们可以等待价格经过充分调整之后再进场或加码。我们在以前的书中也经常提到充分调整这个词,充分调整是否意味着调整的幅度越大越好呢?要想回答这个问题,我们需要理解上升趋势和多周期共振,还可能涉及关键点位。简单来说,充分调整就是要等到价格测试当前周期和更大一级周期的支撑位之后,如果价格没有破位再考虑进场,如果价格已经破位,那么后面一段时间之内已经不存在有意义的进场位置。

对于均线带来说,充分调整意味着,均线带保持开口向上并向上运行,短期均线从上轨回落到下轨附近,并且没能有效跌破下轨,当短期均线再次向上突破上轨时,则完成了一次充分调整,这时应该预期产生更大的上涨波段。

下降趋势

图 7-4 显示的是在红利 ETF 上利用 EMA 均线带判断下降趋势中的空头信号的例子。这次我们选用的参数是 (40,10)。在图中,短期均线 EMA10 四次向下突破下轨,在图中用竖线标出的位置,分别对应着四次下跌波段的起始位置。

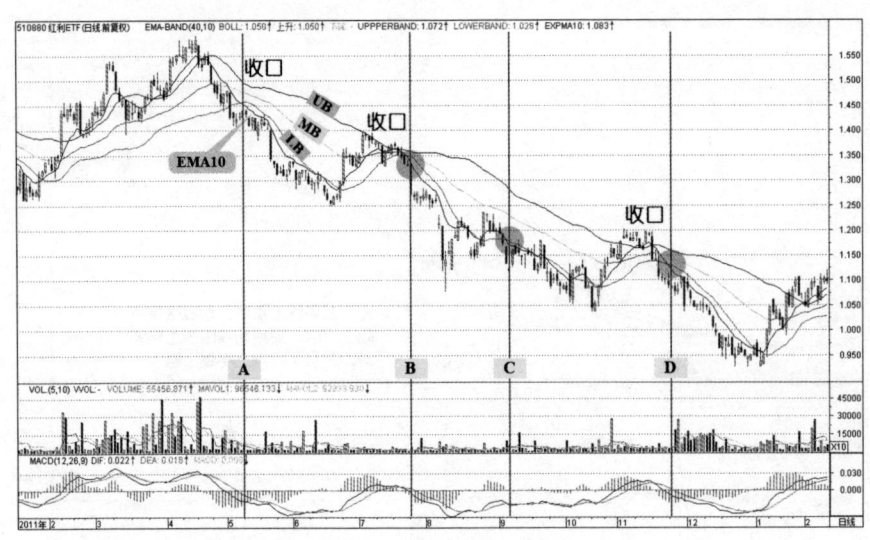

图 7-4　红利 ETF（510880）下降趋势中的均线带

当均线带开口向下，并且短期均线围绕下轨发生交叉时，这说明市场处于明显的下降趋势。在双向交易市场中，空头可以在这些位置做空。多头在这种走势中应该降低仓位或者空仓观望。

在下降趋势中，均线带上轨成了阻力位，该基金有两次反弹到上轨附近，但未能形成有效突破，此后又再次创出新低。反弹时，均线带发生收敛（收口，可以通过后面介绍的 WIDTH 指标轻松识别），这在下跌过程中，通常意味着在积蓄下跌动能。我们已经知道，主要趋势不会轻易发生改变，直到走出一波三折的走势为止。

配合 MACD 指标来看，这期间主要运行在 0 轴下方，同样指示了空头市场。两次反弹均线带上轨对应着 DIF 线反弹到 0 轴上方附近，它们具有同样的市场含义。DEA 线三次向下突破 0 轴，基本与 EMA10 均线跌破下轨同步（A、B、D），这再次验证了做空信号的可靠性。

通常，在一波连续的下跌行情中，在短期均线第四波跌破下轨之后不宜再做空，投资者可以思考一下为什么。

我们在《随机指标 KDJ：波段操作精解》中讲到过 K 快线的四撞顶（底）形态，这是短线中的一波紧凑行情，当 K 快线四次进入超买（超卖）区间之后，短线行情很容易发生反转。同样地，在中长线的波段操作中，如果短期均线四次跌破下轨，这很可能意味着这波下跌行情即将结束，此后可能产生新的上升趋势（或者大级别的反弹）。短线投资者还需要注意底背离的情况，配合底背离形态可以提高所谓"抄底"操作的成功率。

横盘趋势

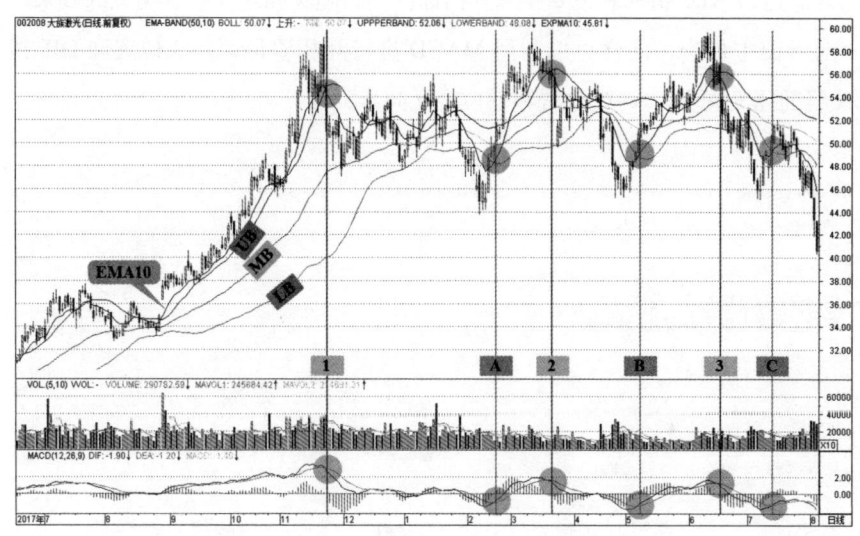

图 7-5　大族激光（002008）横盘趋势中的均线带

横盘振荡时很少会走出完美的箱体形态，通常会走出菱形、楔形等稍微复杂的形态，有时甚至是带有很多"噪声"信号的不规则形态。图 7-5 显示的是在个股大族激光（002008）上利用均线带判断超买和超卖的例子。这次我们选用的参数是（50，10）。

图中左侧，该股经过充分调整之后，价格触及均线带下轨，并伴随着均线带的收口形态，然后短期均线向上突破上轨，产生大波段上涨。

在高位，该股三次从上轨之上回落到下轨之下，短期均线三次向下突破上轨（1~3 标出的位置）；在相对低位，短期均线三次向上突破上轨（A~C 标出的位置）。可以看出，该股在高位形成了较宽的三重顶形态。当短期均线第三次向上突破下轨时（C 位置），该股未能突破中轨，开始破位下跌，确认形成顶部反转。

图中的三重顶形态，价格在一个较大规模的箱体中振荡。当均线带宽度达到一段时间内的最大水平，说明价格严重偏离了"正常"水平，当短期均线在振荡区间的相对高位向下穿越上轨时，表示市场处于超买状态，容易开始回落；当短期均线在振荡区间的相对低位向上穿越下轨时，表示市场处于超卖状态，容易开始回升。这与 KDJ 指标利用 80 和 20 指标值判断超买和超卖有着类似的效果。

对于图中形态，同样可以利用 MACD 进行互相验证，1~3 位置和 DIF 线与 DEA 线的死叉同步，A~C 位置和低位金叉同步。

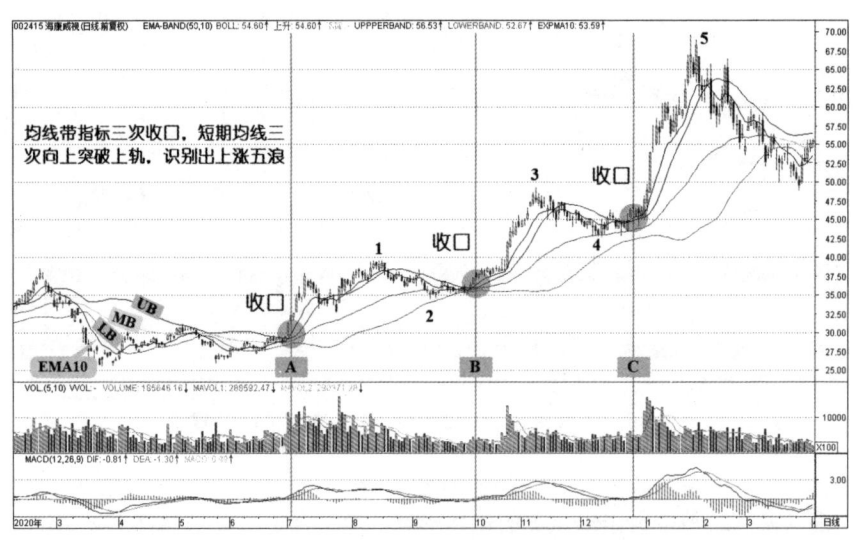

图 7-6　海康威视（002415）均线带指标

我们最后来看一个利用参数为（50，10）的均线带判断买点的例子，如图 7-6 所示。该股前期经过调整之后，均线带指标发生了三次明显的收口和开口的过程，短期均线三次向上突破上轨（A~C 位置），可以识别出波浪理论中的五浪上涨（1~5 位置）。相应地，MACD 指标三次在 0 轴附近向上穿越 0 轴，两个指标相互验证，可以识别出三个波段起点。图中这种走势，指标特征明显，这是均线带指标的经典形态。

从成交量来看，在短期均线向上突破上轨时或者突破不久之后，量能明显放大，价涨量增说明量价配合正常。在使用基于价格的指标进行分析时，成交量可以从另一个维度上提高判断的可靠性。两者相互配合可以极大提高判断效率。

7.2 均线带极限宽指标 EMAB-WIDTH

在带状指标中，有些指标的通道宽度是固定的，它们通常是通过将一条指标线上下平移一定距离构造出来的，还有一些指标的通道宽度不是固定的，它们通常考虑到了价格的波动性，通道宽度随着价格波动的剧烈程度而增减。在这部分内容中，我们将继续讨论均线带的衍生指标——均线带极限宽，它能帮助我们预判剧烈的市场波动或者趋势的变化。

均线带是由两条不同周期的均线之间的差异计算出来的指标，中轨是长周期均线，我们通常使用的是 EMA50。均线带有助于投资者观察短期均线相对于长期均线的相对位置。投资者可以利用它来跟踪趋势。

我们下面将介绍一种用来衡量均线带宽度的指标。均线带上轨与下轨之间的距离会随着价格波动发生变化，它们的变化可以作为一种指示未来价格波动性和趋势变化的指标。通过该指标的图形特征，投资者更易于识别出顶部、底部和整理区域。

约翰·布林格发明的布林线指标，也有一个衍生指标就是极限宽（WIDTH），该指标通常需要与布林线指标一起配合使用。同样地，均线带极限宽也可以与均线带配合使用，以更好地观察价格波动率的增加或减小。

我们会通过几张图表来说明均线带与极限宽的计算和使用方法，并说明极限宽指标如何帮助我们判断即将产生的价格波动水平，以及识别价格顶部、底部和整理区域。

指标的计算

均线带极限宽（EMAB–WIDTH）指标用来衡量均线带的上轨与下轨之间的百分比差异。随着均线带变窄，极限宽指标值降低；随着均线带变宽，极限宽指标值升高。极限宽指标值不断下降，说明均线带之间的差异在减小；极限宽指标值不断升高，说明均线带之间的差异在增大。

我们可以根据布林线极限宽的公式来计算均线带的极限宽。

均线带极限宽 =（上轨 − 下轨）/ 中轨 × 100
均线带极限宽最低值 = 长周期内的极限宽最低值

在该指标中，除了极限宽指标线之外，我们还画出了另外一条指标线，即极限宽最低值（EMAB–WLLV），在计算时通常使用与长期周期均线相同的周期，例如中轨是 EMA50，这里就是近 50 日的极限宽最低值。在图 7–7 的第一个副图指标中，你可以看到位于下方的最低值指标线。

我们一起回顾一下均线带指标，它由一条中轨和两条位于其外侧的轨道线组成。中轨是长周期均线。外侧的两条轨道线是在中轨上加上或减去 1 倍的标准差。实际应用时，投资者可以根据所操作品种的波动特征，设置不同的参数值，通常为（40，10）、（50，10）或者（200，50）。

极限宽由上轨与下轨的差值计算而来，将这个差值除以中轨，得到一个标准化的数值。将结果乘以 100，这是为了将小数点向右移两位。在通达信股票软件中，我们按照上面的计算过程写出均线带极限宽（EMAB–WIDTH）的指标公式：

```
{ 此为范例公式，仅用于说明算法语法，投资者需根据自身经验和需求经
过调整、测试之后再实际应用 }
{ 参数 N: 50,M: 10}
MID:= EMA(C,N);
EMA10:=EMA(C,M);
```

```
VART1:=POW((MID - EMA10),2);
VART2:=MA(VART1,M);
VART3:=SQRT(VART2);
UPPER:=MID+1*VART3;
LOWER:=MID-1*VART3;
BADNWIDTH:=(UPPER-LOWER)/MID*100;
WIDTH:BADNWIDTH,COLORBLUE;
WLLV:LLV(BADNWIDTH,N),COLOR0099FF;
```

在编写指标时，需要注意在指标公式编辑器的"画线方法"中选择"副图"。你可以看到下方窗口有"动态翻译"，以了解各条语句的含义。

识别趋势方向和波段起始位置

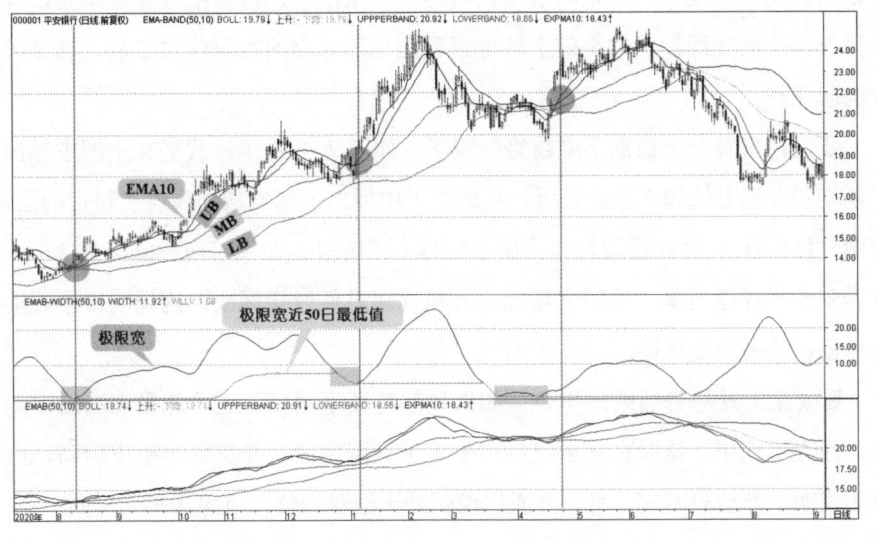

图 7-7　平安银行（000001）极限宽指标

我们来看一个加载了极限宽指标的例子，图 7-7 显示的是在平安银行上应用该指标的情况。副图 1 就是新建立的极限宽指标 EMAB-WIDTH，可以看到，它有两条指标线：一条是表示均线带宽度的极限宽，其反映了价格偏离长期均线的程度；另一条是极限宽近50个交易日的最低值。通过观察两条指标线的位置关系，我们可以判断当前市场的波动水平以及趋势方向。

为了便于观察，我们在副图2中重新建立了一个均线带指标，并且在输出指标线时，没有使用前1日的数值，即没有使用REF函数。有些投资者会在主图的均线带或布林带中使用前1日的数值，这样做的好处是当日的指标值不会随着当前价格而不断变化，它们是固定数值。在本例中，短期均线使用的是当前指标值，这相当于布林线中的当前K线，这样短期均线与上轨和下轨的交叉会更明显。

投资者注意观察极限宽指标变窄如何跟踪价格回撤。我们仍然用竖线标出了，价格经过调整后，短期均线向上突破均线带上轨的位置。还用矩形阴影标出了极限宽与最低值发生黏合的位置。投资者不妨先自己观察一下两者的关系。

我们已经知道，极限宽反映了均线带的宽度，当极限宽达到近50日最低值时，这说明什么呢？当然是均线带收口达到极限水平，价格经过充分调整，即将选择方向。而竖线标出的突破上轨位置紧随矩形标出的极限收口之后，这是大概率的起涨点。

我们再来看一个识别下降趋势的例子，如图7-8所示。我们在主图中标出了短期均线穿越上轨和下轨的位置，在副图1中标出了两条指标线发生黏合的位置。图中左侧的从A到B这段行情，属于强势上涨阶段，如果切换到成交量指标，可以看到明显连续放量。极限宽指标线大幅远离最低值指标线，这说明价格波动明显加剧，这是冲顶特征。

B处是上升趋势后跌破下轨，如果顶部特征不明显，这可能是上涨途中的调整，而在本例中，该股在之前已经产生多个上涨波段，并且创出历史新高，这一方面说明上升趋势明显，另一方面也说明处于绝对高位，风险水平非常高。

值得注意的是X位置，极限宽指标在C处发生黏合，如果短期均线在X处向上突破上轨，这无疑应该是一个买点，我们仍应按照交易信号进行操作。但是，短期均线非常接近上轨，最终并未能向上突破，反而跌破了下轨，这在双向交易品种中是一个空头进场信号。

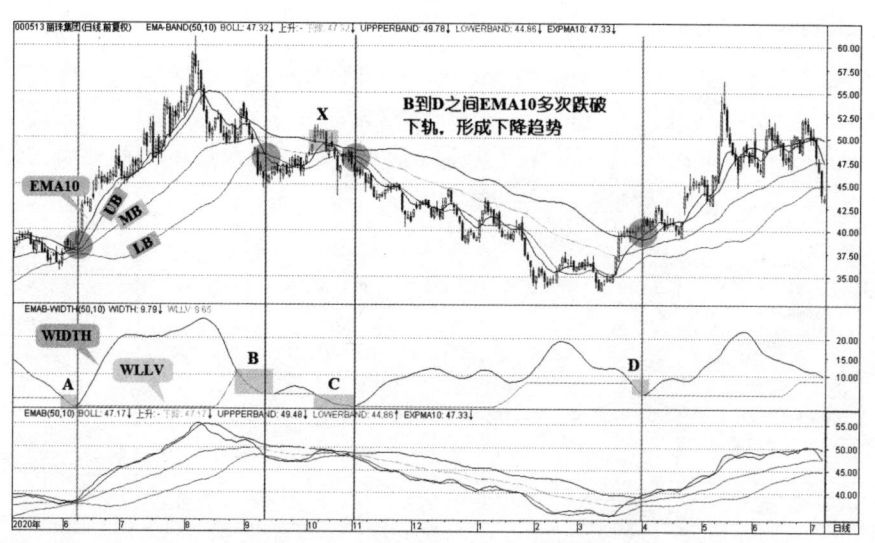

图 7-8　丽珠集团（000513）利用极限宽指标识别下降趋势

为什么 X 位置很重要呢？在波浪理论中，B 浪反弹经常会在这个位置产生虚假的多头信号。很多投资者在这时已经习惯了多头思维，认为牛市还会继续。我们在《振荡指标 MACD：波段操作精解》中也强调过这个位置，这时的 DIF 线在经过长期运行在 0 轴上方之后，首次（大幅）回落到 0 轴下方，在 B 浪反弹时再次向上突破 0 轴，这很可能让一些人落入多头陷阱。

对于坚持一致性交易原则的技术分析者来说，这是必须付出一次止损成本的位置。在本例中，使用均线带指标可以避免这次止损，但使用 MACD 指标，可能还是无法避免止损（该股在 2020 年 10 月 14 日产生的买点）。投资者可以在股票软件中找到该股，查看 MACD 指标 DIF 线的走势，对比两个指标在这个位置的区别。

在 B 到 D 之间 EMA10 多次跌破下轨，形成下降趋势。从副图 2 可以更清楚地看到，EMA10 均线围绕下轨不断向下运行。极限宽指标线呈现一波三折的形态时，说明至少可以数出 5 浪下跌，反弹或反转的概率在增加。

经过长时间调整之后，极限宽指标在 D 位置处再次发生黏合，EMA10 均线向上突破均线带上轨，再次产生买入信号，下降趋势发生反转。

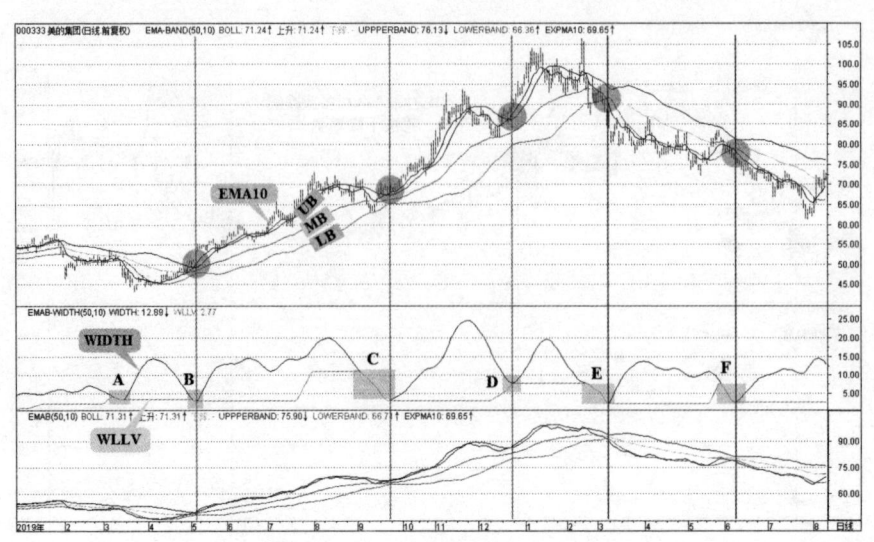

图 7-9　美的集团（000333）极限宽指标

　　图 7-9 包含了一个涨跌循环，极限宽与最低值指标线发生黏合之后，如果短期均线向上穿越上轨则视为做多信号（B、C、D），如果短期均线向下穿越下轨则视为做空信号（E、F）。我们将极限宽指标中的宽度指标线命名为"WIDTH"，也就是英文中的宽度的意思，近 50 日最低值指标线命名为"WLLV"，其中的 W 代表宽度，LLV 是求近 N 日最低值的函数名称。知道了其中的含义也就更好记忆了。自建指标可以按照投资者自己的习惯进行命名。

　　图 7-10 显示的是与图 7-4 中相同的一段下降趋势，现在我们可以借助 WIDTH 来定量判断均线带的收口形态。之前我们可以凭肉眼看到三次收口，分别为图中的 A、B 和 D 位置。虽然该基金在下降趋势中发生了四次短期均线跌破下轨的情况，但 C 位置与其他三个位置不同，在它之前并没有发生明显收口现象。

　　将均线带与极限宽指标相配合来看，三次跌破下轨均发生在极限宽指标发生黏合之后（图中用矩形阴影标出的位置），这说明均线带的宽度收敛到了极限水平，此后股票价格的波动率很可能开始放大，在下降趋势中则会形成新一轮下跌。我们可以通过极限宽指标直观地看到 A、B 和 D 属于同一级别的下跌起始位置，而在 C 位置之前没有发生黏合，所以是更低级别的下跌起始位置。

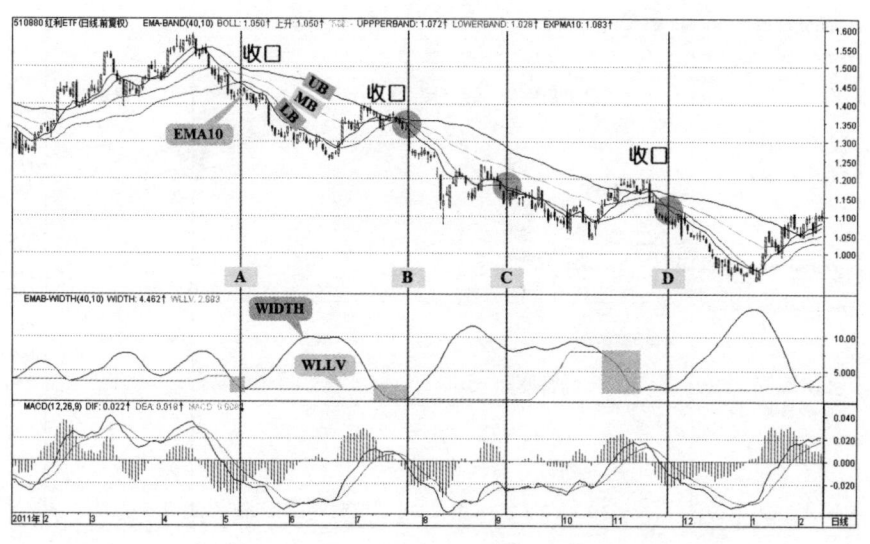

图 7-10 红利 ETF（510880）极限宽指标

识别趋势转向

我们放大周期来看，将极限宽指标的参数设置为（200，50），可以更直观地看出顶部。极限宽指标发生黏合（均线带低位收口）—短期均线突破上轨并且均线带向上开口—极限宽指标再次发生黏合（均线带高位收口）—短期均线跌破下轨并且均线带向下开口，这就是由上升趋势转变为下降趋势过程中的指标特征，如图 7-11 所示。

图 7-11 显示的是在双汇发展中利用极限宽指标识别长期趋势的例子。为了比较极限宽在使用不同参数时的区别，我们在副图 1 和副图 2 中分别显示了参数为（200，50）和（50，10）的极限宽指标。

从主图中可以看出，由于均线带的参数同样放大，中轨为 EMA200，因此能更清楚地看出长期趋势的变化。在图中这段行情中，均线带指标发生了两次收口与开口过程，分别发生在 A 和 B 两个位置，它们分别对应着上升趋势和下降趋势的起点。在 A 位置，极限宽指标发生黏合，然后短期均线突破均线带上轨，这是多头信号。在 B 位置，极限宽指标再次发生黏合，然后短期均线跌破均线带下轨，这是空头信号。

图 7-11　双汇发展（000895）极限宽指标

再来对比两个副图指标，它们看上去像是两个指标，其实是同一个指标，只是由于设置了相距周期较大的参数。副图1的周期更大，看起来"干净利落"，能帮助我们识别大趋势方向。副图2的周期更小，看起来"杂乱无章"，而实际上却有它的秩序，它能识别更多细节信息。

我们在以前的书中也介绍过通过指标来数浪，当从价格上来看在某些位置的浪型模棱两可时，借助于指标往往能化繁为简，指标能去除价格上的毛刺，剥离出更平滑的波动。我们在这里尝试利用极限宽指标来数浪，波浪理论中"五上三下"的结构很容易看出来，我们在图中用1~5标出了5个上涨推动浪，用a~c标出了3个下跌推动浪。其中更细微（更低一级别）的浪型划分也能从极限宽指标中识别出来，例如第3浪中的延长浪，熟悉波浪理论或感兴趣的投资者可以深入了解一下利用指标进行数浪的方法。

识别顶部与底部

我们再来看一个利用极限宽指标识别趋势变化的例子，如图7-12所示。使用技术指标的一个明显好处就是能够量化地划分行情阶段。一轮上涨和下跌周期通常可以划分成"筑底—拉升—冲顶—下跌"等几个阶段。

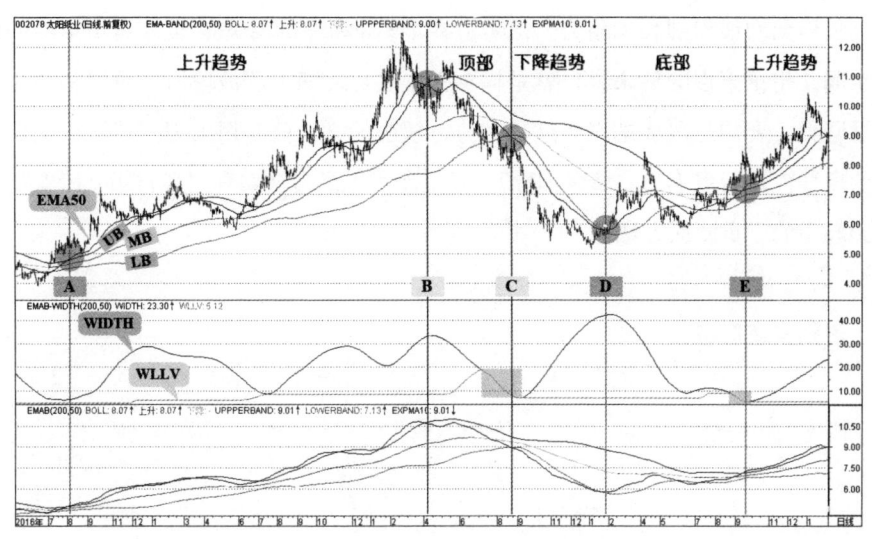

图 7-12　太阳纸业（002078）极限宽指标

均线带配合极限宽指标分析行情时，把指标参数设置为长周期参数（200，50），这样可以很好地判断大势方向。即使是短线交易者也应该坚持"看大做小"的原则，以大趋势为背景，采用三重滤网方法，逐步"瞄准"买点与卖点。如果你不顾主要趋势，则很容易迷失在短线的追涨杀跌之中。

还有很重要的一点是，上升趋势无疑是做多有利的区间，而在下降趋势中，即使你有再好的短线方法，再快的反应速度，再低的交易费用，也无法弥补在逆势交易中做多的天生劣势。我们多次提到过，在上升趋势中，市场是向着上涨一边倾斜的，这时上涨波段的长度和宽度都要长于下跌波段。这也正是牛市中容易出现所谓"股神"的原因之一。

图中的个股太阳纸业分为以下几个阶段：

A～B，上升趋势，从短期均线突破上轨到跌破上轨；

B～C，顶部，从跌破上轨到跌破下轨；

C～D，下降趋势，从跌破下轨到突破下轨；

D～E，底部，从突破下轨到突破上轨；

E 开始，上升趋势，从突破上轨开始。

长周期均线识别长期趋势，但劣势在于头部和底部较宽，可能占用更多的操作空间。用更直白的话来说，就是掐头去尾之后，净上涨波段所占总涨幅的比例明显降低。要想尽可能地减小这种劣势，解决的方法就是用大刀"砍"出主要趋势的模样，然后用小刀"精雕细琢"。投资者可以参考《实现财务自由：股票交易精髓》中的三重滤网方法。

识别整理形态

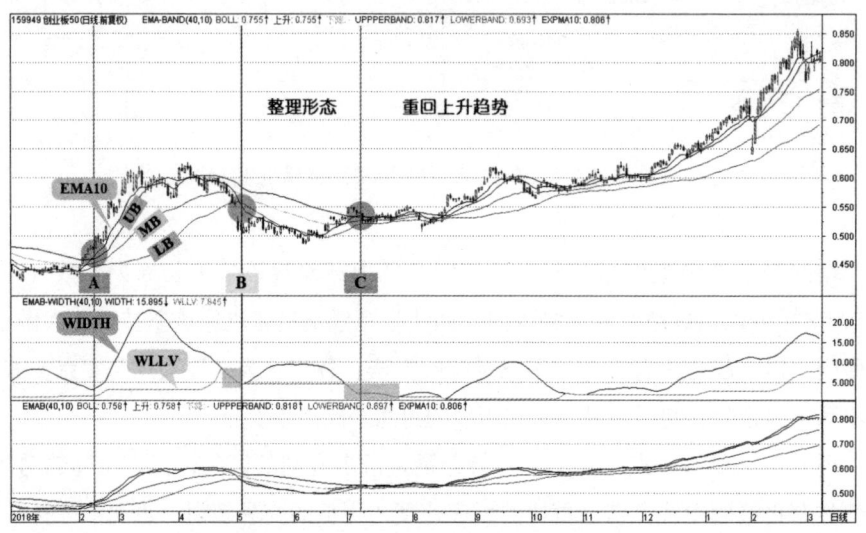

图 7-13　创业板 50（159949）极限宽指标

我们最后来看一个利用短期参数（40，10）的极限宽指标来识别整理形态的例子，如图 7-13 所示。图中的这段行情发生在长期下跌之后，在 A 位置首次形成放量突破，走出下降通道的初期要引起重视。在 B 位置极限宽指标发生黏合，短期均线跌破下轨后，极限宽指标没有大幅远离最低值指标，说明下跌力度不大，可能处于 2 浪调整之中。在 C 位置极限宽指标再次发生黏合，并且短期均线向上突破上轨，表明调整可能结束，即将展开新一轮的上涨。此后短期均线一直围绕上轨波动，该基金呈连续上涨态势。

对于一些不太擅长选股的投资者，或者只希望投资某个板块的投资者来说，ETF基金是一个不错的选择。一些主题ETF或板块ETF包含了相关的优质股票，很少有停牌风险，波动适中，更利于坚持长期持股。从长期来看，很多人难以盈利的原因在于错误的时机选择和频繁交易。

做得越多，错得越多，这是多数人面临的问题，只有少数投资老手才能真正具备成熟的投资心态，管住自己的心和手。新手看到媒体宣传的所谓"10cm涨幅""20cm涨幅"就像小孩子看到包装精美的糖果一样，贪婪的欲望很容易冲破脆弱的心理防线，不断地追涨杀跌，频繁换股。这种没有纪律的短视操作会让你一直徘徊在投资的入门阶段。

总结

极限宽指标可以用来识别均线带的收口，当极限宽指标与最低值指标重合时，说明均线带收口达到极限水平，价格经过调整之后很可能会选择方向。该指标不仅可以指示强势趋势或趋势反转，而且可以帮助我们识别市场的顶部、底部和整理形态。

通常，如果极限宽指标发生黏合，伴随着短期均线向上突破均线带上轨，是多头信号；而极限宽指标发生黏合，伴随着短期均线向下突破均线带下轨，则是空头信号。但有时一段连续趋势之后的首次反向突破信号会失败，价格可能不按预期方向发展，这时要适当使用止损。均线带和极限宽指标需要与其他技术分析工具和方法配合使用，多种方法相互验证，这样可以提高判断的成功率。

她那时候还太年轻，不知道所有命运赠送的礼物，早已在暗中标好了价格。

——茨威格《断头王后》

7.3 如何选择合适的指标周期

我们讲到过道氏理论和波浪理论，还讲到过三重滤网系统，这些都涉及同一个话题，那就是时间框架。最早的道氏理论把三种级别的趋势形象地称为涟漪、波浪和潮汐。后来的波浪理论把行情分成了多种级别，每个级别的行情都由"五上三下"的结构组成，它们可以向下细分成低级别的多个分形结构，也同时作为一个分形结构向上从属于更高级别。正所谓"一沙一世界"。

三重滤网系统则按照长期、中期和短期的顺序逐步"瞄准"交易信号。我们在 K 线图上经常用移动平均线来分析长期、中期和短期趋势。通常以 250 日均线、120 日均线或 60 日均线作为长线指标，以 30 日均线或 20 日均线作为中线指标，以 10 日均线或 5 日均线作为短线指标。

布林线指标为什么默认以 20 日均线作为中轨线呢？因为 20 日均线一般可以反映中期趋势。注意，布林线不像双均线系统或 MACD 指标那样，依据快线（短周期指标线）与慢线（长周期指标线）之间的交叉来判断买卖信号，而是依据布林线的宽度和价格在带状指标中的相对位置变化来判断买卖信号。布林线的中轨应该具有支撑或压力作用，并不提供交叉信号。

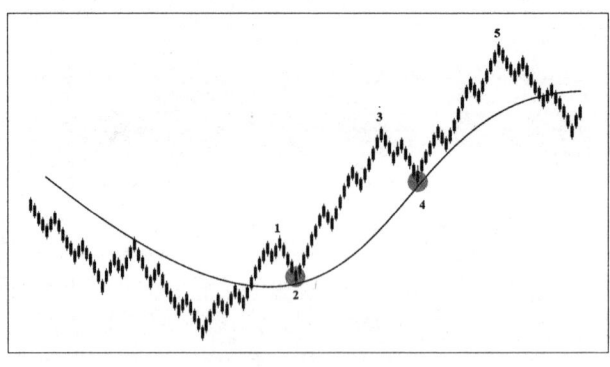

图 7-14 合适周期的移动平均线

为了说明均线对价格的支撑作用，我们在图 7-14 中显示了一段底部反转行情以及相应的合适周期的均线。我们假设反转后的上涨行情走出了波浪理论中的 5浪上涨，并在图中用数字标出了它们的位置。合适的均线周期应该让价格的修正走势得到支撑，尤其是趋势发生反转后的第一次回调，即图中标出的 2 浪末位置。

　　在图中判断价格转为上升趋势有两种方式：一是依据均线方向，当均线方向由向下转为向上时，认为形成上升趋势；二是依据价格突破前期高点，当 3 浪突破 1 浪波峰时，确认新的上升趋势已经成立。

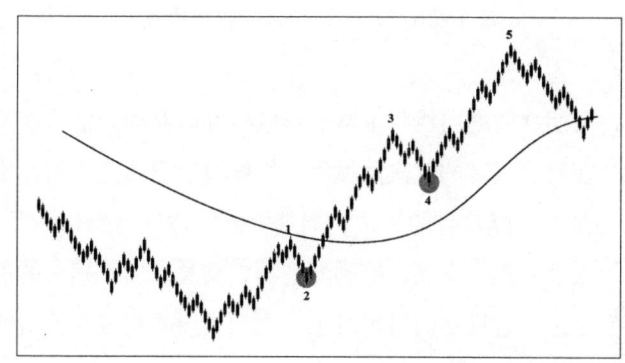

图 7-15　太长周期的移动平均线

　　均线的周期太长就不能及时反映支撑，均线向上拐头的时间也太迟，不能及时反映新的趋势，如图 7-15 所示。长周期均线的变化更加平缓，它反映了更长时期内的市场平均成本。当长周期均线向上拐头时，上涨行情已经过了起始阶段，很难再找到有利的进场位置。

　　均线的周期太短，价格可能来回穿越均线两三次，这不仅不能提供有用的支撑或趋势信息，而且会对操作形成干扰，如图 7-16 所示。短周期均线更贴近价格波动，它反映近期的市场平均成本。短周期均线的方向以及价格与它的相对位置比较容易发生变化。在上升趋势中，短期回调会频繁向下突破短期均线并带动它向下拐头。

　　以上就是价格底部时的合适、太长和太短周期均线的情况，在顶部的情况也是同样道理。

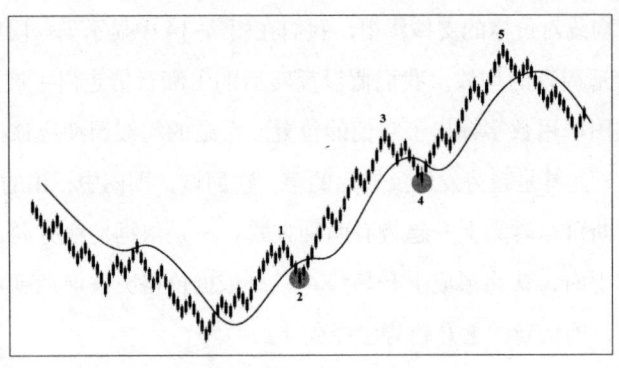

图 7-16　太短周期的移动平均线

在顶部时，周期合适的均线与价格能形成良好的互动，价格在适当的时机向下穿越均线，并在趋势反转的首次回抽测试均线时受到压力作用，价格遇阻回落并跌破前期波谷是对下降趋势的确认；周期太长的均线与价格的互动比较迟钝，价格不容易与均线发生死亡交叉，等到看到死亡交叉或向下拐头的信号时，顶部早已形成，人们已经错过最佳的出场时机；周期太短的均线与价格的互动又显得太过频繁，噪音信号会对操作形成干扰。

多年来的研究资料显示，对于多数交易品种来说，20 日均线是反映中期趋势的合适选择。在实际应用 BOLL 指标时，我们可以根据品种的波动性和分析方法对 BOLL 的周期参数进行适当调整。如果均线的周期增长，带宽的标准差倍数也应该相应增大，例如在 20 日均线时用 2 倍标准差，在 50 日均线时用 2.1 倍标准差。同理，如果均线的周期缩短，带宽的标准差倍数也应该相应减小，例如在 20 日均线时用 2 倍标准差，在 10 日均线时用 1.9 倍标准差。

值得一提的是，不管是股票还是期货品种，不管是日线图、30 分钟图还是 10 分钟图，当前默认参数下的 BOLL 指标都能起到不错的分析效果。在建立交易系统时，对参数变动不很敏感的系统会具有更好的适用性。

7.4 如何在均线带中填充颜色

在前几本技术分析书出版以后，很多投资者问过如何在均线带中填充颜色，我们可以利用通达信软件上的 DRAWBAND 函数来解决这个问题，均线填充颜色的指标公式如下。

```
{ 变色均线带指标 }
{ 范例指标仅用于说明算法语法，投资者需根据自身经验和需求经过调整、
测试之后再实际应用 }
MA5:=MA(CLOSE,5);
MA20:=MA(CLOSE,20);
DRAWBAND(MA5,RGB(255,237,237),MA20,RGB(237,247,237));
M5:MA5,COLOR50AF4C,LINETHICK1;
M20:MA20,COLOR5252FF,LINETHICK2;
DRAWKLINE(HIGH,OPEN,LOW,CLOSE);
```

将均线带指标公式加载到 K 线图上的显示效果如图 7-17 所示。图中的短期均线为 MA5，中期均线为 MA20，两条均线金叉时显示为红色，死叉时显示为绿色。这样可以让均线带看上去更"好看"，可以方便地看出 MA20 对 MA5（和价格）的支撑和压力作用。

我们以这样的形式来呈现均线指标，其目的当然是更好地跟踪趋势。技术分析者应该坚持顺势交易，因为你永远可以相信趋势。我们力求将市场的每一步走势都分析清楚，但实际上有些区间的走势属于无序的碎片，它们可能只是市场等待选择方向前的犹豫，或者反复蓄力。从更大趋势的角度来看，你会看得更清楚。你只需重点抓住那些有意义的波动区间，试图分析和操作意义不大的波动区间，反而费力不讨好。如果你的方法背后得到了趋势的支撑，这场概率游戏就是偏向你的。就像一句诗词所说，"好风凭借力，送我上青云"。

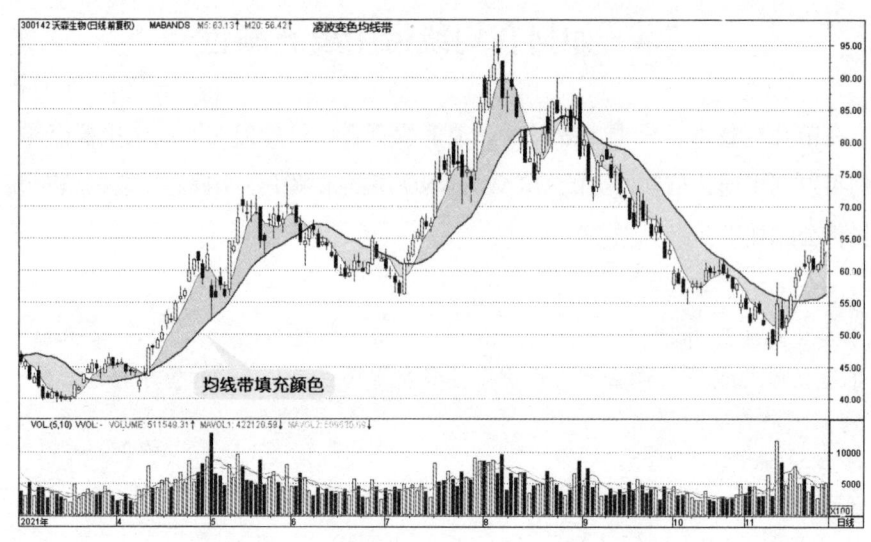

图 7-17 沃森生物（300142）均线带填充颜色

每天待在这里，会把这里当成全世界。

——《天堂电影院》

7.5　动态止损通道

我们在本书介绍的布林线和其他一些带状指标都可以用以上方法来填充颜色。借此机会，我们再简单介绍一个新的指标，希望它能为你提供一些新的思路。我们已经讲过唐奇安通道和高低价通道，在此基础上我们构造出了一个新的指标，并将它命名为"动态止损通道"或"动态趋势通道"，如图 7-18 所示。

从图 7-18 中可以看出，这个指标与唐奇安通道有点相似，不同的是，它在上升趋势中只显示近期的最低价，并在 K 线与下面的最低价线之间填充红色；在下降趋势中只显示近期的最高价，并在 K 线与上面的最高价线之间填充绿色。

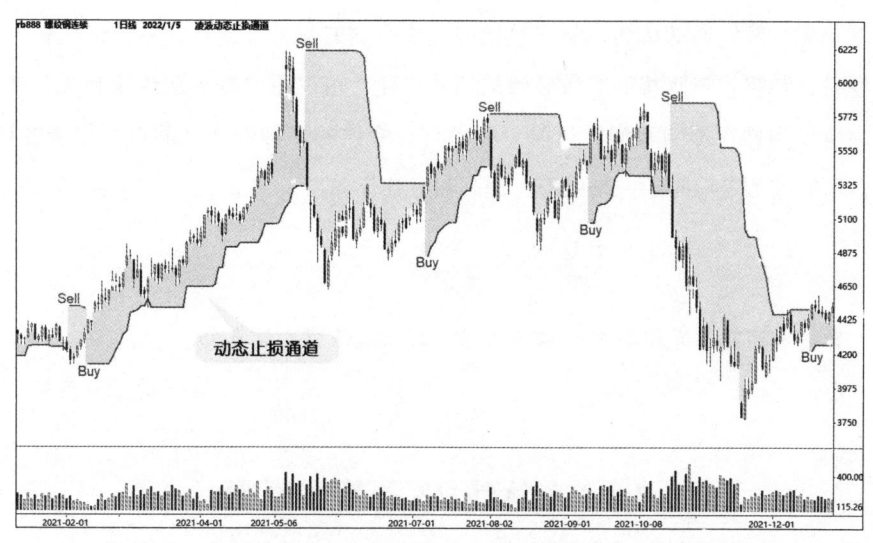

图 7-18　动态止损通道

在日线图上，动态止损通道的上轨线为近 20 日的最高价，下轨线为近 10 日的最低价。当前 K 线的收盘价突破上轨线时，开始显示下轨线，适宜看多做多，并以下轨线作为多头的止损线；当前 K 线的收盘价跌破下轨线时，开始显示上轨线，适宜看空做空，并以上轨线作为空头的止损线。

动态止损通道的使用方法正好契合了著名的海龟交易法则，开始看多做多的位置正是海龟法则的突破买点，而下轨线就是海龟法则的跟踪止损线。这是一个令人赏心悦目的指标，在此基础上可以发展出完备的交易策略。

为什么在计算上轨线时采用了长周期，而在计算下轨线时采用了短周期呢？有经验的交易者应该知道这样做的理由，一方面因为以价格突破更长周期的高点发出的买入信号更可靠，更能确认形成上升趋势。如果你采用了过短周期来计算上轨线，那么会产生很多无效信号。另一方面，以短周期的低点作为止损线，这样可以保护更多顶部利润。超越周期的止盈是获得优势的一种很好的方式。

我们的理想目标是做到攻守平衡，但实际上很难做到这一点，多数人的系统会偏向于一端。如果让你来选择的话，你会选择一个偏向于进攻还是偏向于防守的系统呢？我们通常认为，防守是比进攻更有利的交易方式。在系统优化到一定程度时，调整攻守两端的参数导致的绩效变化，可以用"按下葫芦浮起瓢"来形容，所以当你在影响利润与风险、胜率与盈亏比的多种因素之间进行权衡的话，更合理的做法是偏向于控制风险，提高盈亏比！

钟摆不可能永远朝向某个端点摆动，或永远停留在端点处。

——霍华德·马克斯

7.6 布林线 22 条基本原则

布林格最早曾在他 2001 年出版的《布林线》一书中总结了 15 条基本原则，后来他又在此基础上扩展到了 22 条。这些使用原则包括布林格对一些经常问到的问题的回复以及他 30 多年的使用经验。

1. 布林线定义了相对高位与低位。根据定义，处于上轨附近的价格为高位，处于下轨附近的价格为低位。

2. 这种相对定义可以用来比较价格走势和指标走势，并得出严格的买入和卖出信号。

3. 可以通过动量、成交量、市场情绪、持仓量和跨市场数据衍生出适当的技术指标。

4. 如果使用多种指标，那么这些指标之间不应存在直接关联。例如，一个动量指标也许可以对一个成交量指标起到很好的补充作用，但使用两个动量指标不会比使用一个更有效。

5. 可以用布林线来定义或识别一些价格形态，例如 M 头、W 底或背离。

6. 突破布林线上轨或下轨并不代表交易信号，突破上轨不代表卖出信号，突破下轨也不代表买入信号。

7. 在趋势市场中，价格可能并且确实会沿着布林线上轨或下轨移动。

8. 收盘在布林线之外可能是趋势持续信号，而非趋势反转信号（这是一些非常成功的波动率突破系统的基础）。

9. 布林线在计算移动平均值和标准差时的缺省参数为20，带宽为2倍标准差，这些参数只是缺省值。在不同市场和技术分析中使用的实际参数可以根据需要来设置。

10. 布林线所使用的均线不应该是能够提供最佳交叉信号的均线，而应该是能够反映中期趋势的均线。

11. 为了保持涵盖价格的一致性：如果均线的周期增长，带宽的标准差倍数也应该相应增大，例如在20日均线时用2倍标准差，在50日均线时用2.1倍标准差。同理，如果均线的周期缩短，带宽的标准差倍数也应该相应减小，例如在20日均线时用2倍标准差，在10日均线时用1.9倍标准差。

12. 传统布林线在计算中使用简单移动平均，这是因为在标准差的计算中也用到了简单移动平均，我们希望保持逻辑上的一致性。

13. 指数布林线消除了由退出计算窗口的大幅价格变化引起的带宽的突然变化。在计算中轨线和标准偏差时都必须使用指数平均。

14. 虽然在布林线中使用了标准差，但不要因此而认定某些统计假设。布林线计算中的数据样本通常很小，所以不具有统计学上的意义，并且极少符合正态分布。（实际上我们经常发现在使用缺省参数时布林线涵盖了90%而不是95%的数据）

15. %b告诉我们价格在布林线中的相对位置。该指标在计算时采用了随机指标的公式。

16. %b有很多用法，其中更重要的是识别背离、识别形态和编写布林线交易系统。

17. 指标可以用%b进行标准化，消除计算过程中的固定阈值。例如，使用50周期或更长周期的布林线，然后计算该指标的%b。

18. 极限宽指标告诉我们布林线的宽度。利用中轨线对原始宽度进行标准化。使用缺省参数时极限宽相当于四倍的标准差。

19. 极限宽指标有很多用法。其中最常用的是识别收口，但也可用于识别趋势变化。

20.布林线可用于大多数投资品种的各种周期，包括股票、指数、外汇、商品、期货、期权和债券。

21.布林线可用于任何周期的 K 线图，5 分钟图、1 小时图、日线图、周线图等。关键是图表必须包含足够多的 K 线数量，这样才能表现出可靠的价格运行机制。

22.布林线不提供持续的操作建议；相反，它们有助于识别可能对你有利的大概率形态。

以上就是布林格总结的 22 条布林线使用原则，交易者可以在他的官方网站 www.bollingerbands.com 获得更多详细信息。

第 8 章

BOLL 交易系统

生命总会找到出口。

——《侏罗纪公园》

如果你想在华尔街交到真心朋友的话，那就养条狗好了。

——"华尔街之狼"卡尔·伊坎

8.1　回测中的八大陷阱

建立交易系统的过程就是"回测、调试、再回测、再调试"的过程。在系统达到完备之前，交易者需要进行大量的回测。交易系统是你在一定交易理念和逻辑之下，对"在哪买，在哪卖，买多少，卖多少"的约束条件的集合。初步建立起一个交易系统之后，肯定不能马上用于实盘，因为它难免会存在一些漏洞或缺陷，为了验证和改进它的性能，就要对它进行大量测试。甚至一些经过一定测试的系统，在经验更丰富的专业交易者看来也有很多漏洞，所以在达到充分完备之前，不要急于投入大量资金进行实盘操作。

通过回测你可以验证交易信号的准确度，验证交易逻辑是否可行，发现系统中的缺陷。前期测试得越周全，你在实盘中付出的真金白银的学费就越少。当然，在回测和实盘之间还可以进行一段时间的仿真交易，进一步验证系统的稳定性和效率。赚钱的事不能急，磨刀不误砍柴工。

在回测时，交易软件可以统计出一系列绩效指标，包括收益率、最大回撤、夏普比率、交易次数、胜率、盈亏比、平均盈利、平均亏损、交易成本和平均持仓周期等。有些绩效指标可能是你最初想不到的衡量标准，通过了解这些指标能进一步加深对交易的理解，这其中包含着前人的交易智慧。

交易者在检查自己的系统时都会有各自的盲区，如果你检查别人的系统你可能很容易发现对方看不到的错误，而如果检查自己的系统则容易对自己的错误视而不见。这其中的原因在于，你已经形成了思维定式，你的头脑会自动过滤掉一些噪音信号，甚至会产生有利的偏见。因此，借助回测来"客观"评估系统很有必要。

有些交易者所建立系统的初始逻辑可能具备成功的潜力，他们只是缺少好的工具或方法对其进行调试。由于没有经过充分的回测，他们对系统的信心也会打折扣，这会导致执行上的问题，极大地影响交易成绩。为了更有效率地进行回测，我们为交易者列出了以下一些常见的回测陷阱，避免落入这些回测陷阱将能够让你付出更少的纠错代价。

回测陷阱之一：信号闪烁

我们在回测时使用的数据是静态的历史数据，而实盘交易时的数据是动态的实时数据。在一根 K 线上，随着当前价格不断跳动，可能出现时而满足某个限定条件，而时不满足该条件的情况，这就会产生信号闪烁现象。例如，以收盘价高于前一根 K 线的最高价为买入条件，在当前 K 线没有走完之前，收盘价是不断变化的，如果它在第 10 秒时满足买入条件，它就会发出买入信号，如果在当前 K 线结束时没有满足买入条件，它的买入信号又会消失。

利用当前 K 线的最高价、最低价和收盘价（或者在这些价格的基础上计算的指标）设置的限定条件都可能产生信号闪烁。为什么不包括开盘价呢？很明显，因为开盘价是唯一的。在一根 K 线中，它不会随着时间发生变化。沿着这个思路我们就可以找到这个问题的解决办法，那就是使用不变价格来制定条件，比如前一根 K 线的"高开低收"中的任一价格（或指标值）。

回测陷阱之二：未来函数

有一些函数在当前 K 线的计算结果会随着后面的 K 线数值发生变化，例如之字转向指标（ZigZag），后面的 K 线发生时，前面的交易信号可能凭空消失。

通达信中的 WAVE 指标（波浪分析）就用到了 ZIG 函数，例如 ZIG（3，5）表示收盘价的 5% 的之字转向。在判断波谷时，如果当前 K 线的收盘价比低点高 5% 就会出现一个上升浪，并确定之前的一个波谷，但它会随着当前收盘价格的变化而变化。感兴趣的交易者可以在 1 分钟 K 线图上观察 WAVE 指标的变化，将幅度因子改小为 0.2，你很容易体验到未来函数导致的信号闪烁。

回测陷阱之三：偷价

在事后知道相对高价与低价之后，以低价买进或以高价卖出的交易行为就是偷价。举个极端的例子，如果以所有阳线的开盘价买入，并以收盘价卖出，那么这种方法肯定是盈利的，而实际上，当阳线结束时你不可能再以开盘价买进。但在回测时，这种方法是可以产生交易信号的。

偷价无疑是最容易使资金曲线呈一定角度上扬的手段之一，提醒交易者注意，在看到漂亮到几乎完美的资金曲线时要注意其背后可能存在偷价行为。

回测陷阱之四：不可能成交的价格

这个问题在止损时很常见。一些交易者把止损条件设置得过于极端，系统的容错性很低，很多时候价格只是摸到止损价位，并不能击穿止损价位。要知道，在实盘中的挂单需要排队，当盘口积累大量挂单时很难成交。但是在回测时，只要曾经达到指定价位就是可以成交的，即使实际只有几手成交记录。

在股票实盘中，在涨停或跌停价位往往很难成交，极端情况是地量一字涨停或跌停，而在回测时却是可以成交的。还有一些快速变动的价格区间，也会有不可能成交的价格，例如开盘的第一分钟，如果遇到突发利好或利空消息，价格波动会非常剧烈，虽然看上去是一根实体K线，但其中有很多价格真空区间，更极端的例子是黑天鹅事件。在价格奔袭时要注意不可能成交的价格。

回测陷阱之五：过度拟合

我们在以前多次提过，系统要对行情有区分能力，它要对行情进行筛选，在众多行情中把符合一定特征的那段走势识别出来，这种走势应该是对我们有利的大概率形态。但是，随着研究的深入，交易者倾向于把刀刃磨得过薄，导致系统过于适应当前行情，一旦市场波动风格发生改变，这个系统就很容易失效。这种过于贴合当前行情的做法就是过度拟合了。

换个角度来说，就是这段行情被针对了。你的初衷是识别一类行情，由于想抓住尽可能多的利润，你通过增加逻辑的复杂程度和参数数量，结果把很大部分行情都纳入了系统之中。把系统从相对平衡状态修改得越来越精致，细节突出，棱角分明，这会降低系统的适用性。一些在小级别上看似精致的买点，放大周期来看毫无逻辑。

过度拟合体现了描述行情的共性和个性之间的矛盾。如果你让系统过度适应一段行情，那么在面对未来一段行情时，你是否会再继续优化呢？继续优化的结果很可能会否定之前的交易信号。经过不断优化，最终这个系统就像一只骑在独轮车上的大象。

回测陷阱之六：幸存者偏差

交易者在市场中一定听说过，一将功成万骨枯。投资或投机都是概率游戏，最终的成功者可能不是由于他的方法使然，而只是经过市场自然淘汰后剩下的幸存者。每次投资大赛都会有收益率很高的胜出者，但一位胜出者并不能在每次大赛中都取得好成绩。基金经理也是如此，连续五年在同类基金业绩排名中排进前1/4的基金都很少见。

市场中流传着这样一个笑话，假设市场上有1000只猴子参与投资，每年有一半的猴子由于跑输大盘而被市场淘汰掉，第一年剩下500只猴子，第二年剩下250只，第三年剩下125只……到了第九年仅剩下1只猴子。你看到这只猴子有点眼熟，然后看到财经杂志封面猛然想起来，"噢，这不就是巴菲特嘛！"

当然这只是一个笑话，巴菲特被价值投资者尊称为"奥马哈的先知"（The Oracle of Omaha）或"奥马哈的圣人"（The Sage of Omaha）。用他的话来讲，如果真有这样一个游戏，那么你会发现有相当一部分赢家集中在奥马哈的动物园，并且你会想弄明白到底是什么原因导致这种结果。

回测陷阱之七：冲击成本（滑点）

在实盘交易中，由于价格快速波动，实际的成交价格与产生交易信号的价格会有偏差，而且往往是在不利的方向，如果有大量交易信号都有这个问题，那么回测结果与真实结果之间就会有巨大差异。由于滑点的影响，一个理论上稳定盈利的策略，在实际上可能是稳定亏损的。

有经验的交易者会有这样一种感觉，那就是容错性低的系统会产生很多未成交报单，而容错性高的系统又会让出很多微小的利润。我们可以将价格快速跳动的影响纳入考量范围，并使用严格的限价单，使回测结果与实际结果尽可能接近。

很多交易者会倾向于使用更有利的价格，这能使资金曲线看起来更漂亮，但你要知道，实盘不会说谎，最终还是要面对现实。我们可以在回测时加入 1~2 跳滑点，提高买入价或降低卖出价，使回测结果更接近于真实情况。交易周期越短的系统，交易次数越多，滑点的影响就越大。如果你参与挂单比较稀薄的品种，并且使用的资金量相对较大，则很难避免冲击成本。

回测陷阱之八：数据偏差

有些交易者在回测时其他方面都做得很好，却忽略了最基础的回测数据问题。首先是数据的完整性和可靠性问题，你要保证所使用的数据没有缺失并且与交易所的数据一致。现在股票历史数据可以从主流股票软件上下载获得，而期货历史数据往往需要付费才能下载。

还要注意的一点是 K 线生成原则，即使使用相同的数据，不同软件之间的 K 线也可能不同。在极少数情况下，由于网络延迟，在同一根 K 线中，不同软件接收到的最后一跳的价格不一致，也会使 K 线产生微小误差。

有的交易者认为回测应该覆盖更长的时期和更多的品种，我们认为这与策略的设计思想有关，不能一概而论。时间太久远的数据，比如 20 年前的数据，可能相当于另一个品种。对于回测更多品种的问题，以期货品种为例，农产品与金属、股指的波动风格不同，除非你不是基于波动特征建立的系统，而是基于其他逻辑，你才可能有必要测试全品种。越是短线的系统越应该集中在同类品种中进行回测，甚至如果你只做一个品种，你可以只测试一个品种。甚至同一品种在价格相差很多时，波动性也会有很大差异。

以上就是我们总结的回测八大陷阱，虽然我们已经介绍过很多有关交易系统的内容，但这是第一次集中讨论回测的问题，希望交易者能够对这些问题引起足够的重视。

刚入门做量化交易的人，一定会在交易软件的交流群或论坛上见到别人晒出的呈 45 度角上扬的各种资金曲线，不过你要知道，这只是测试结果，这种曲线可以通过成千上万种方式做出来，其中真正能够经得起实盘检验的极少！甚至可以说，你在网络上看到的这种资金曲线几乎没有可操作性！所以不要轻信这些"广告"，如果你想做量化，一定要自己实践，只有系统建立者本人更了解系统逻辑是否可靠，而回测能够帮助我们更客观地去验证它。

对于一个系统化交易者来说，他的大部分时间都是在做回测，或者说在他找到一个相对平衡的优势策略之前必然会这样做。验证一种策略的过程可以帮助交易者将以往的经验梳理清楚，提升对价格波动的理解程度。很多交易者正是在不断的回测过程中去芜存菁，最终找到属于自己的那种市场波动秩序。

经过回测验证的系统可以说明它在历史数据中是有效的，但这并不代表未来一定能稳定盈利。很多交易者都会遇到这样一个问题，一个交易系统的有效期是多久？这个问题很难用三言两语解释清楚，我们在以后的文章中有机会再详细讨论。

可以这样说，盈利的方法就像在繁茂树木底下看到的从叶片间隙透过的阳光一样，随着时间的推移，叶子总能弥补上有阳光的地方，叶子的间隙会越来越少，这就是固定方法长期稳定盈利的难点之一。

市场中还有一种孢子理论，意思是说，孢子是一种智能生命，它具有向观察者未知的方向变异的趋势，而且它总是向观察者未知的方向变异。在我们看来，市场或许具有一些孢子的特性，因为它的波动风格的确会发生变异，但它的一些规律性也是确实存在的，例如最根本的趋势规律。

重要的是，你要明白，即使有了一个经过回测检验的正期望系统，这也不是一劳永逸的，市场的波动风格或者大环境会发生变化，你需要对它进行微调。也可以说，交易系统也需要迭代，即使有些系统可能更"聪明"，它的适应性更强，这只会加大它的迭代周期。

对这个话题的讨论不禁让人联想到最近上映的一部末世电影《芬奇》，汤姆·汉克斯饰演男主角芬奇，他把人类的经验通过从书籍上采集信息的方式传输给他制造的机器人杰夫，为它制定行为准则，然后对它言传身教，让它学习人类的行为和情感。他会给杰夫讲述一些蕴含着哲理和禅学意味的小故事，一步一步地启发杰夫不断成长。最终，杰夫成为了一个拥有人类知识、趣味和情感的独立的"人"。交易者的量化交易策略实际上就是这样一个机器人，它是在交易市场中的"世另我"（世界上的另一个我），交易者通过回测来训练它，与它建立信任，最终使它独立完成你的工作和盈利目标。

8.2　Aberration 策略

我们已经知道，布林格在 1983 年发明了布林线指标，从那时起这种具有自适应功能的带状指标就越来越多地被用于建立各种交易策略。很多直觉交易者可能没听说过 Aberration 策略，但在系统交易者看来，这是一个堪称典范的交易策略，它在 2011 年被美国 *Future Truth* 杂志评为十大一致性最好的交易策略之一。

这个曾经创下 100% 以上年收益率的传奇交易策略由基思·费琛（Keith Fitschen）于 1986 年发明，这就在布林线问世的三年之后。在 1993 年，他将该系统发布在 *Future Truth* 杂志上，自策略发布之日起，其绩效一直排名靠前，在 1997 年、2001 年和 2005 年已发布交易系统的业绩排名中均排在第一位。

这是一款中长线的交易系统，属于趋势追踪型策略，它在农产品、金属、能源、外汇、股指期货等 8 个品种之间灵活运行，通过跟踪长期趋势来获利。由于它同时在多个不相关或相关性很低的市场中进行交易，因此只需在一种或几种市场中捕捉到趋势并获得高额盈利，就能弥补在其他不稳定市场中的亏损。它的交易频率一般是每年交易某一品种 3~4 次，60% 的时间都持仓，平均每笔交易持仓 60 天。

该策略的开平仓策略是，首先利用 35 日移动平均线和 35 日收盘价的标准差，得出上中下三条轨道线，这相当于使用周期参数为 35 的布林线；当上一根 K 线的收盘价向上突破上轨的时候开多，向下突破下轨的时候开空；当向下突破中轨的时候平掉多单，向上突破中轨的时候平掉空单。

我们在之前的章节中已经讲过多种依据布林线指标的开仓和平仓策略，Aberration 策略的开平仓策略就是其中的一种组合。该策略的思想很简单，就是利用移动平均线和标准差构造通道线，然后随时判断是否突破了通道边界，从而捕捉到趋势可能的起始位置。当趋势可能反转的时候，价格会率先试图带动中轨改变方向，因此当 K 线反向突破中轨的时候，就可以认为趋势已经结束，止盈出场。而如果对趋势方向产生误判，在 K 线反向突破中轨的时候，也可以及时止损。

有的交易者可能会问，这个 30 多年前开发的策略现在还能赚钱吗？

我想这是每一个接触到新的交易策略的人都会产生的疑问，我们将在随后给出该策略的回测结果。虽然该策略发布的年代较早，但趋势跟踪的交易思想是一个颠扑不破的交易真理。一些品种的波动风格在几十年中间可能会发生一些变化，但趋势就像潮汐一样，它是一种内在的波动规律。

还有一点值得说明的是，简单的策略或法则使用起来并不一定效果差，简单也可以有效，很多人的问题往往在于难以执行简单的策略。著名的海龟法则也诞生于 1983 年，同样是一套显得有些"古老"的交易法则，它精简得用一张 A4 纸就能写下，但就像海龟奇迹的缔造者理查德·丹尼斯所说，"即使把交易规则刊登到报纸上，依然没有人会按照它去做。关键还是在于一致性和遵守原则。"

策略原理

Aberration 策略也是一个通道突破系统，只不过其上轨和下轨是由波动率决定的。布林格指出，触及上轨或下轨并不代表卖出或买入信号，例如，在上升趋势中，触及上轨并不代表卖出信号，它可能意味着上涨行情开始启动。

在布林线的构造中，有一个信赖区间的概念，对于一组近似于正态分布（Normal Distribution）的数据，大约有 68.3% 的数据分布在距离平均值有 1 个标准差之内的范围，大约有 95.4% 的数据分布在距离平均值有 2 个标准差之内的范围，以及大约有 99.7% 的数据分布在距离平均值有 3 个标准差之内的范围，这被称为"68-95-99.7 法则"。对于价格数据，布林格指出，实际上大约有 90% 的数据会落入 2 倍标准差的布林线。

Aberration 这个英文单词的意思是"脱离常规、反常现象"，在这里你也可以理解成脱离轨道或偏离常态，我想这正是基思·费琛将这个布林线突破系统命名为 Aberration 的原因。

策略建立

计算 BOLL 指标：

（1）中轨线：MiddleBand = AverageFC(Close,Length)；

（2）标准差：Volatility = StandardDev(Close,Length,2)；

（3）上轨线：UpperBand= MiddleBand + width × Volatility ；

（4）下轨线：LowerBand= MiddleBand + width × Volatility。（width 为带宽倍数）

开仓与平仓条件：

多头：收盘价格突破上轨时开多仓，跌破中轨平掉多仓；

空头：收盘价格跌破下轨时开空仓，突破中轨平掉空仓。

开仓与平仓数量：为了便于说明，我们在开仓和平仓时都一次性以 10 手完成进场和离场。

投资最严重的错误之一就是受市场影响。当股市表现完全抛离其基本面，或者落后基本面太多，均值回归法则早晚会起作用。

——约翰·博格

8.3 TB 写的 Aberration 策略

TB 简介

我们来简单介绍一下将要使用的交易工具。交易开拓者（TradeBlazer，TB）是一款支持证券、期货的专业金融交易软件。除多账户交易终端功能外，还拥有丰富的程序化交易功能。

交易者可以通过 TB 简单、快速地将自己的交易思想转化为计算机代码，形成自己的交易策略，让计算机辅助执行交易。TB 从 2007 年开始发布更新版本，是国内最早能够接入证券、期货市场进行自动交易的程序化交易软件。

TB 的底层使用 C 语言，执行效率高，数据容量大。行情交易和图形组件对象使用 C++ 语言编写。该软件以 TradeBlazer language 为编程语言，语法类似于 Pascal，简明易懂。带有大量的交易函数、指标公式和交易策略，交易者可以根据自己的经验和需求灵活地建立自己的交易系统。有独立的客户端软件。在回测方面，主要支持期货品种的日、分钟、Tick 级回测。

TB 内的 Aberration 策略源码

```
//------------------------------------------------
// 简称：Aberration1.0
// 名称：布林线的偏离轨道策略一
// 类别：公式应用
// 类型：用户应用
//------------------------------------------------


Params
    Numeric Length(20);        //周期
    Numeric width(2);          //标准差倍数
Vars
    Series<Numeric> MiddleBand;      //中轨
    Series<Numeric> UpperBand;       //上轨
    Series<Numeric> LowerBand;       //下轨
    Series<Numeric> Volatility;      //标准差

Events
    OnBar(ArrayRef<Integer> indexs)
    {
        // 计算 BOLL 指标
        MiddleBand = AverageFC(Close,Length);
        Volatility = StandardDev(Close,Length,2);
        UpperBand = MiddleBand + width * Volatility;
        LowerBand = MiddleBand - width * Volatility;
        // 输出 BOLL 的三条指标线
        PlotNumeric( "Middleband" ,MiddleBand);
        PlotNumeric( "Upperband" ,UpperBand);
        PlotNumeric( "Lowerband" ,LowerBand);
        // 开仓，向上突破上轨线开多，向下突破下轨线开空
        If(MarketPosition == 0)
        {
            If(Close[1] > UpperBand[1])
```

```
        {
            Buy(10,Open);
        }
        If(Close[1] < LowerBand[1])
        {
            SellShort(10,Open);
        }
    }
    // 多仓离场，向下突破中轨线
    If(MarketPosition == 1 And BarsSinceEntry > 0
And Close[1] < MiddleBand[1])
    {
        Sell(0,Open);
    }
    // 空仓离场，向上突破中轨线
    If(MarketPosition == -1 And BarsSinceEntry > 0
And Close[1] > MiddleBand[1])
    {
        BuyToCover(0,Open);
    }
}
```

　　了解了 Aberration 策略的建立思想之后，我们在 TB 内编写了该交易系统的初始版本 Aberration1.0，如以上代码所示。这是一个逻辑并不复杂的系统。我们在代码中对变量含义、BOLL 指标计算和开仓与平仓做了注释。

　　在计算 BOLL 指标时仍然以 20 作为默认参数，在后面我们将针对不同参数进行回测。在计算标准差时，用到了 StandardDev(Series<Numeric> Price, Numeric Length, Numeric DataType) 函数，其中的第一个参数我们用的是当前 K 线的收盘价 Close，如果想用前一日的收盘价则可以用 Close[1]；第二个参数是周期参数，缺省值为 20；第三个参数是 DataType，求估计方差的类型，"1"代表求总体方差，"2"代表求样本方差，我们用参数 2，得出的是样本标准差。该函数与通达信中用 STD 函数直接计算出来的指标值相同。

我们对代码进行编译并通过之后，在螺纹主连（RB888）日线图上插入公式，就可以在 K 线图上显示出交易信号，如图 8-1、图 8-2 所示。

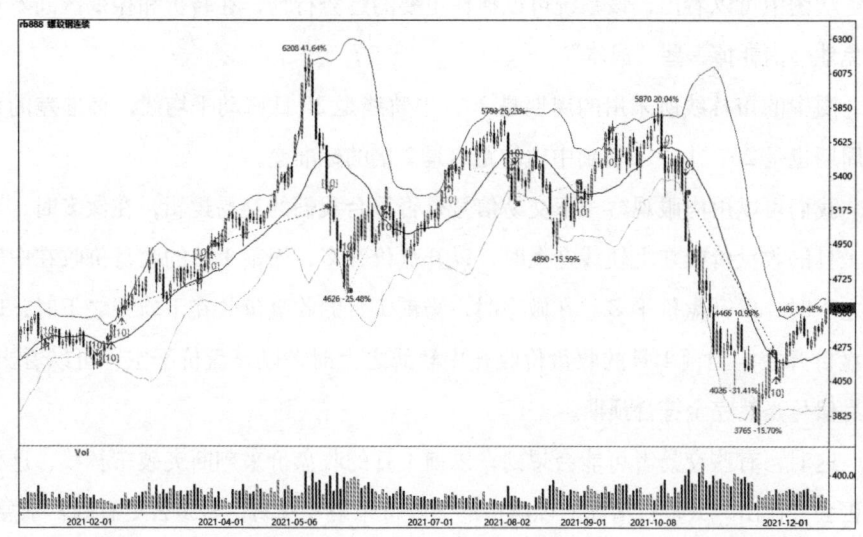

图 8-1　螺纹主连（RB888）日线 Aberration 交易系统信号图（1）

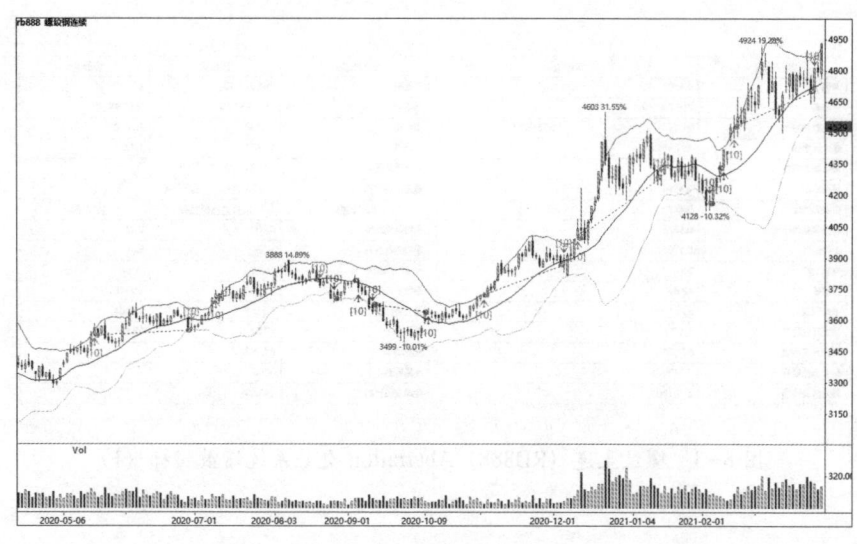

图 8-2　螺纹主连（RB888）日线 Aberration 交易系统信号图（2）

现在我们已经把交易想法不折不扣地用自动交易程序呈现出来了，交易信号忠实地反映了我们的初衷想法，即使有些信号产生的位置，我们在用直觉交易时可能是模棱两可的，但交易信号会客观地对待，不带任何情绪和感情。

从图中可以看出，该系统可以抓住主要的趋势行情，在转折和振荡区间不可避免地会消耗掉一些"成本"。

图中的布林线所采用的周期是 20，中轨线是 20 日移动平均线，标准差的计算周期也是 20，上、下轨到中轨的距离是 2 倍的标准差。

我们可以用肉眼观察一下交易信号是否符合我们的交易逻辑，在做多时，当前 1 日的收盘价收在上轨线之上时，以开盘价开多，当前 1 日的收盘价收在中轨线之下时，以开盘价平多；在做空时，当前 1 日的收盘价收在下轨线之下时，以开盘价开空，当前 1 日的收盘价收在中轨线之上时，以开盘价平空。可以看出，交易信号当然完全符合预期。

这时，有些交易者可能会想到，以前 1 日的收盘价来判断突破布林线，这样是否会"让出"太多行情呢？以盘中的突破价来触发交易信号是否更有利？别急，我们在后面会尝试这种想法。我们先来看当前系统的回测结果和盈亏曲线，如图8-3、图8-4 所示。

统计指标	指标值	
净值	3.6061	
净利润	260,607.45	
年化收益率%	21.11	10.95(复利)
最大回撤值	197,221.89	
最大回撤率%	44.13	
夏普比率	0.3694	
收益风险比	0.4783	
调整收益风险比	0.5625	
R平方	0.1704	
交易次数	88	
胜率%	48.86	
平均利润	2,961.45	
最大开仓杠杆	5.4578	
最大开仓市值	571,200	
最大持仓杠杆	6.2476	
最大持仓市值	617,100	

统计指标	按金额	按价格%
总盈利	844,859.93	231.40
总亏损	-584,252.48	-154.95
盈亏比	1.5133	1.5628
盈亏因子	1.4461	1.4934
最大浮动盈利	346,880.12	
最大浮动亏损	-31,701.47	
统计指标	**按开仓市值加权**	**按价格%**
平均利润率%	0.80	0.87
平均盈利率%	5.52	5.38
平均亏损率%	-3.39	-3.44
盈亏率比	1.6293	1.5628
盈亏率因子	1.5569	1.4934
胜算率%	47.02	59.89
交易成本	24,092.55	
交易日数	3000	
年均交易日数	243.01	

图 8-3　螺纹主连（RB888）Aberration 交易系统绩效指标（1）

图 8-4　螺纹主连（RB888）Aberration 交易系统盈亏曲线图（1）

该系统的测试结果有些超出预料，我们说过，这是一个逻辑比较简单的系统，开平仓的限制条件也没有特别精细，而且没有复杂的资金管理策略，但最终得到了一个正期望的系统，而且 21.11% 的年化收益率也是一个不错的成绩。

我们测试了 3000 根日 K 线数据，初始资金为 10 万，而实际上在初始阶段开 10 手所动用的资金不到 50% 仓位，后期随着盈利增长，资金使用比例在不断降低。在这期间，一共交易 88 次，胜率为 48.86%，接近 50%，盈亏比为 1.51，这显然是一个正期望的系统。

从盈亏曲线来看，整体处于上升趋势，每隔一段时间就会创出一次新高，不过，回撤幅度稍大，这方面还有改进空间。我们常说，做交易就是做资金曲线。我们不仅要看系统在有利行情中的表现，也要看它在不太适应的行情中的表现。资金曲线向右上方倾斜的角度和回撤的幅度是两个需要重点关注的方面。只要资金曲线保持在上升通道，那么随着时间的积累，利润必然会持续增长。

在不改变交易系统代码的情况下，我们可以通过修改参数来调整布林线的宽度，我们将参数由默认的 20 周期改为 35 周期来看看交易信号会发生什么变化，如图 8-5、图 8-6 所示。

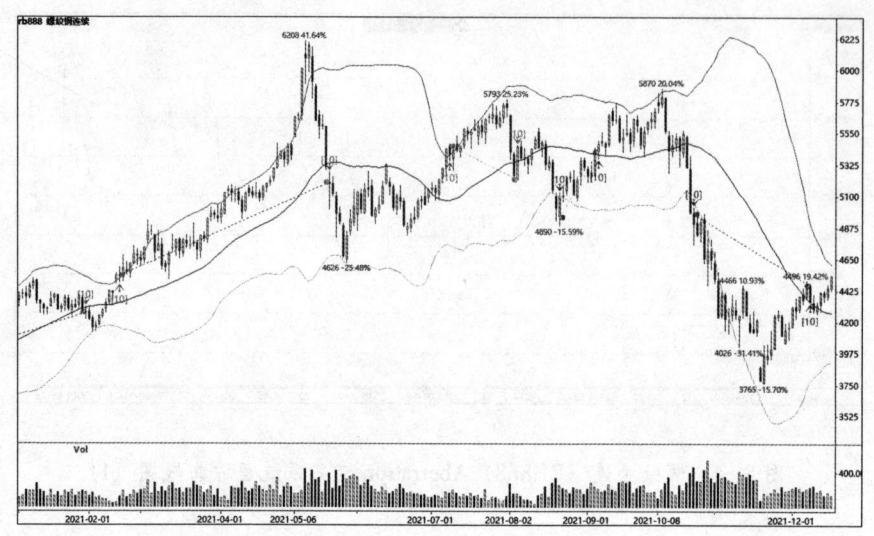

图 8-5　螺纹主连（RB888）日线 Aberration 交易系统信号图（3）

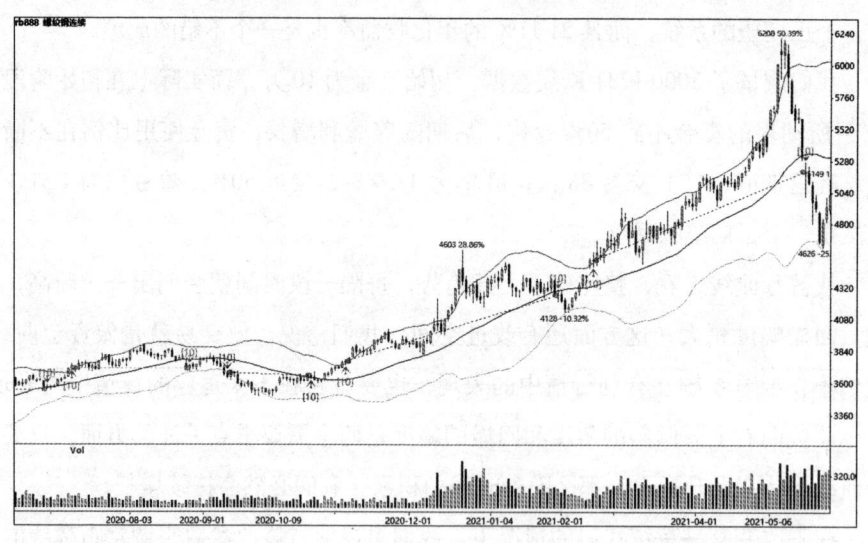

图 8-6　螺纹主连（RB888）日线 Aberration 交易系统信号图（4）

从图中可以看出，将周期变长之后，中轨线由 20 日均线变成 35 日均线，中轨线变得更加平缓。标准差的计算周期也随之变为 35，这样得到的数值更大，

BOLL 指标的带宽变得更宽。周期变长最终会导致系统的灵敏度降低，交易信号减少，这通常会使胜率提高。

对比修改周期前后的信号图，我们可以看出，由于通道变宽，交易信号相对延迟，带来的劣势是发生交易信号的时间延后，交易价格稍微更不利一些，例如开多的价格更高，平多的价格更低，空单则相反；带来的优势是会过滤掉一些噪声信号，例如图 8-1 中的前两个做空信号，而且可以跟踪整波行情，例如图 8-1 中的前两个做多信号，在图 8-5 中合并成了一个做多信号。这也正反映了相对的长线与短线之间的利弊。

经过测试之后，我们发现，将该系统的周期适当增长，可以提高系统绩效。布林线经常采用的周期包括 20、21、26 和 35，交易者可以根据品种波动特征、K 线周期和自己的需求对周期参数进行调整。

在与理性永恒的冲突中，感情从未失过手。

——勒庞《乌合之众》

8.4　优化的 Aberration 策略

我们在 Aberration1.0 的基础上，以突破 BOLL 指标线时的盘中价格进场和离场，写出该交易系统的第二个版本 Aberration2.0，如以下代码所示。

TB 内的优化的 Aberration 策略源码

```
//------------------------------------------------
// 简称：Aberration2.0
// 名称：布林线的偏离轨道策略二
// 类别：公式应用
// 类型：用户应用
//------------------------------------------------
```

```
Params
    Numeric Length(20);          //周期
    Numeric width(2);            //标准差倍数
Vars
    Series<Numeric> MiddleBand;        //中轨
    Series<Numeric> UpperBand;         //上轨
    Series<Numeric> LowerBand;         //下轨
    Series<Numeric> Volatility;        //标准差


Events
    OnBar(ArrayRef<Integer> indexs)
    {
        //计算BOLL指标
        MiddleBand = AverageFC(Close,Length);
        Volatility = StandardDev(Close,Length,2);
        UpperBand = MiddleBand + width * Volatility;
        LowerBand = MiddleBand - width * Volatility;
        PlotNumeric("Middleband",MiddleBand);
        PlotNumeric("Upperband",UpperBand);
        PlotNumeric("Lowerband",LowerBand);
        //开仓，向上突破上轨线开多，向下突破下轨线开空
        If(MarketPosition == 0)
        {
            If(High > UpperBand)
            {
                Buy(10,Round(UpperBand,0));
            }
            If(Low < LowerBand)
            {
                SellShort(10,Round(LowerBand,0));
            }
        }
        //多仓出场，向下突破中轨线
```

```
    If(MarketPosition == 1 And BarsSinceEntry > 0
And Low < MiddleBand)
    {
        Sell(0,Round(MiddleBand,0));
    }
    // 空仓出场，向上突破中轨线
    If(MarketPosition == -1 And BarsSinceEntry > 0
And High > MiddleBand)
    {
        BuyToCover(0,Round(MiddleBand,0));
    }
  }
```

我们对新的代码进行编译并通过之后，在螺纹主连（RB888）日线图上插入公式，就可以在 K 线图上显示出交易信号，如图 8-7、图 8-8 所示。

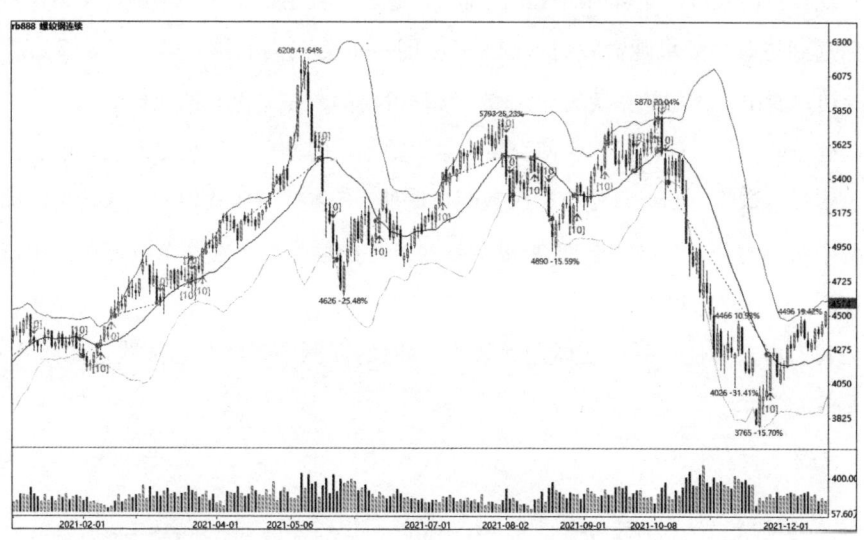

图 8-7 螺纹主连（RB888）日线 Aberration 交易系统信号图（5）

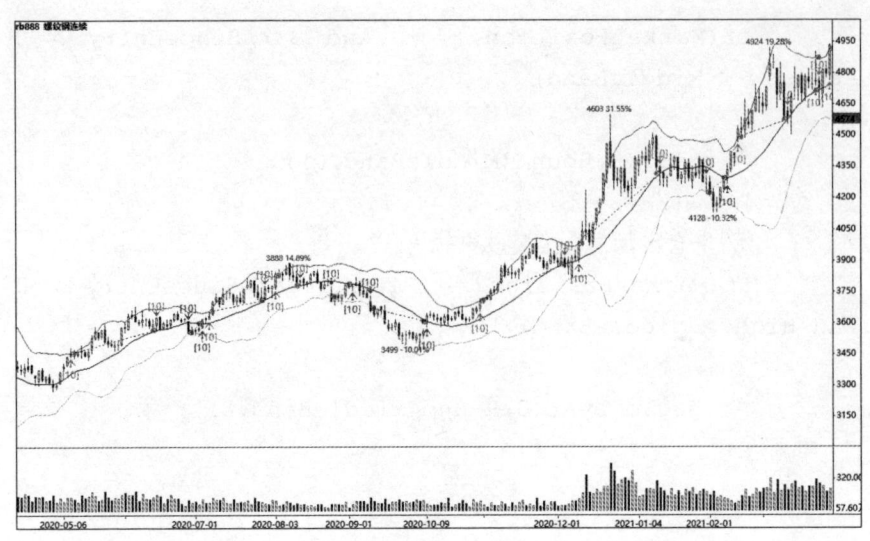

图 8-8　螺纹主连（RB888）日线 Abcrration 交易系统信号图（6）

　　现在我们就可以回答前面提出的那个问题了，使用盘中价格来触发交易信号是否会起到更好的效果呢？我们将图 8-7、图 8-8 与前面的图 8-1、图 8-2 进行比较。可以看出，优化的系统更加灵敏，交易价格都压在 BOLL 的指标线上，都处在首次突破的位置。这样虽然会使交易信号更提前，时间和空间上更有利，但也会触发更多噪音信号，结果是使交易次数明显增加。安装了 TB 软件的交易者可以编译这两个版本的公式，并将它们在 20 周期时产生的信号显示在两个行情窗口中进行比较。

　　我们再来看优化系统在周期参数为 20 时的回测结果和盈亏曲线，如图 8-9、图 8-10 所示。

可以看出，交易次数明显增加，由 88 次增加到了 136 次，胜率和平均利润都有所降低，这两个指标的下降幅度并不算很大，盈亏比由 1.51 上升到了 2.19，最终仍是一个正期望的系统，增加的交易次数带来了更多利润，年化收益率由 21.11% 提高到了 29.62%。

统计指标	指标值	
净值	4.6588	
净利润	365,877.13	
年化收益率%	29.62	13.27(复利)
最大回撤值	170,655.56	
最大回撤率%	33.69	
夏普比率	0.5536	
收益风险比	0.8794	
调整收益风险比	1.0778	
R平方	0.1091	
交易次数	136	
胜率%	41.18	
平均利润	2,690.27	
最大开仓杠杆	4.6421	
最大开仓市值	579,200	
最大持仓杠杆	4.9103	
最大持仓市值	617,100	

统计指标	按金额	按价格%
总盈利	1,050,919.74	289.11
总亏损	-685,042.61	-184.49
盈亏比	2.1916	2.2387
盈利因子	1.5341	1.5671
最大浮动盈利	412,419.58	
最大浮动亏损	-13,100.89	

统计指标	按开仓市值加权	按价格%
平均利润率%	0.73	0.77
平均盈利率%	5.13	5.16
平均亏损率%	-2.30	-2.31
盈亏率比	2.2281	2.2387
盈利率因子	1.5596	1.5671
胜算率%	40.78	61.05
交易成本	37,222.87	
交易日数	3000	
年均交易日数	242.90	

图 8-9 螺纹主连（RB888）Aberration 交易系统绩效指标（2）

图 8-10 螺纹主连（RB888）Aberration 交易系统交易盈亏曲线图（2）

我们仍然通过修改参数来调整布林线的宽度，将参数由默认的 20 周期改为 35 周期来看看交易信号会发生什么变化，如图 8-11、图 8-12 所示。

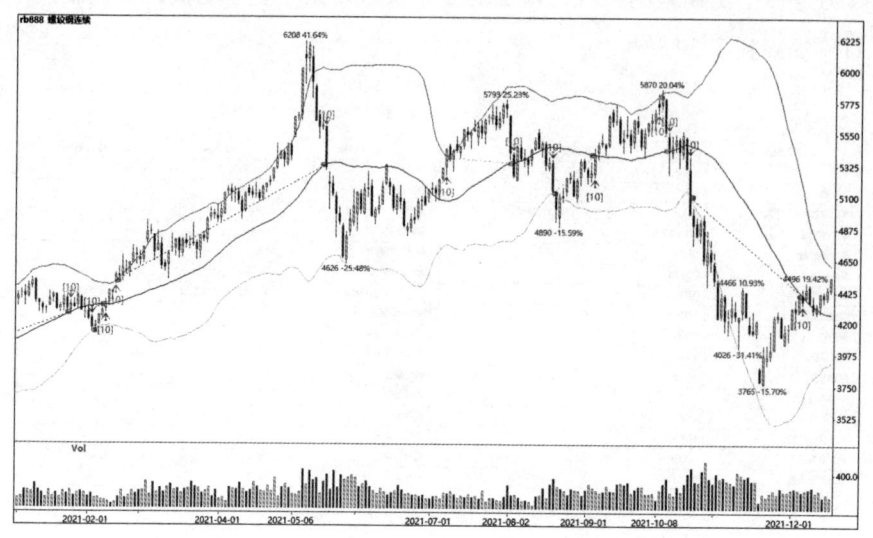

图 8-11　螺纹主连（RB888）日线 Aberration 交易系统信号图（7）

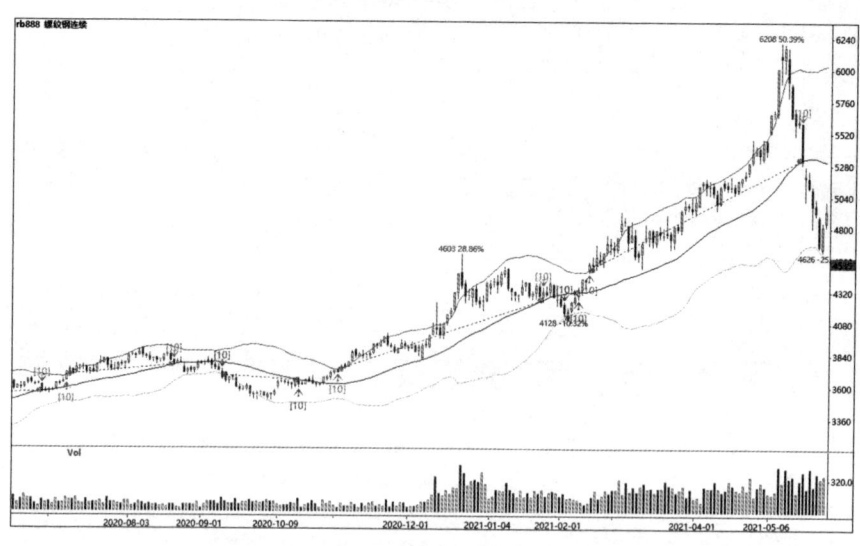

图 8-12　螺纹主连（RB888）日线 Aberration 交易系统信号图（8）

通过将进场和离场的触发条件由收盘价改为盘中价，我们使该系统的灵敏度得到提升。现在，通过增长 BOLL 指标的计算周期，我们又使它的灵敏度适当降低。我们希望通过两个维度上的变化，过滤出更好的交易信号。

我们这个优化系统在周期参数为 35 时的回测结果和盈亏曲线，如图 8-13、图 8-14 所示。

统计指标	指标值	
净值	5.6494	
净利润	464,936.54	
年化收益率%	37.66	15.06(复利)
最大回撤值	155,229.35	
最大回撤率%	28.90	
夏普比率	0.6272	
收益风险比	1.3034	
调整收益风险比	1.4118	
R平方	0.2005	
交易次数	71	
胜率%	45.07	
平均利润	6,548.40	
最大开仓杠杆	5.6811	
最大开仓市值	582,100	
最大持仓杠杆	5.6811	
最大持仓市值	617,100	

统计指标	按金额	按价格%
总盈利	922,247.80	267.51
总亏损	-457,311.26	-120.69
盈亏比	2.4578	2.7015
盈利因子	2.0167	2.2166
最大浮动盈利	549,809.90	
最大浮动亏损	-21,723.64	

统计指标	按开仓市值加权	按价格%
平均利润率%	1.77	2.07
平均盈利率%	7.84	8.36
平均亏损率%	-3.14	-3.09
盈亏率比	2.4944	2.7015
盈利率因子	2.0466	2.2166
胜算率%	44.71	68.91
交易成本	19,463.46	
交易日数	3000	
年均交易日数	243.01	

图 8-13　螺纹主连（RB888）Aberration 交易系统绩效指标（3）

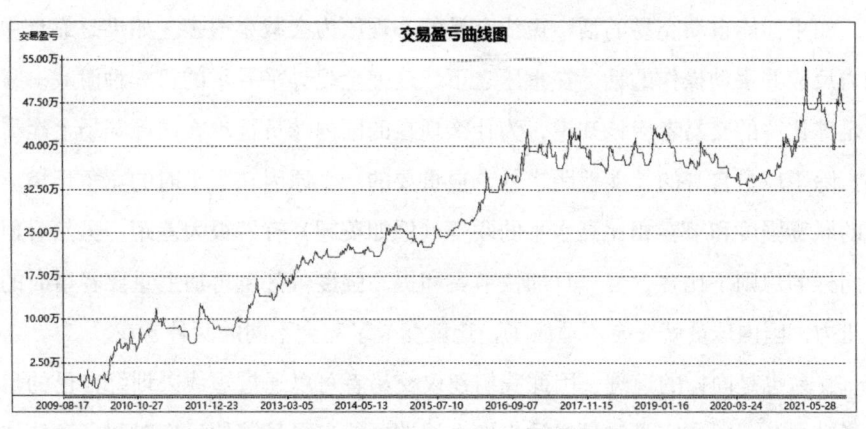

图 8-14　螺纹主连（RB888）Aberration 交易系统交易盈亏曲线图（3）

可以看出，交易次数降下来了，由 136 次降低到 71 次；胜率稍有提高；平均利润大幅提高，由 2690 提高到 6548；盈亏比由 2.19 上升到了 2.46。虽然交易次数下降很多，但总体利润却大幅增加，年化收益率由 29.62% 提高到了 37.66%。值得注意的是，最大回撤率和交易成本也明显降低。

能够加载到 K 线上的指标线多数都是源于价格，可以说价格是一切技术分析的根本。如果想再增加一个分析维度的话，还可以引入基于成交量的指标，这样可以避免多重共线性。

使用指标的一个重要优势在于，容易量化交易系统，有助于你形成明确的一致性方法。很多时候，人们的交易会受到情绪的干扰，这时只有铁一样的纪律才是最可靠的。即使你的系统不是最好的，但良好的执行能帮助你弥补系统上的不足，甚至仅凭这一点就能让你超越大多数交易者。

很多交易者在初期都会痴迷于短线方法，这仅限于初步的探索阶段。随着经验的增加或者投入资金量的增大，你会逐渐发觉控制风险是比寻找机会更重要的事情。通常越短线的交易越不容易控制，这体现在多个方面的控制上，例如进出场的价位，它不可避免地会产生滑点，这会对交易频率较高的系统产生很大影响。

如果你能自动交易的话，短线交易的心理压力会减小很多。如果是靠盘中的脑力反应并手动操作的话，在重压之下，这完全是异乎寻常的另一种游戏。喜欢看足球比赛的交易者应该知道，为什么现在的国内球员很难在国际赛场上赢得比赛？除了球员自身的技能差距之外，很重要的一个原因在于平时的竞争环境。我们的联赛强度和节奏相比高水平的联赛（例如英超）有着很大差距。虽然看似是在同样的规则下比赛，但一旦加快节奏和提高强度，甚至再加上重要赛事时的心理压力，国内球员就完全不适应了，这就变成了完全不同的两种游戏。

交易也是同样的道理，因此我们建议交易者可以通过短线来训练自己的盘感和打磨系统，但在实盘时最好适当增大周期，给自己足够的反应时间。竞技体育或竞技游戏，它们与交易之间有着很多相通的地方，值得交易者从中借鉴有益的经验。

8.5 Python 写的 Aberration 策略

在本节我们将介绍一个更加灵活、强大的交易工具——天勤量化（TqSdk）。TqSdk 是一个由信易科技发起并贡献主要代码的开源 Python 库。TqSdk 支持交易者使用很少的代码量构建各种类型的量化交易策略程序。

在量化交易领域，目前最好的应该是天勤量化，TqSdk 作为 Python 的第三方库使用，可以方便地使用 PyCharm、VSCode 等 IDE 开发工具编写策略、进行调试，这要比其他传统交易软件具有更高的自由度。天勤量化的核心是 TqSdk 开发包，在安装 TqSdk 之前，需要先准备适当的环境和 Python 包管理工具。

天勤量化是 Python 的一个 Api 包，不是传统意义上的软件，这适合至少学过一种编程语言的交易者。对于完全的新手来说，安装编译环境会成为第一个问题。天勤量化对个人交易者来说主要应用于期货自动交易，散户目前不能开通股票自动交易。

Python 内的 Aberration 策略源码

```python
#!/usr/bin/env python
#  -*- coding: utf-8 -*-

'''
Aberration 策略
此为范例系统，仅用于说明算法语法，交易者需根据自身经验和需求经过
调整、测试之后再实际应用
'''

from tqsdk import TqApi, TqAuth, TargetPosTask
from tqsdk.ta import BOLL

# 设置合约代码
SYMBOL = "SHFE.rb2205"
api = TqApi(web_gui=True,auth= "信易账户，账户密码")
quote = api.get_quote(SYMBOL)
```

```
klines = api.get_kline_serial(SYMBOL, 24 * 60 * 60)
position = api.get_position(SYMBOL)
target_pos = TargetPosTask(api, SYMBOL)

# 使用 BOLL 指标计算中轨、上轨和下轨，其中 20 为周期 n，2 为参数 p
def boll_band(klines):
    boll = BOLL(klines, 20, 2)
    middleband = boll["mid"].iloc[-1]
    upperband = boll["top"].iloc[-1]
    lowerband = boll["bottom"].iloc[-1]
    klines["boll_MB"] = boll.mid   # 在主图中画 BOLL 指标线
    klines["boll_UB"] = boll.top
    klines["boll_LB"] = boll.bottom
    klines["boll_MB.color"] = "blue"
    klines["boll_UB.color"] - 0xFF9933CC
    klines["boll_LB.color"] = "green"
    print("策略运行，中轨为:%.2f，上轨为:%.2f，下轨为:%.2f"
% (middleband, upperband, lowerband))
    return middleband, upperband, lowerband

middleband, upperband, lowerband = boll_band(klines)

while True:
    api.wait_update()
    # 每次生成新的 K 线时重新计算 BOLL 指标
    if api.is_changing(klines.iloc[-1], "datetime"):
        middleband, upperband, lowerband = boll_
band(klines)

    # 每次最新价发生变化时进行判断
    if api.is_changing(quote, "last_price"):
        # 判断开仓条件
        if position.pos_long == 0 and position.pos_
short == 0:
```

```python
        # 如果最新价上穿上轨，开多仓
        if quote.last_price > upperband:
            print("K线上穿上轨，开多仓")
            target_pos.set_target_volume(10)
        # 如果最新价下穿下轨，开空仓
        elif quote.last_price < lowerband:
            print("K线下穿下轨，开空仓")
            target_pos.set_target_volume(-10)
        else:
            print("当前最新价%.2f，未穿上轨或下轨，不开仓"
% quote.last_price)

    # 在持有多仓时，平仓条件
    elif position.pos_long > 0:
        # 如果最新价下穿中轨，平掉多仓
        if quote.last_price < middleband:
            print("K线下穿中轨，平掉多仓")
            target_pos.set_target_volume(0)
        else:
            print("当前多仓，未穿越中轨，仓位无变化")

    # 在持有空仓时，平仓条件
    elif position.pos_short > 0:
        # 如果最新价上穿中轨，平掉空仓
        if quote.last_price > middleband:
            print("最新价上穿中轨，平掉空仓")
            target_pos.set_target_volume(0)
        else:
            print("当前空仓，未穿越中轨，仓位无变化")
```

对于已经习惯使用传统交易软件的交易者来说，以 Python 引用 TqSdk 的形式编写自动交易策略完全是一种颠覆性的体验。我们甚至可以在 Windows 系统中的 Python 交互模式，以命令行的形式编写和测试一些具有特定功能的自定义函数。你引入的 K 线序列是一个 DataFrame 数据，这更倾向于数据分析，而不是图形分析，因为你看不到 K 线图表。

在实盘、回测和复盘时，如果需要图形化界面，可以通过一个 web_gui 网址查看策略绘制出的 K 线图形。这相当于把传统交易软件的行情窗口放在网页上呈现，如图 8−15 所示，但我们的图表上同时加载了交易策略。

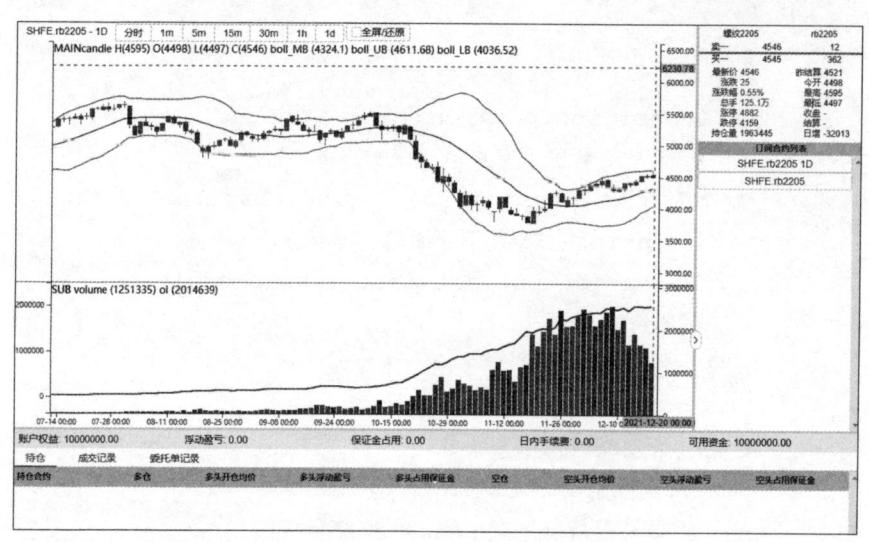

图 8−15　天勤的图形化界面

图中显示的 K 线图和 BOLL 指标是我们之前编写的 Aberration 策略源码的计算结果，并且可以实现自动交易。有些交易者将自己的自动交易策略放到云服务器上去执行，可以全天候盯盘并向手机发送交易信息。这样就把自己的交易思想保存到了云上，在交易数据世界中有另一个自己在专门从事交易。这无疑是所谓的"行情收割机"的最理想形式，它能极大地提高交易效率和稳定性。我们建议有编程基础的交易者不妨了解一下这个强大、灵活的交易工具。

为了更快地验证我们编写的 Aberration 策略的买卖逻辑,我们引入螺纹 2205 合约的 1 分钟 K 线数据,并用实时数据模拟测试一下该策略,如图 8-16 所示。

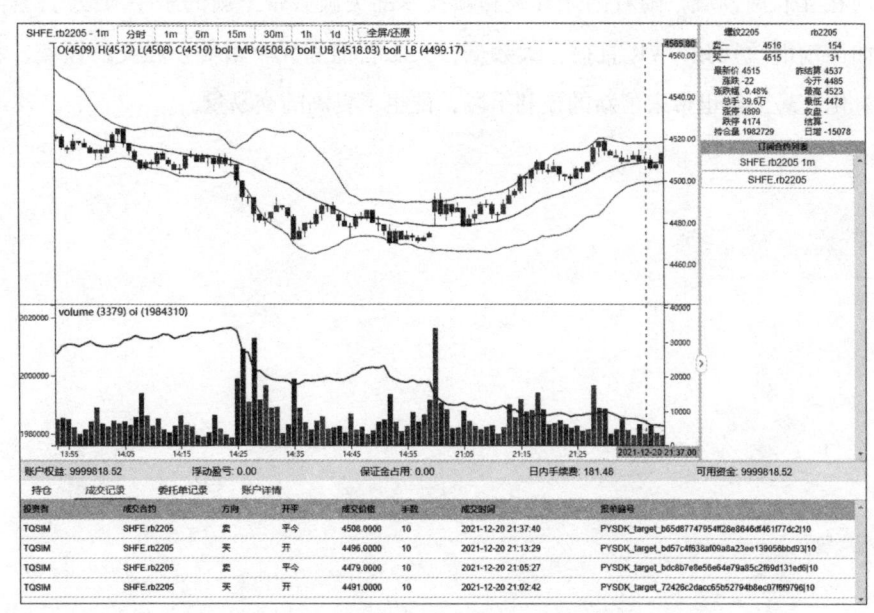

图 8-16 螺纹 2205 合约 1 分钟线 Aberration 交易系统天勤模拟交易

图 8-16 中的成交记录显示的是按照该交易系统的自动交易结果,一共产生了两组多头交易信号,突破上轨开多仓,跌破中轨平多仓,完全符合我们的预期。在经验丰富的交易者看来,这个系统可能显得有些粗糙了,我们只是给出了一个范例系统,交易者可以根据自己的经验加入更精细的限定条件。另外,还可以加入仓位管理策略,这可以最大限度地做到"截断亏损,让利润奔跑"。

纯粹依靠指标线所建立的交易系统比较简单,这类系统仍然具有较多共性,我们建议交易者应该找到适合自己风格并融合了自身经验的个性化系统。一般来说,基于价格和成交量形态的交易系统比较难以量化,但只要是能够准确用语言描述出来的方法和原则都应该可以转化为程序语言,最终形成能够实现自动交易的系统。

有这样一个数据值得我们注意，截至 2021 年 12 月 24 日，沪深两市成交额连续第 46 个交易日突破一万亿元，今年以来这种级别的成交量已经成为常态。如同在互联网领域，随着网速升级和新技术的突破会带来新的杀手级应用一样，例如当前的短视频、VR 直播、大数据、人工智能和元宇宙等，在交易领域，新的量化交易工具也带来了新的盈利手段，催生了更高的交易量。

后 记

这是继《振荡指标 MACD》《随机指标 KDJ》《量价时空》之后的又一本技术分析书。我在三年前就开始着手准备这本书，无奈这期间一直有事情耽搁，而布林线又是一个值得深入、系统讲解的指标，这需要像交易本身一样投入专注和耐心，所以直到现在才最终完成。

市场中不存在完美的指标，它们都只是工具，是市场语言的载体。市场中有句名言，交易并不在于工具，而在于解决问题。交易者越深入研究指标，应该越能发现价格本身的重要性。通过研究指标的过程，认识价格波动规律，找到自己善于把握的那种秩序，这可能是学习指标的最终目的之一。

市场交易好像是一场共谋，占据优势的交易者以盘面语言为口令，对处于劣势地位的交易者展开"绞杀"。交易者需要以"空杯"心态学习先进的交易工具、方法和理念，更新自己对市场的认知，成为更聪明的资金中的一员。

另外，还要提醒广大投资者，我本人没有任何带人做投资的在线交流群，也没有举办过任何培训班，不要轻信网上的一些投资广告。赚钱的事情要靠自己，更要靠日积月累的市场经验。时间和耐心才是你的朋友！

在这本书的写作当中，同样得到了很多朋友的支持和鼓励。首先感谢我的家人和朋友们，若没有你们的支持，不可能取得如今的成绩。还要感谢广大交易者朋友们，感谢你们提出的建设性意见，我希望它能成为你的一本宝藏指标书，如果你觉得有所收获，希望你能推荐给周围的投资者朋友。希望我们继续交流与分享，共同进步，愿你们取得更好的交易成绩！